汉语言文学新文科一流专业博雅书系

语言文字应用专题

张春泉 毛志萍 董宪臣 主编

龙玫 冉晨 罗昕 副主编

重庆大学出版社

图书在版编目（CIP）数据

语言文字应用专题/张春泉，毛志萍，董宪臣主编.--重庆：重庆
大学出版社，2024.9.--（汉语言文学新文科一流专业博雅书系）.
-- ISBN 978-7-5689-4561-5

Ⅰ.H1

中国国家版本馆CIP数据核字第2024EC0644号

语言文字应用专题
YUYAN WENZI YINGYONG ZHUANTI

主　编　张春泉　毛志萍　董宪臣
副主编　龙　玫　冉　晨　罗　昕
策划编辑：张慧梓

责任编辑：张　祎　　版式设计：张慧梓
责任校对：刘志刚　　责任印制：张　策

*

重庆大学出版社出版发行
出版人：陈晓阳
社址：重庆市沙坪坝区大学城西路21号
邮编：401331
电话：（023）88617190　88617185（中小学）
传真：（023）88617186　88617166
网址：http://www.cqup.com.cn
邮箱：fxk@cqup.com.cn（营销中心）
全国新华书店经销
重庆正文印务有限公司印刷

*

开本：720mm×1020mm　1/16　印张：16.5　字数：270千
2024年9月第1版　　2024年9月第1次印刷
ISBN 978-7-5689-4561-5　定价：68.00元

前　言

2022 年初，西南大学文学院拟策划出版一套丛书，以助推全国首批一流专业建设点西南大学汉语言文学专业的建设与发展。于是，我们有了这部《语言文字应用专题》的编撰设想。2022 年 4 月 26 日，我们正式组建了编写组。随后，编写组研讨了本书的编写旨趣、大纲等。编写组在主编、副主编的协调下开展工作。主编、副主编均年富力强（一位为"70 中"，四位为"80 后"，一位为"90 后"，这与"应用"的某些特质契合，某种意义上恰为开展应用研究的黄金年龄），视野开阔，均有海外访问、访学、工作的经历，截至目前，其中三分之二的人员在海外有至少一年的工作经历。

语言文字因应用而生，因科学有效应用而兴。本书不以建构宏大完整体系为旨归，而力求以问题为导向，作专题化探究。我们力图做到：语言文字应用与本体紧密结合；语言文字学与其他相邻、相近、相关学科有效融通。

这部《语言文字应用专题》共分八个专题，涵括了语言文字应用的多个主要领域。每个专题的作者如下：

专题一　语言的社会与社会的语言（龙玫、罗昕）

专题二　人名与地名（董宪臣）

专题三　中国网络流行语及相关语言规划（冉晨）

专题四　法律语篇的逻辑衔接——以《民法典》为例（郭凤霞、张春泉）

专题五　论类化字研究对大型字书编纂的意义——以中古石刻文献为中心（董宪臣）

专题六　多媒体技术在现代汉语课程汉字教学中的应用研究（董宪臣）

专题七　语言三要素与语文教学（毛志萍、王涛）

专题八　语言的国际传播（第一节作者毛志萍、第二节作者龙玫）

以上八个专题只有专题五和专题六系此前发表过的"旧作"（已在相应专题末尾注明出处），另六个专题均为初次发表。每个专题撰写完成之后，交由主编张春泉、毛志萍、董宪臣统稿，并作一定修订。我们希望这部书不仅能作为"现代汉语""语言学概论"等专业核心课的拓展延伸材料，还能作为"修辞研究""应用语言学导论"等选修课的教学参考资料。

由于我们水平有限，再加上本书系学术背景、研究专长各异的多位作者撰写，虽作者和主编都很敬业，但疏漏之处在所难免，恳请读者批评指正。

本书编写组

2023 年 8 月 28 日

目 录

专题一

语言的社会与社会的语言

　　人们使用语言进行交际、交流思想、传播信息。人类社会离不开语言。语言是人类社会最基本的构成要素之一，语言现象是人类最普遍的社会现象。语言不仅是人类传递信息和交流思想的工具，也是文化传承和社会意识发展的载体。语言在人类社会中扮演着沟通、表达、理解和构建社会关系的重要角色。语言与社会之间存在着紧密的联系，相互影响、相互塑造。

　　本专题将带领大家一起从宏观和微观两个方面来探索语言与社会之间的关系。从宏观上了解语言的社会，从语言起源、发展、使用中把握语言的社会属性；从微观上观察社会的语言，了解阶层、年龄、性别等社会因素给语言带来的差异性。

　　通过本专题的学习，你将获得对社会语言现象的深入理解，掌握分析语言和社会之间关系的基本理论和方法，并能够在具体的语境中更好地理解和运用语言。同时，你也将了解语言政策在社会发展中的重要性，以及语言在全球化、数字化和社会变革中充当的角色。

　　让我们一起探索语言与社会，理解语言在社会生活中的重要性，以及语言如何塑造和反映社会现象。我们期待你在学习中能够开放心态，善于思考和发现，勇于探索和实验，以实现我们对这门课程的共同期望——深入理解语言在社会生活中的作用，并掌握如何运用语言有效地表达自己、理解他人，参与到社会和文化交流中去。

第一节 语言的社会属性

要讨论语言的社会属性，首先应该厘清"社会"这个我们习以为常的概念。社会究竟是什么？在社会学中，人们普遍认为，社会是以物质生产为基础，以人际交往为纽带，人们之间相互作用，具有一定结构和能动性的人类生活共同体。[1] 人的社会和其他群居物种所构成的"社会"最大的区别在于人类社会可以生产极为丰富的物质资源，人与人之间的交往也极为复杂。人可以生产各种机械（如飞机、汽车等），以及数不胜数的物质财富，然而其他物种的群居共同体却几乎不生产物质财富或仅仅只生产维持群居共同体生活的有限的一种或几种食物，例如蜜蜂可以生产蜂蜜，用以维持同属一个蜂群的蜜蜂的生存。蜂群的这种物质生产和人的社会性的物质生产是有质的不同的。如果说蜜蜂是因为身体结构的原因无法像人那样从事生产劳动，那么和人身体结构类似的猩猩和猴子为什么也没有发展出可以和人相匹敌的物质生产能力和人际交往能力（或者说猴际交往能力）呢？

答案已经呼之欲出了，人和猩猩、猴子最大的不同在于人是有语言的，不管我们生活在哪个国家，属于哪个民族，我们都掌握了至少一门语言。由此可以看出，语言是具有社会属性的。语言的社会属性贯穿在语言的起源、演变和使用全过程中，语言的前世今生都和社会脱离不开。

一、语言起源的社会性

（一）社会的存在和发展离不开语言

语言是人类特有的"财富"，[2] 正是因为人有语言，我们才和别的动物，比如猩猩、猴子等，有本质的区别。人的社会是建立在语言基础之上的。

人类的语言可以用有限的声音组成无限多的句子，表达各种不同的意义。我

---

[1] 郑杭生. 社会学概论新修（第三版）[M]. 北京：中国人民大学出版社，2019：68.

[2] 伍铁平. 普通语言学概要（第二版）[M]. 北京：高等教育出版社，2006：1.

们可以吸收、储存、沟通惊人的信息量。[1] 人类的语言不仅能够传达关于自己周遭世界的信息，也可以表达关于自身的信息。同时人类的语言还拥有"讨论虚构的事物"的独特功能。"虚构"最重要的作用不在于能够让人类拥有想象，而在于可以让人们"一起"想象，编织出共同虚构的故事。

现代的国家、古老的城市、原始的部落，这些人类社会的聚集形态都是由大规模的人类合作产生的。而大规模的人类合作的根基，就藏在人们普遍相信的共同虚构的故事中。故事正是来自语言。

（二）语言的产生和存在离不开社会

1. 马克思主义哲学关于语言产生的物质基础的论述

恩格斯在其独立创作的著作《劳动在从猿到人的转变过程中的作用》中写道："语言是从劳动中并和劳动一起产生出来的。"[2]

马克思主义哲学认为，在语言的产生过程中起决定作用的因素是劳动。劳动是人类最基本的物质交往，也是语言产生的物质基础。

"劳动的发展必然促使社会成员更紧密地互相结合起来，因为它使互相帮助和共同协作的场合增多了，并且使每个人都清楚地意识到这种共同协作的好处。一句话，这些正在形成中的人，已经到了彼此间有些什么非说不可的地步了。"

人的劳动本身就具有社会性，原始人类按部落聚居，在劳动过程中分工合作。我们最熟悉的原始部落劳动分工，男性成员负责狩猎，女性成员负责采摘。在共同狩猎和采摘的过程中，交流的需求出现了。负责狩猎的男性需要交流猎物的位置，商量狩猎的方案；负责采摘的女性需要商量每个人负责的采摘区域，也需要讨论由谁留在家里照顾幼年成员；男性和女性需要交流一天狩猎和采摘的情况，分配部落的食物以保证部落的顺利繁衍。劳动产生了社会，同时，劳动也产生了语言。

---

[1] 尤瓦尔·赫拉利. 人类简史：从动物到上帝 [M]. 林俊宏，译. 北京：中信出版集团，2014：24.

[2] 恩格斯. 劳动在从猿到人的转变过程中的作用 [M]// 马克思，恩格斯. 马克思恩格斯文集：第9卷. 中共中央马克思恩格斯列宁斯大林著作编译局，译. 北京：人民出版社，2009：550–557.

2. 海德格尔关于"语言是存在之家"的论述

20世纪德国思想家海德格尔提出"语言是存在之家"。海德格尔认为"唯词语才使物获得存在"。[1]海德格尔的观点看起来有点像唯心主义的观点，但海德格尔并没有否认物质存在的客观性。海德格尔承认物质是客观存在的，但如果一种物质未经命名，人类就无法谈论它，也就无法交流和它有关的相关信息。我们无法说出一种我们不知道的物质，难道不是吗？

因此，语言是人类社会在认识世界、改造世界的基础之上产生的，语言的存在依托于人类对世界的认识，而人类对世界的认识是具有社会性的。

二、语言演变的社会性

一种语言自产生时起，就处在不断发展变化中，一成不变的语言只有"死掉"的语言。某种在使用中的语言就一定是在相对稳定中不断发展变化的。斯大林在《马克思主义和语言学问题》中指出"要了解某种语言及其发展规律，只有密切联系社会发展的历史，密切联系创造这种语言、使用这种语言的人民的历史，去进行研究，才有可能。"[2]而引起语言不断变化的因素既有国家政治层面的语言规划和语言政策，也有社会生产力、生产关系层面的因素。

（一）语言规划

语言规划指通过宗教、种族或政治纽带维系的有组织的社区，有意识地尝试影响其成员日常所用语言或教育中所用语言的途径和方法，或者表示通过这样的社区影响学界、出版社或者媒体记者进行语言变革的途径和方式。[3]为与语言政策区分，本节所说的语言规划主要指带着某些动机的对有组织社区的语言进行影响的计划行为。

语言规划一般有七类动机：身份认同、意识形态、形象建构、不安全感、不

---

[1] 海德格尔. 在通向语言的途中[M]. 孙周兴，译. 北京：商务印书馆，1997：152-154.

[2] 斯大林. 马克思主义和语言学问题[M]. 中共中央马克思恩格斯列宁斯大林著作编译局，译. 北京：人民出版社，1971：20.

[3] 丹尼斯·埃杰. 语言规划与语言政策的驱动过程[M]. 吴志杰，译. 北京：外语教学与研究出版社，2014：5.

平等、融入群体、提升的工具性动机。这七类动机都具有很强的社会性。

出于身份认同的语言规划大多数都伴随着剧烈的政治变动或地区冲突。1789年法国大革命之前，法国的封建统治政权将法语列为高贵的语言，只有贵族阶级才可以学习和掌握法语。但在1789年法国大革命之后，法国的统治者易主，新的法国统治者认为住在法国的人民是法国的主权主体，既有公民的权利，也有公民的责任，应共同建立民族国家，并且大革命的好处应用自由和启蒙的语言表达出来，而这自由和启蒙的语言正是法语。

英国的保守党为确保标准语的社会价值和经济价值得到充分认识，在20世纪80年代制定了一套评价教育产出的新程序，在这套程序中提出的与标准语相关的具体目标同保守党的意识形态相一致。

一个国家的对外语言推广规划也是语言规划中的一环，对外语言推广规划反映了一国对自己国际形象的设定。以日本为例，1639到1853年，日本实行闭关锁国政策，在这一时期，日本没有语言推广的规划。1853年之后，日本实现了对外开放，语言推广规划也随着日本在对外开放中希望树立的形象的变化而变化。1973年，石油危机之后日本认识到需要通过增进他国对自己的认识和提高对本国语言的理解收益，将保守的、民族主义的语言规划逐步调整为相对开放的语言规划。到近代，日本又通过基金会拨款的形式促进日本语言和文化的国际交流。

一些政权由于各种各样的原因，如迫于压力，出于人道主义，或自己曾是弱势阶层的一员等原因，在语言规划中加入消除不公平的因素。如美国的《纽约时报》在文体手册中明确规定在谈到妇女时，应该避免使用会让人产生《纽约时报》完全以男性的声音说话，把男人作为规范而把女人作为例外的印象的词汇。

（二）语言政策

1.语言政策的定义

语言政策是一种影响语言结构、功能、使用或习得的政策机制，它包括：（1）官方的规章条例；（2）非官方的、隐性的、事实上的、隐含的机制；

（3）包括政策结果在内的整个政策过程；（4）各种语境和政策活动层面中的政策文本和话语。[1]

2. 语言政策的类型

语言政策按照形成机制的不同，可以分为"自上而下"的语言政策和"自下而上"的语言政策。"自上而下"的语言政策是由管理部门或权威机构或有权威的个人提出的宏观性语言政策。而"自下而上"的语言政策一般是来自社区等基层的组织。

按手段和目标可以分为显性的语言政策和隐性的语言政策。显性的语言政策指公开表达的政策文本，表达方式可以是口头的，也可以是书面的。隐性的语言政策与显性的语言政策正好相反，没有政策文本或不容易分辨出是语言政策。

按文献记载的情况可以分为明确的语言政策和模糊的语言政策。明确的语言政策是指有书面或口头形式正式记录的政策文本的语言政策。模糊的语言政策是没有政策文本或不按政策文本执行的语言政策。

按是否有法律支持可分为法定的语言政策和实践的语言政策。法定的语言政策指有法律依据的、书面上正式记录的语言政策。实践的语言政策指没有法律支持，但在实践中已经在实施的语言政策。

3. 语言政策的范例

人们可能很少意识到语言政策的存在，但语言政策在日常生活中表现突出，在背后展示了它极为强大的影响力。

（1）汉语语言政策

这本书之所以以此面貌呈现在大家面前，与历史上汉语语言政策密不可分。

春秋战国时期，六国并未统一，从历史文献的记载中可以看出，当时六国的语言并不互通。刘向在《说苑·善说》中记载了关于"越人歌"的故事，楚国人子晰听见越国人唱"越人歌"，子晰被"越人歌"优美的曲调所打动，但他并不能听懂歌词的意思，于是请人翻译，才明白了歌词的意思。在秦始皇统一六国之

---

[1] 戴维·约翰逊. 语言政策[M]. 方小兵，译. 北京：外语教学与研究出版社，2017：8.

后，颁布了"书同文，车同轨"的法令，秦朝的人们再听"越人歌"不需要翻译就能知道，"越人歌"唱的是"山有木兮木有枝，心悦君兮君不知"。

到了元明清时期，北京成为全国的政治中心，北京话成为官话，凡是到北京求官、经商或赶考的都要学习北京话。明朝时期朝鲜人为学习汉语所编写的教材《老乞大》《朴通事》也是以北京话为学习对象。

1955年，中国科学院召开了现代汉语规范问题的学术会议。在会上把普通话定为现代汉民族共同语。2000年，又通过了《中华人民共和国国家通用语言文字法》，正式以法律的形式确立了普通话的国家通用语地位。

1956年，中国大陆通过了《简化字总表》，开始在中国大陆推行简化汉字的工作。自此，形成了中国大陆使用简化字，港澳台地区使用繁体字的汉字使用格局。

（2）赤道几内亚的石油生产语言政策

西临大西洋、位于非洲中西部的赤道几内亚有丰富的石油资源，埃克森美孚石油公司在赤道几内亚建立了大规模的石油生产厂。在赤道几内亚生活的芳族人和布比人大量进入埃克森美孚公司开设在赤道几内亚的石油厂工作。芳族人和布比族人都有自己的语言，芳语和布比语。在和家人朋友的日常交流中，这两个民族分别使用芳语和布比语交流。在学校和政府机构中，人们把西班牙语作为通用语。赤道几内亚的官方语言为法语、西班牙语和葡萄牙语。但在埃克森美孚石油公司的办公大楼中，有"唯英语"的隐性语言政策。在公司官方的交流中，大家都必须使用英语，虽然在非正式交流中西班牙语也是可以接受的。

（3）美国《双语教育法》

1974年，美国《双语教育法》修订案通过，联邦政府参与双语教育的范围得到扩大，政府在全国建立了双语教育数据交流中心，用以搜集、分析和扩散双语教育计划的信息。国家力量直接参与到语言的习得中，影响相关人员的教育机会。

《双语教育法》修订案的通过与1970年"刘诉尼克尔斯案"有关。1970年4月25日，旧金山地区的13名母语非英语的华裔学生代表在美国地方法院起诉旧金山教育委员会和旧金山联合校区。他们控诉学校并没有向3 000多名不会讲英语的在校生提供由双语教师教授的英语语言课程，英语语言方面特殊指导的缺失致使这些学生失去了教育平等权。因此这些学生通过法律程序要求教育委员会提供相应的双语英语语言课程并且要求国会和加利福尼亚州议会颁布法律表明双语教师教学的必要性。

在旧金山地方法院和第九巡回上诉法院审判结果中，这些学生的诉求并未得到支持，于是他们向美国联邦最高法院提起了诉讼。最终，美国联邦最高法院裁定认为旧金山联合校区的行为涉嫌在学校中进行种族隔离，支持了原告学生们的诉求。美国联邦最高法院做出这一裁定的时间是1974年1月21日，距离学生们最初提起诉讼的时间已经过去了三年多。

（三）语言随社会的发展而变化

1.语言随社会生产力的发展而变化

语言随社会生产力的发展而变化最主要体现在词汇上。随着社会生产力的进步，大量的新词诞生，同时，也有一部分旧词走向衰落，成为极少使用的生僻词。

一方面，随着科技的发展、生产力的进步，出现了大量新词来指代这些新生的事物，例如手机、电话、空调、卫星、基因、火箭炮等。

另一方面，科技的发展、生产力的进步也使得一些旧词成为语言中的历史遗迹。在古代，马是人们重要的交通工具，古人用了很多词来命名具有不同特征的马。例如，"駁"指毛色不纯的马，"驤（xiāng）"指后右蹄白色的马，"騿（zhù）"指后左脚白色的马，"駰（yīn）"指浅黑杂白色的马，等等。随着汽车的出现，马作为交通工具的作用退出了历史舞台，根据马的不同特征来命名马的词语也淡出了人们的日常语言交际。这类词语要么不再使用，只在古代留下的文献和专门的古代汉语词典中还能看到，如"驤、騿、駰"；要么被赋予了其他含义在语言中继续保持活力，如"駁"现在被大家熟知的意思是"提出相反的意见"，可组成"驳斥，反驳，辩驳"等词语。

欧洲自古以来畜牧业发达，畜牧产品丰富，在英语中有许多关于牛的词汇。例如 cow 指母牛，ox 指公牛，bull 也指公牛，steer 指被阉割过的牛，calf 指小牛，beef 指牛肉，veal 指小牛肉，butter 指黄油，cheese 指干酪，whey 指乳浆，curd 指凝乳，cream 指乳酪等。英语中关于畜牧产品的词语多于汉语中关于畜牧产品的词语，这与欧洲自古以畜牧业为主，中国自古以农耕业为主有关。

另外，从古代留下来的俗语、成语或句子中，也能看出生产力的变化。盎格鲁 - 萨克逊语中"windan manigne smicerne wah"在英语中的意思是"to weave many a fine wall"，[1]翻译成汉语意思是"编许多很好的墙"。现在我们很难理解墙为什么是"编"。根据欧洲历史学家的考古发掘结果，欧洲历史上存在过"编砌式"建筑。这种建筑是用柳条编的东西做底，上面再涂泥巴，或者将泥巴舂到两片柳条编的东西中间。所以，在盎格鲁 - 萨克逊语中才有"编许多很好的墙"的说法。

在中国的成语中，也有类似的例子。例如成语韦编三绝，是用来比喻读书勤奋，刻苦治学的。韦指熟牛皮，韦编指用熟牛皮绳把竹简编联起来，而古时候的书是用熟牛皮串竹简做成的，如果不经过说明，现代人恐怕很难理解为什么一个看起来完全和书没有关系的成语是用来比喻读书勤奋的。

由于汉字表意的特征，从汉字的字形中，我们也可以看出生产力所代表的生产方式对语言的影响。在小农经济时代，生产力水平低下，没有大规模的养殖业来满足人们对猪的需求。大多数的农户都会在自己家里养猪。从"家"字的字形中我们可以窥见一二当时生猪养殖的状况。"家"字上半部分是"宀"表示屋檐，下半部分是一个"豕"字，在古代汉语中是猪的意思。从字形上看，"家"表示屋檐下有猪。由此可以推测，在古代每一户人家都养猪，而且一般是房子的上层住人，下层养猪。

2. 语言随社会生产关系的变化而变化

生产力的发展必然会带来生产关系的变化，生产关系的变化最终也会反映到语言上。

当中国结束了长达千年的封建社会之后，皇上、皇后、公主、太监、宫女、大臣、县令等与封建制度密切相关的词汇就退出了政治信息交换领域。不过，这些词汇并没有成为语言中的化石完全消失在现代人的视野中，而是成为影视剧中的常用词。大多数时候，人们在谈论影视剧或者谈论历史事件时会用到这些词语。

另一个例子是随着封建制度的瓦解，普通民众和特权阶级没有了高低贵贱之

---

[1]　罗常培.罗常培文集［M］.昆明：云南大学出版社、云南人民出版社，2018：17.

分，同样是死亡，也没了等级之分。根据《礼记·曲礼》的记载，"天子死曰崩，诸侯曰薨，大夫曰卒，士曰不禄，庶人曰死。"现在，对死亡的叫法没了这么多差别，任何人死都可以叫"去世"，只有在需要特别尊重的人（例如大科学家、国家领导人等）去世时换用"逝世"的说法。死亡的高低贵贱已经随着生产关系的改变逐渐不存在了。

在汉字的用字上，也能体现出政权更迭的痕迹。在明朝之前，"原来"都写作"元来"，很难在明朝之前的文献中找到"原来"二字。但从明朝开始，"元来"基本被"原来"取代，连"洪武元年"也被写作"洪武原年"。"元"被"原"大量取代的原因是明朝开国皇帝朱元璋的名字里有"元"字，为了避讳，在需要用到"元"字的地方都用"原"替代了。

3.语言随社会文化的接触而变化

语言本身能反映出历史文化的色彩，当两种文化发生接触时，文化的接触会自然而然地反映到语言中来。

作为四大文明古国的中国，在漫长的历史中中华民族大部分时间都积极同世界其他民族接触交流。中华民族与世界其他民族的接触交流在汉语中留下了印记。

汉武帝派张骞出使西域，张骞从西域带回一种水果，这种水果就是我们今天所熟知的葡萄。据《汉书·西域传上·乌弋山离国》记载，"葡萄"一词来自扑挑国。扑挑应写作"朴桃"，此地盛产"葡萄"这种水果，因此汉语中就用地名来命名这种水果，后来字形逐渐演变为"葡萄"。还有茉莉这种植物，是从国外移植到中国的，茉莉的名字也来自梵语的"malli"。类似的例子还有洋葱、胡椒、胡萝卜、可口可乐、咖啡、雪茄等，因为引入了其他国家的物品，而从别的语言中借词来指称这种物品。

中华民族同其他文化的接触除了以上这些生活方式的影响，同时也有文化上的影响。佛教的传入对中国文化和语言的影响显得尤为深刻。

"佛"字以词根的形式进入汉语，组合成许多和佛教有关的词语，如"佛门、佛性、佛经、佛法"等。还有一些表达佛教教义的词语进入思想观念领域，例如"缘分、因果、因缘、随缘、广结善缘、因果报应"等。还有很大一部分佛教词语被削弱了佛教的含义而进入中华民族的日常生活领域，在日常语言交际中使用。例如现代汉语中非常重要的表示时间的三个词语"过去、现在、未来"并不是汉语中固有的词语，而是来自佛教。佛教徒用这三个词语来表示因果轮回、个体一生的存在。与之类似的还有"宗旨、平等、真理、圆满、演说、忏悔、烦恼、信仰、实际、障碍、消灭、习气、绝对、方便、相待、普遍、妄想"等这些词语，都来自佛教经典，但现在已经作为日常用词在汉语中使用了。

佛教经典还为汉语贡献了很多成语和谚语，例如"水乳交融、空中楼阁、想入非非、自作自受、醍醐灌顶、七情六欲、放下屠刀，立地成佛"等。

深受佛教影响的中国百姓，又在长期的对佛教僧人的观察中创造出了脍炙人口、生动有趣的歇后语。如"丈二的和尚——摸不着头脑，小和尚念经——有口无心，做一天和尚撞一天钟——得过且过，老虎挂念珠——假慈悲"等。

在文化接触中，其他文化同样也受到中华文化的影响，中华文化的影响也体现在了他们的语言中。

例如英语中"tea"这个词音译自厦门话"茶"的读音。而从上海人"吃讲茶"的文化中，英国人造了一个"to take tea with"来表示"和人计较，敌对"的意思。因为茶传入英国使英国人有了喝茶的习惯，也为英国人的日常生活增加了不少新东西，在英语中也增加了相应的新词汇，如"tea cloth（茶巾），tea pot（茶壶），tea cup（茶杯），tea kettle（开水壶），tea urn（茶罐）、tea service（备茶）"等。

三、语言使用的社会性

（一）语言在社会中习得

1. 儿童语言习得的相关理论

关于儿童是如何习得语言的，有许多语言学家和心理学家都进行了研究，并提出了自己的看法。

（1）行为主义理论

心理学家斯金纳（Skinner）和语言学家布龙菲尔德布龙菲尔德（Bloomfield）

是行为主义理论的代表，他们认为儿童语言习得主要经历"模仿—增强—重复—形成"四个阶段。成人大量的语言输入形成刺激，这种刺激促使儿童进行模仿，儿童模仿的语言得到肯定后就会被强化，在不断地重复中，儿童语言能力就逐渐形成了。

（2）认知发展论

瑞士儿童心理学家皮亚杰皮亚杰（Piaget）认为，儿童语言发展和认知能力有很大的关系，儿童的语言能力不可能独立于认知能力之外。儿童认知能力的发展只能通过与客观世界的不断接触，认知能力不断在接触中积累，认知发展到一定的成熟阶段，才能形成对语言符号的处理能力。儿童语言发展在个体和客观环境因素的共同作用下，不断从一个阶段发展到另一个更高的阶段。

（3）语言功能论

英国语言学家韩礼德韩礼德（Halliday）认为语言是交际的工具，在此观点之上，提出了儿童语言习得的语言功能论。儿童学习语言是为了满足自己的需要，学会如何用语言表达自己的意思，从而达到自己的交际目的。儿童掌握语言的过程，就是掌握以语言表示功能的各种方式的过程。韩礼德将语言帮助儿童做事的功能分为七种，分别是工具、控制、互动、个人、启发、想象和告知功能。

（4）用法建构论

托马塞洛（Tomasello）在综合了认知和功能语言学的语言观基础上，提出了用法建构论。用法建构论认为儿童通过对成人交际意图的解读，对听到的话语按照结构和功能进行切分，形成对句子成分的聚合范畴以及各成分间句法功能规则的认知，并按自己的理解在句子和句子成分之间进行抽取和组合，在类似的情景中表达类似的交际目的，在顺利交际的过程中习得语言。

上述四种有代表性的儿童语言习得理论从不同的角度阐释了儿童语言的习得机制。虽然这四种理论的切入角度不同，但他们都深刻地认识到儿童的语言是在交际、社会中，在对成人世界的观察中获得的，并不是从儿童的脑子里自然而然生长出来的。狼孩的故事充分证明了这一点。

2. 狼孩的故事

1920年，在印度加尔各答东北部的一个小城——米德纳布尔，经常有一种"神秘生物"出没在小城附近的森林边上。住在这座小城的人们常常在晚上看见两个用四肢走路但又像人的怪物尾随在三条大狼的后面。后来，人们打死了大狼，在狼窝中发现了这两个"怪物"。令人惊讶的是，这两个"怪物"是两个没有穿衣服的小女孩，大的看起来有八岁的样子，小的看起来只有两岁左右。但是这两个被狼抚养的小女孩无论是从体态上还是从行为上都有狼的特征。她们下颌骨发达，犬齿比别的牙齿要长要大；头颅细长，前额狭窄不端正。在生活习性上，她们除了像狼一样四肢着地行走，还像狼一样昼伏夜出，怕光怕水，直接用嘴撕咬生肉吃掉。更重要的一点是，她们都不会讲话，只会像狼一样嚎叫。

从狼孩的故事中我们可以看到，虽然狼孩是人，但是她们因为在出生后脱离了人类社会，并没有学会人类的语言。由此可见，语言并不是生来就储存在婴儿脑子里的，而是需要在社会中习得的一种能力。

3. 移民家庭儿童的语言

在对外汉语教学的过程中，我们经常碰到这样的例子。有许多华裔家庭的孩子，他们会说移民国家当地的语言，会说粤语或者客家话，因为他们的父辈是广东人或者是客家人，但他们不会或者不太会说普通话，需要专门学习。

从这些不会说普通话的华裔孩子身上，我们能看到语言的习得和社会环境紧密相关。这些华裔家庭的孩子虽然从血缘上说是华人，但因为长期脱离了中文的环境，他们并不会说普通话。但家人用方言交流，因此这些华裔家庭的孩子所掌握的语言是移民国家的语言和中国某地的方言。在这个例子中我们更清楚地看到掌握哪门语言并不取决于我们的血统，而取决于我们所生活的社会环境。

（二）语言转用

一个民族，或者一个民族的部分人口放弃使用自己的母语，转而使用另一个民族的语言作为日常交际用语的现象就叫"语言转用"。从定义中我们就可以推测，语言转用和民族接触、民族融合密切相关，是社会文化接触对语言的极端影响。在中国和世界的历史上都发生过语言转用的现象。

我们可以从语言转用的类型、语言转用的条件、语言转用的原因，以及扭转语言转用这四个角度来观察语言转用现象。

1. 语言转用类型

（1）整体转用

一个民族全体都转用另一个民族的语言，这样的语言转用就被称为整体转用。整体转用也会带来两种不同的结果，一种结果是整个民族的特点也随着语言转用消失，另一种结果是仅仅改变了自己民族的语言，民族特点并没有消失。

民族特点随语言转用消失的其中一个代表应该是建立北魏的鲜卑族。南北朝时期鲜卑族在中国北方建立了北魏政权，虽然鲜卑族是统治阶级，但在人口、经济和文化上，鲜卑族并不占优势，反而是被统治的汉族占优势。为更好地维持对汉族的统治，北魏孝文帝主动向汉族学习，在朝廷进行改革，颁布了许多学习汉文化的政策。其中就包括在朝廷上不许讲鲜卑语，必须讲汉语，否则罢官；把汉语定为"官话"；甚至把鲜卑的姓改为汉族的姓；穿汉族的服饰。经过北魏孝文帝的改革，鲜卑族被汉族同化，现在很难分辨谁是鲜卑族人了。

（2）主体转用

主体转用是指一个民族的主体或大部分人转用另一种语言。例如满族，除了在黑龙江省黑河市和富裕县的少部分人还说满语，其他的满族人虽然保留了满族的姓氏和习惯，但已经转而说汉语了。

（3）局部转用

局部转用指某个民族的某个局部地区转用了别的语言。或者在一个家庭中，一部分的人转用了其他语言，另一部分人还坚持使用本民族语言。这种现象还经常发生在方言区的家庭中，家庭中的老一辈成员使用当地的方言，而家庭中的年轻人已经不会说方言而转用普通话。

2. 语言转用的条件

社会历史因素决定了语言的转用。当民族发生融合的时候，两个民族融合为一个民族就必然需要用共同的交际语，此时语言转用就自然而然地发生了。例如在历史上，魏晋以后北方许多少数民族同汉族融合，这些融合的少数民族的语言如匈奴语、契丹语等就在语言转用中消失了。

分布的变迁也会使语言转用发生，例如在顺治元年清朝入关定都北京之后，满族人散居在了汉族人中间，这种散居自然而然地使满族人转用汉语。

另一种使语言转用的因素是民族间通婚。两个不同民族的人结婚后，一般也会逐渐由双语阶段过渡到一种语言，他们的后代会逐渐只会说一种语言，语言转用也在一个家庭中发生了。例如一个中国人和英国人结婚了，如果他们定居在中国，那么这个家庭的主要语言会逐渐由中英双语过渡到中文，最后这对跨国夫妻的孩子可能英文也大大弱于中文。这样的例子在现实生活中经常能够听到。

3. 语言转用的原因

语言转用分为自愿和被迫。北魏时期鲜卑族的语言转用就属于自愿转用。同样和鲜卑族在北方建立了政权的女真族，就属于被迫转用。女真族在北方建立金朝政权之后，金世宗曾经命令皇室成员以及其他女真人不许学习汉语，不许使用汉族名字，不让女真人和汉族人杂居在一起，但是最后还是发生了女真族和汉族的融合，女真族依然转用了汉语。

4. 扭转语言转用

语言转用和扭转语言转用正好是相反的，随着人类文明的进步，人们越来越意识到文明多样性的重要。由于曾经的殖民语言政策和现在不同民族间交流高度密切，越来越多的语言面临着消失的危险。例如在美国，原先的 300 多种土著语言中，只有 175 种得以保留。而就在这幸存的 175 种语言中，仅有 20 种语言被儿童作为第一语言习得。[1] 学界为试图挽救和振兴这些危机中的语言作出了许多努力，美国的一些学者已经开始研究通过自下而上的语言政策保护土著语言，例如毛利语、纳瓦霍语等。

---

[1]　戴维·约翰逊 . 语言政策 [M]. 方小兵，译 . 北京：外语教学与研究出版社，2017：19.

（三）语言兼用

语言兼用指双语或多语现象，是指某个语言社团或个人同时使用两种或两种以上的语言。为便于指称，在下文中我们用双语现象同时指双语和多语。

在世界上的很多国家和地区，都存在双语现象。例如，哈萨克斯坦人既会说本民族的哈萨克语，也会说俄语。这与哈萨克斯坦的历史以及现在所处的环境有关。哈萨克斯坦曾经属于苏联，在苏联时期，俄语是哈萨克斯坦地区的"官话"。随着苏联的解体，俄语虽然失去了"官话"的地位，但是在哈萨克斯坦的学校中，哈萨克语和俄语的双语教育依然延续了下来，这就与哈萨克斯坦的政治经济现状密不可分了。哈萨克斯坦虽然脱离了苏联，但在经济上和俄罗斯关系密切，俄语在哈萨克斯坦的经济生活中占有重要地位。

在我国，少数民族也存在普遍的双语现象。我国民族众多，很多少数民族都有自己的语言，但汉族占了全国人口的大部分，普通话也是法定的官方语言，因此，大多数少数民族都会说本民族语和汉语两种语言。例如在云南的西双版纳，居住在这里的基诺族人既会说基诺语，也会说汉语。他们可以用汉语跟别的民族交往，也可以听汉语的广播，看汉语的杂志和电视节目，用汉语阅读专业的书籍等，因为在基诺人看来，汉语和本民族的母语一样重要，都是生活、工作和学习必要的交流工具。

在我国，还有一类比较特殊的双语现象，一些居住在民族地区的汉族人除了会说汉语，也会说当地的少数民族语言。比如，在四川省阿坝藏族羌族自治州的理县，在这里居住的人口大部分是藏族人和羌族人，所用语言属于汉藏语系的羌语支。也有少部分的汉族人居住于此，因此在理县居住的汉族人既会说汉语，也会说羌语。

（四）语言混合

两种语言接触带来的不仅可能是语言兼用，也有可能带来语言混合的现象。语言混合是指接触中的两种语言形成了一种新的，但是不规范的语言。语言混合有两种形式，一种是皮钦语也称洋泾浜，另一种是克里奥尔语。

（1）皮钦语

近代中国的国门被打开之后，上海由于其地理位置的优势，成为中国最早开放的一批通商口岸。大量的外国人涌入上海经商、传教、居住。但很多外国人并不会说中文，在刚开放的上海，大量的当地人也不会说英文。外国人在上海生活需要购买生活物资，需要使用交通工具，这些生活服务都是由上海当地人提供的，当地人和外国人需要进行必要的基本的交流。但当地人（特别是人力车夫）很难学会英语，因此在长期的接触中就形成了用一种支离破碎的英语来满足和外国人最基本的交流。这种语言就被用上海外滩一段的地名——洋泾浜命名了。

洋泾浜将 last car（末班车）说成是"拉斯卡"，将 all same（全部）说成"河洛山姆"，将 one dollar（一块钱）说成"温淘箩"。除了在发音上，用中文发音转读英语词汇，在语法上，洋泾浜也按中文的习惯对英语进行了中文改造。例如，洋泾浜去掉了英语中有而中文中没有的数、格、人称、时态等语法手段；同时，又按中文的习惯在洋泾浜中加入了量词。例如，两本书，标准的英文应该说成"two books"，但洋泾浜却说成"two piece book"。按中文的习惯在数词和名词中加入了量词，并去掉了表示复数的"s"。

经过洋泾浜化的语言，有其共同特点。语音按当地语音系统进行过改造，更方便当地人发音，语法规则也按当地的语法规则进行改造并且大大减少到最低限度，词汇量小，需要用描述的方法来指称一部分事物。

洋泾浜式的皮钦语不仅在中国存在，在世界上很多通商口岸都曾经存在过。例如在德国的柏林和法兰克福，土耳其、意大利、西班牙和葡萄牙大量不说德语的工人流入，在当地产生了以德语为基础的皮钦语。

大多数的皮钦语最后的结局是随着社会的发展逐渐消失，例如中国的洋泾浜。随着中国经济社会的发展，中国的教育水平逐步提高，新一代的中国人都学会了标准的英语，洋泾浜自然就消失了。但有少部分皮钦语却发展成了另一种混合语——克里奥尔语。

（2）克里奥尔语

克里奥尔语是由皮钦语发展而来的。皮钦语既不是任何人的母语，也不是第一语言，但在某些特殊的社会条件下，皮钦语可能会作为第二代人学习的母语。

这时，皮钦语就会发展成克里奥尔语。克里奥尔语词法、句法结构丰富，语音规范，词汇量和语言功能增加，总之，克里奥尔语最终会变成和其他语言一样完备的语言。

如在非洲的海地、牙买加的一些种植园，有不同的克里奥尔语存在。据估计，世界上有大约 1700 多万人以某种克里奥尔语为母语，并且只会说这种母语。

（五）语言冲突

在多民族的国家或者社会中，语言冲突较为常见。语言冲突并不像军事冲突那样激烈，会导致人的死亡，但语言冲突确实存在于政策和日常的生活中。

不同的民族使用不同的语言，语言和民族有着密不可分的关系，语言是民族的标志。因此，大多数民族都非常重视保护和推广自己的语言，语言的地位实际上是民族地位在文化和政治经济上的反映。

加拿大是一个移民国家，其中有 40% 的居民来自英国，有 27% 的居民来自法国，占了加拿大人口的大多数。在加拿大，英语和法语之争非常典型，特别是在法裔聚居的魁北克省，英语和法语的冲突显得尤为突出。虽然加拿大宪法规定，英语和法语都是加拿大的官方语言，但在 1977 年，魁北克省却通过了《101 号法律》，该法律规定法语是魁北克省议会唯一的正式语言，法语文本是唯一的正式文本，所有商业广告只能使用法语。这条法律引起了在魁北克省人口中不占优势的英裔居民强烈反对。省议会在之后又通过了折中一些的《198 号法律》，将一切商业广告都只能用法语的规定调整为室外广告只能用法语，室内广告可以使用法语之外的语言。折中后的《198 号法律》才使这场语言冲突暂时缓和下来。魁北克省语言冲突最为激烈的一次是引起了政治运动，随着该省法语势力的扩张，该省独立运动也逐渐进入高潮。1995 年，魁北克省举行了全民公投，共同决定是否脱离加拿大独立，不过因没有达到规定票数而以失败告终。

在有过被殖民经历的国家和地区，语言冲突也普遍存在。在独立前，殖民者的语言具有官方语言或者实际的官方语言的地位，特别是在教育、行政、法律领域，殖民者的语言往往具有权威地位。民族独立后，独立的民族国家还需要进行民族语言地位的独立，力争使民族语言成为官方语言。

印度就是一个例子。1947年，印度独立，印度共和国在两年后成立。印度共和国虽然是一个多民族、多语言、多文字的国家，但因为被英国殖民的经历，英语一直是印度的教育和行政语言。在争取印度民族语言独立的道路上，印度共和国政府做出了很多努力。印度宪法规定了14种法定语言，并且将印地语确立为联邦官方语言，并计划在1965年将印地语正式作为官方语言实施。但在1963年，由于印地语作为官方语言的条件还不成熟，联邦政府只好决定延长英语的使用期限，一直到不需要英语为止。

我国作为一个多民族、多语言国家，在处理民族语言地位的问题上相当成功。《中华人民共和国宪法》明确规定"国家推广全国通用的普通话"同时也强调"各民族都有使用和发展自己的语言文字的自由。"《中华人民共和国语言文字法》同宪法一样，既明确规定了"国家推广普通话，普通话是中华人民共和国国家通用语言"，也明确规定了"各民族都有使用和发展自己的语言文字的自由"。在《中华人民共和国民族区域自治法》中，还特别规定了"汉族干部要学习当地少数民族的语言文字，少数民族干部在学习、使用本民族语言文字的同时，也要学习全国通用的普通话和汉文。"除了立法保护少数民族语言，我国在教育和科研上也注意保护处在危险中的少数民族语言。

第二节　语言与社会身份

语言和社会都是人类交际的产物。语言是人类交往最重要的媒介，社会是人类交往的产物。语言和社会有密切的关系。语言使人类在社会中能够顺畅地彼此交际、传递信息、交流思想、实现沟通，不仅如此，语言还隐含了说话者的社会身份角色。

一、言语社区

语言与语言之间的界限一般依据政治、文化、经济、民族等因素界定，即使在讲同一语言的人在社会内部，人们也能感受到言语的变异性以及部分人的一致性，社会语言学研究者们提出了"言语社区"（Speech community）这一概念。

早在 20 世纪二三十年代，布龙菲尔德就对"言语社区"表示了关注，他在其著作《语言论》中谈到"依靠言语相互交往的一群人，叫作一个言语社团。所谓人类高级活动——我们人类特有的活动——全都来自人与人之间的密切协作，这协作我们称之为社会，而这协作却是以语言为基础；所以言语社群是社会集团中最重要的一种。"[1]

后来的研究者们从以下四个不同的角度定义了言语社区。第一类是以莱昂斯（Lyons）和布龙菲尔德为代表，他们认为言语社区应以语言为划分标准，是使用同一种特定的或不同的语言的群体。第二类是以霍凯特（Hockett）和甘柏兹（Gumpertz）为代表，他们强调互动，认为构成言语社区的必要条件在于社区成员之间的交流互动。第三类以拉波夫（Labov）为代表，强调言语社区内部的共同规范性和有序性，即社区内部共同使用一组语言变量并对这组变量持有共同的评价。第四类关注社会性，认为言语社区可以划分为层次不同的集团，因此成员身份不平等，应采用非语言的标准才能把言语社区与生俱来的成员和外部参与者区别开来。

"言语社区"的鉴定要素具体有哪些呢？徐大明在借鉴社会学的"社区五要素"的基础上创立了"五要素"鉴定法，他提出"人口""地域""互动""认同""设施"五个指标将言语社区具体化。这是目前学界多数人都认可的切实可行的言语社区鉴定方法。[2]

二、语言与社会阶层

正如英国社会人类学家凯特·福克斯（Kate Fox）所说，"如果不讨论阶级，

---

[1]　布龙菲尔德.语言论[M].袁家骅，赵世开，甘世福，等译.北京：商务印书馆,1997：45.

[2]　徐大明.言语社区理论[J].中国社会语言学,2004(1)：18-28.

人们就无法探讨英式谈话密码；而一个人一旦说话，他必定会在第一时间内暴露出他的社会阶层地位。……所有的英国人，不管他们承认还是不承认，都会落入某种社会全球阶级卫星定位系统之中，一旦他或她开口说话，这个系统便能立即告诉我们该人在阶级地图中所处的位置。"[1]

著名影星奥黛丽·赫本（Audrey Hepburn）曾出演过一部电影《窈窕淑女》，改编自著名剧作家萧伯纳（George Bernard Shaw）的经典作品《皮格马利翁》（又被译为《卖花女》）。在这部电影中，语言学家希金斯和朋友打赌，要通过语言、礼仪训练将伦敦街头一个举止粗俗、满口俚语的卖花女伊莉莎改造成一名上流社会的淑女。经过六个月的反复训练，伊莉莎不仅学会了标准英语发音，而且变得谈吐得体、举止优雅。当她参加外国大使夫人举办的茶会时，竟被认为是一位贵族公主。电影中伊莉莎刚出场时所说的英语是一种叫"考可尼（Cockney）"的伦敦方言，在伦敦东区的贫民中使用，这种口音一直受到伦敦中上层人士的鄙视，被认为是一种粗俗的发音。而伊莉莎经过训练后改说的英语则是作为英国中产阶级及以上阶层所使用的"被接受的发音"（Received Pronunciation，简称 R.P.）。R.P. 又被称为国王（女王）英语、BBC 英语、剑桥英语等。在英国社会中，R.P. 并非地方口音，而是一种社会方言，是高贵的身份、良好的教育和中产以上社会阶层的象征。所以在英国，如果一个人很有钱，却不会说 R.P.，那人们绝对不会认为他是一个上流社会人士。从中我们能够看出，一个人的语言往往会反映出其所处的阶级地位，而一个人的阶级地位又会影响到社会中的他人对其的交往态度，因此说话人的语言在很大程度上能够反映其社会角色。

美国社会语言学家拉波夫曾经在纽约市的百货公司做过一次调查，他选取了纽约三家有名的百货公司，根据这些百货公司的地理位置、广告费用和广告篇幅、商品价格以及广告中的价格构成和价格强调程度、内部结构布置、员工对工作条件的态度等建立起三家百货公司的社会分层。他采用快速隐匿调查法，在被调查者不自知的情况下，得到最自然的元音后的 –r 发音。调查结果发现纽约市英语元音之后的 –r 发音与不发音，与说话人的阶层密切相关：下层中产阶级 –r 发音的最多，社会上层阶级其次。拉波夫进一步认为，元音后的 –r 发音本是上层阶

[1]　福克斯．英国人的言行潜规则 [M]．姚芸竹，译．北京：生活·读书·新知三联书店，2010：75.

级的特征，由于其他阶层迫切希望加入上流社会，所以纷纷模仿上层阶级的语言特点。下层中产阶级的这一愿望尤其强烈，以致"矫枉过正"，他们 –r 发音的最多，远远超过了上层阶级的发音率。拉波夫提出社会阶层差异是语言形式在人群中扩散的推动力，人们在模仿他们认为有威信的语言行为的同时也逐渐调整自己使用的语言。社会的中间阶层往往才是新的语言元素的引入者和推动者。[1]

特鲁吉尔（Trudgill）在英国诺里奇市的调查中还发现了一个被称为"隐威信"的现象。他调查了 16 个语言变项的社会分布情况，结合职业、教育程度、收入、住房条件、居住地区和父辈的职业等 6 项因素对被调查者划分社会阶层。结果发现，被调查者不仅有过高地自估使用标准变式的情况，还有过高地自估使用非标准变式的情况，特别是男性。对此特鲁吉尔的解释是：后一种讲话人不但接受那些超地区的标准发音的"显威信"，还受到本地工人阶级发音的"隐威信"的吸引。"显威信"代表着公认的社会经济地位，而"隐威信"则代表着强悍粗犷的男子汉气魄。[2]

三、语言态度

当谈论起某种语言或方言时，你常常会听到人们对这种语言或方言的评价，普雷斯顿（Preston）也说："德国人是严厉的，所以才会听到他们刺耳的腭辅音；美国南部的人是悠闲的、懒惰的，所以才会听到他们懒散的被拉长了的元音……"[3] 人们对不同语言的反应和评价体现出了他们的语言态度。

语言态度不是与生俱来的，而是在后天的社会交往和言语互动中逐渐形成发展起来的。语言态度反映的是语言使用者心目中的语言价值取向，是社会心理的反映。语言态度是人们对不同的语言、方言、口音和其讲话者的态度，包括人们怎样对待语言，以及对语言的地位、功能、发展前途等的认识和评价。语言态度

[1] LABOV W.The social motivation of a sound change[J].Word 19,1963(3)：273–309.

[2] TRUDGILL P.The Social Differentiation of English in Norwich[M].Cambridge University Press,1974.

[3] PRESTON D R.Language with an attitude[M]//J K CHAMBERS,P TRUDGILL ,N SCHILLING-ESTES,et al.The Handbook of Language Variation and Change.Oxford：Blackwell, 2002：40–41.

能影响人们对语言的选择应用，影响语言的规划发展，对人们的语言行为以及语言生存、发展、消亡都具有重要的影响。语言使用者对某种语言的认同也反映出该语言的社会价值。

我们可以采用直接测量和间接测量的方法来测量语言态度。

直接测量就是利用问卷、访谈或民意测验，直接询问被调查者对语言的评价、语言的选用、学习语言的动机、对说某种语言及变体的社会群体的评价、对语言使用的自我评价、对语言政策的意见等，了解被调查者的语言态度。采用直接测量法调查语言态度的缺点在于，首先预设的问题往往带有强烈的倾向性，诱导被调查者做出和实际相偏差的回答。其次被调查者往往会因为社会期望和成见，给出他们认为符合社会期望或需求的答案。特鲁吉尔在调查诺里奇市英语语言变异时，就发现一些自报偏好使用当地形式的男性在实际的非正式谈话中标准形式的使用率明显偏高，与此相对，一些自报偏好使用标准语言形式的女性在非正式谈话中当地形式的使用率更高。这也是在直接测量语言态度时必须要注意的，自报值与实际语言使用之间的差距。

间接测量就是在被调查者并不了解研究目的的情况下，使用间接的方法来调查语言态度。其中，最常用的是加拿大学者兰伯特（Lambert）发明的"配对语装"实验。为了调查加拿大讲法语者和讲英语者对彼此及自己言语社区的态度，兰伯特把一段话语分别翻译成法语和英语两个版本，并邀请一位双语人使用两种语言分别讲述，并进行录音；再请若干被试的双语人听录音，并要求受试人对这两种语言作出印象评分；最后根据这两种语言或方言评分的高低，判断被调查者对待两种语言的态度。在被调查者听录音样本时，必须保证他们不会察觉到这些录音样本是由同一个人发出的，这样才能确保得到最可靠的语言态度的判断数据。

人们的语言态度也反映到现实社会生活之中。杰罗·富尔特斯（Jairo Fuertes）等人对英语口音态度的研究显示人们对说标准口音的人的评价比说外语口音的人的评价更加积极。凯瑟琳·金泽尔（Katherine Kinzler）通过研究也发现在美国和法国，孩子们都更愿意跟母语口音的孩子交朋友。还有研究表明，在美国的人才市场上，相比带有中式口音、日本口音和印度口音的应聘者，雇主明显更偏爱说美音和英音的应聘者。[1]张积家的研究发现，在我国讲普通话的学生比讲家乡话的学生在外貌特征、人格特点、学习能力和家庭背景等各方面，都获得了教师更为积极的评价，也就是说教师们更喜爱讲普通话的学生。[2]

第三节　语言与年龄

不同年龄的说话人使用的语言在词汇、语法、语音等各方面都有明显的不同。社会语言学家钱伯斯（Chambers）曾说："年龄对社会人有着巨大的影响，我们的年龄是一个不可改变的社会事实"，[3]年龄在我们的社会生活中几乎具有决定性作用。

一、年龄阶段与语言差异

在一些传统的语言研究中，涉及年龄阶段划分问题时，常以儿童、青年、中年、老年这样比较笼统的划分法来处理，这种年龄阶段的划分方法并不利于细致考量年龄与社会语言的关系。

社会语言学家拉波夫将人们完全习得各种社会语言变体及规则的过程分为六个阶段：

第一阶段是五岁之前的婴幼儿时期，在父母和家人的影响下习得语言基本规则及语法。对儿童早期语言变异的定量研究只是近几年才开始的。罗伯特（Robert）在费城对三岁儿童的研究中发现和作为其模型的长辈语言一样，早期儿童语言呈现固有的变异性。三岁儿童在对稳定的社会语言学变量（如 –ing、t/d 省略）和反映进行中的变化的当地变异模式（如费城短 /a/ 的变化）的使用

[1]　刘磊.从口音视域看语言教学与研究[J/OL].中国社会科学网,2020–8–11.

[2]　张积家,王惠萍.学生口音给教师产生的印象[J].教育研究与实验,1991(1)：65–67.

[3]　J K CHAMBERS.Sociolinguistic Theory：Linguistic Variation and Its Social Significance[M]. Oxford and Cambridge：Blackwell,2003.

中显示了语言变异。

第二阶段从五岁到十三岁左右，受生活环境中的邻居、朋友、同龄人的影响习得各种地方语。拉波夫发现四岁、六岁、七岁的三名儿童存在着使用 t/d 省略和 –ing 中的制约条件。还有大量证据表明一定年龄之后一些模式不可能被习得。儿童可能在发展出语言制约性之前学习到一定语言变体的一些社会功能，他们可能偶尔应用这些变体，也可能在将一些变体付诸社会使用之前，他们先发展出精细的语言限制条件来。

第三阶段从十四岁或十五岁开始，青少年的社会知觉慢慢发展起来，也逐渐发展出与父母相似的对语言的主观反应。同一年龄段内的语言使用并非趋同，也存在着差异性。

第四阶段大概从十四岁开始，青少年在与同龄人的交往中，开始调整某些特定语言变式的使用频率。埃克特（Eckert）对底特律某郊区中学青少年群体实践社区中的语言变异进行了调查，发现这些青少年分为"骑士"和"灰烬"两个群体，他们之间存在明显的语言差别，但有趣的是，无论是"骑士"还是"灰烬"，他们在某些语言变式的使用频率上与他们的父辈还是呈现出明显的区别。青少年时期是特殊的人生阶段，具有特殊的社会语言学意义。青少年不承担成人角色，脱离成人圈子，在学校等教育机构与同龄人相处的特殊社会语境中产生出大量象征性的活动，与同龄人构建起创新的圈内差异性。[1]

第五阶段大约在成年早期，发展到一致标准时期，他们在工作或大学的广泛交往中获得只要情景允许就使用一致的标准语言形式的能力。

第六阶段是对社会全方位习得阶段，拉波夫指出只有少数人能够达到这个阶段。

钱伯斯认为拉波夫的六个阶段划分得太细，他将社会语言的习得分为儿童、青少年、中年三个阶段，并提出青少年一般被认为更多运用创新的语言形式，中年以后说话者具有了固定的社会语言，不再有大规模、有规律的变化，这种保守性已被归因于工作单位对标准语的要求。可后来许多研究显示语言变体的年龄分

---

[1] ECKERT,P JOCKS,BURNOUTS.Social Categories and Identity in the High School[M].New York：Teacher College Press,1989.

布呈现 U 型特点。[1]年龄最小者与年龄最长者的言语行为相似,两者与中年人的语言表现出非常显著的差异。[2]埃克特也将年龄阶段区分为童年、青少年和成人,再将成人分为从事职业的成人和退休者,因为退休通常会给个人的日常经历带来重大的影响。退休所带来的权势、金钱等减少,使老年人失去了对权力关系的关注,其语言行为也随之放松开来了。[3]

二、真实时间与显象时间

社会不同年龄阶段说话人所表现出来的语言差异可能反映了语言中正在进行的变化。研究者们通过真实时间或显象时间的研究方法来探索语言中的变化。真实时间一般通过两种方法搜集数据:一是在许多年前已有研究记录的数据基础上收集新的数据,然后将新旧数据进行比较,描述出语言变化的过程;二是使用同样的调查方法再次调查若干年前的被调查人,再比较两次调查的结果。由于语言的变化是非常缓慢的,真实时间的调查研究时间跨度太大,往往需要几十年甚至更长的时间段才能展示出语言变化一小阶段的过程。真实时间数据的可比较性、语料取样的设计、调查对象使用特定语言的方法、调查人群的人口学变化等因素也大大增加了研究的难度。相比之下,显象时间更容易获得可靠的数据,在语言变化研究中使用更多。显象时间数据收集方法是在同一时间点对不同年龄段说话人的语言使用情况进行调查,通过比较各年龄段的语言使用差异来研究语言的变化。换句话说,假设我们同时采集 20 岁、30 岁、40 岁年龄段的语言使用数据,所采集到的数据就相当于我们搜集到真实时间 30 年的数据;如数据显示不同年龄段的人呈现出某些语言特征的差异,这很可能表示这个语言特征正在发生变化。

拉波夫的马萨葡萄园岛的研究便是利用显象时间的数据发现了正在进行中的

[1] J K CHAMBERS.Sociolinguistic Theory:Linguistic Variation and Its Social Significance[M]. Oxford and Cambridge:Blackwell,2003.

[2] TRUDGILL P.Norwich revisited:Recent linguistic changes in an English urban dialect[J]. English World-Wide,1988,9(1):33-49.

[3] ECKERT,P JOCKS,BURNOUTS.Social Categories and Identity in the High School[M].New York:Teacher College Press,1989.

元音的音变。拉波夫发现马萨葡萄园岛居民前低元音（ay）和（aw）的央化形式的使用随年龄的增长呈上升趋势，这反映了语言使用中这两个元音央化情况历时使用的上升趋势。拉波夫还将显象时间上的变式分布与 30 年前的真实时间数据进行了比较，证明前低元音的央化趋势的确是一个正在进行中的变化。拉波夫的这项研究奠定了从共时角度观察语言历时变化研究的基础。[1]

三、年龄级差

不同年龄段语言使用的差异除了是正在进行中的语言变化，也有可能是年龄级差。年龄级差是指在同一时间内一代人的语言使用虽不同于上一代人，但这一代人长大后，到了一定的年龄阶段，他们的语言使用又会与上一代人趋同。从长期来看，数代人的语言使用并没有发生变化，而两代人在同一时间所表现出来的语言使用不同只不过是一种因为年龄级差造成的语言变异而已。

钱伯斯调查加拿大安大略省南部关于字母 Z 的发音差异就是一个年龄级差的例子。世界上大多数英语国家都将 Z 读作"zed"，而在美国读作"zee"。在安大略省南部 Z 也有读作"zee"的情况，因为每年数百名美国移民来到这个地区，据报道，他们通常要改变的第一件事就是 Z 的发音。于是该地区的一些儿童习得了美式发音并一直使用了很多年。对该地区的词汇调查不断显示出年轻人读作"zee"的发音比例要远远高于年龄较大者。1979 年一项调查发现，三分之二的 12 岁儿童需要背诵带"zee"发音的字母表，而当时只有 8% 的成年人发"zee"。1991 年（当年 12 岁的儿童已经 24 岁）调查发现只有 39% 的 20~25 岁的人读作"zee"。从中可以很明显发现，1979 年那三分之二的 12 岁儿童在后来的 12 年中改变了 Z 的读音。这表明随着年龄的增加，Z 读作"zee"的形式逐渐被忽视，从而更倾向于"zed"这种标准形式。[2]

一些研究者调查了我国青少年对普通话和当地方言的使用情况，例如俞玮

---

[1] LABOV W.The social motivation of a sound change[J].Word 19,1963(19)：273-309.

[2] J K CHAMBERS.Sociolinguistic Theory：Linguistic Variation and Its Social Significance[M]. Oxford and Cambridge：Blackwell, 2003.

奇[1]、张斌华[2]、方小兵[3]等都发现随着青少年年龄的增长，他们对当地方言的情感认同和实用价值评价都在不断提高，而对普通话的情感认同却在不断降低，这直接导致了他们使用方言现象的增多以及使用普通话现象的减少。他们认为这些变化属于年龄级差现象，是由语言生活环境的变化、语言社会化以及本地意识增强等多种社会因素造成的。

第四节　性别与语言

男性的语言与女性的语言有区别吗？答案是肯定的。在只闻其声不见其人的情况下，人们一下就能判断出发音者是男性还是女性。在英语中有两个词表示性别："sex"和"gender"。前者是自然生理范畴的男女性别，后者是社会范畴的男女性别。语言的性别差异不仅体现在生理上，同样体现在社会范畴中。已有的研究显示，性别作为一种社会因素在语音、词汇、语法、语义、语用甚至文字层面上都产生影响，体现出不同程度的差异性。语言的性别差异体现出不同社会文化对男女性别社会角色的不同期许，语言中甚至存在着不同程度的性别歧视现象。

一、性别与语音

（一）生理差异

1928年赵元任先生在《现代吴语的研究》一书中就提到了男性、女性在语音、语调上的差异。男女两性因生理上发音器官不同造成音色、音高、音强、语速、

---

[1]　俞玮奇 城市青少年语言使用与语言认同的年龄变化——南京市中小学生语言生活状况调查[J]. 语言文字应用 ,2012(3)：90-98.

[2]　张斌华 . 珠三角地区本地青少年语言生活状况调查——以东莞为例[J]. 中国语言战略 ,2018.5(2)：76-88.

[3]　方小兵 . 进城务工人员子女小学阶段的语言适应与语言认同[J]. 陕西师范大学学报（哲学社会科学版）,2018,47(6)：138-144.

语调都不同。声带是人类的发音体。语音的高低跟声带的长短、厚薄、松紧有关。男性的声带长而厚，所以男性的音色普遍低沉、浑厚，绝对音高较低（60 ~ 200 赫兹）。而女性的声带短而薄，说话时绝对音高（150 ~ 300 赫兹）明显高于男性，显得尖细。

女性的胸廓运动幅度较小，女性的肺活量明显小于男性。成年女子的肺活量一般在 2500 ~ 3000 毫升，而成年男子的肺活量通常是 3500 ~ 4000 毫升。女性的呼吸频率也比男性快一些，这就使得女性的发音不如男性发音"元气"足。从语音学的角度看，女性说话的音强要明显弱于男性。此外，社会习惯也认为女性说话不能粗声大气，否则便会被认为没有教养。因而，即使"元气"较足的女性也会有意识地控制自己的音量，以获得较好的社会评价。

（二）标准变体的偏好

研究者们发现女性比男性更倾向于使用语言的标准变体。在国外，1966 年拉波夫在纽约百货公司的语言变异调查中，发现元音后 –r 音的发音在纽约社会中具有较高的社会声望，使用这种发音的人一般受过较好教育、经济收入较多、社会地位也稍高。被调查者中发出元音后的 –r 音的女性比例明显高于男性。1974 年英国语言学家特鲁吉尔研究显示，大部分英国女性在对她们的语言使用进行自我评价时认为自己更多地把词尾为 –ing 发为后鼻音 /iŋ/，而英国男性则较多地认为自己把词尾 –ing 发为不标准的前鼻音 /in/。

与此相对的是，研究者们发现男性却表现出对语言标准变体的偏离倾向。在我国北京的男性青少年在非正式场合说话时，常把舌面辅音发成卷舌元音，比如把"反正"说成"反二"，把"保证"说成"保二"，把"不知道"说成"不 er 道"，把"工程师"说成"工 er 师"，把"图书馆"说成"图 er 馆"等，而且轻声音节特别多，发音比较含混、粗浊。这种现象在同龄的女孩中却很少出现。如果女孩子说话带有这种语音特征，就会被看作"粗鲁""男孩儿气"。

女性对语言标准变体的偏爱与男性对语言标准变体的偏离可以从一个侧面反映出男女的社会地位和心理。语言中的标准变体一般是具有最高社会威望的语言变体，彰显着身份、地位、文化和教养。当今社会几乎都是男性主导，女性对语言标准变体的偏好和使用，是为了给自己争取较为体面的社会地位。而男性本身强壮，崇尚直率的性格，为了体现男子气概，更加喜欢用非标准语言变体。但这并非是放之四海而皆准的公理，在一些国家或地区，由于女性根本不参与或很少参与公众的话语交流，她们使用标准形式的倾向就不比男性强。所以，女性对标准变体的自觉与使用主要是由她们在社会中所处的具体地位决定的。

（三）特殊的"女国音"

在我国却发现了女性倾向于使用非标准变体的特殊情况。1920 年，黎锦熙先生在调查北京女子中学语音时，发现几乎北京所有学校的女生都存在"尖音"现象，把 j、q、x 音发为近似 z、c、s 音，例如将英雄的"雄"，读得类似"松"。因为这种发音现象最早在劈柴胡同（今辟才胡同）原北京师范大学附属女子中学（现为附属实验中学）发现，故被称为"劈柴派"。黎锦熙先生将这种北京女学生特有的发音现象称为"女国音"。这种独特的女性语音现象引发了研究者们的兴趣。赵元任、徐世荣都在其著作及论文中提及过这种发音现象。

那为什么会产生"女国音"这种独特的女性发音呢？有人认为"女国音"是模仿京剧而产生的，京剧中的唱腔区分尖音与团音。但在当时北京女学生喜欢京剧的人并不多，很难证明少数的京剧爱好者能引发"女国音"大范围流行。曹耘提出"女国音"有可能是受苏州话、上海话分尖团的影响而产生的。[1] 这种看法同样受到争议。当时在北京定居的苏州人和上海人不多，最早发现"女国音"的北京西城根本就没有几个地道的苏州人或上海人。同时，当时在北京，苏州话或上海话的社会地位和威望明显低于北京话，这很难解释为何女学生会放弃高变体而模仿一种低变体的外地方言。还有人认为"女国音"与满人相关。这个观点认为受到满人发音不分尖团的影响，清末时官方语言已不分尖团，可是因为家庭妇女与社会接触少，所以仍然能区分尖团音，因此形成了"女国音"。但实际调查显示"女国音"的使用仅限于一定的年龄阶段。陈松岑就指出"这种'女国音'，一般出现在十五岁到三十多岁的有文化的妇女口中。"[2] 胡明扬对女国音的调

[1] 曹耘. 北京话 tɕ 组声母的前化现象[J]. 语言教学与研究, 1987(3): 84—91.

[2] 陈松岑. 社会语言学导论[M]. 北京: 北京大学出版社, 1985.

查也显示"多数人在初一、初二的时候还只有靠前的舌面音，没有真正的齿音，而成年以后'女国音'现象越来越突出，可是结婚、工作以后这种语音现象又逐步消失，只有少数人一直保留到中年，而老年人中间几乎没有发现再有这种语音现象。"胡明扬也指出"女国音"多在非正式场合使用，而很少在正式场合使用。可见"女国音"不仅受到性别因素的影响，而且受到年龄、场合等因素的限制，是年轻的女学生在特定年龄阶段内发生的一种特殊语音现象。[1]

因此，对形成"女国音"原因，学界比较认可的观点是由某种社会心理因素造成的。"笑不露齿"一直是中国传统观念中温柔、优雅的闺阁女性的标配。女孩子说话时不能把嘴巴张得太大，要细声细气。尖音的发音恰好就符合这种发音特征，契合了这种审美。年轻的女学生们觉得这样说话优雅、很好听、有独特的娇美感，就纷纷模仿开去。著名的相声演员马季就曾有一段相声叫《装小嘴》，叙述了一个年轻女子非常爱美，她为了说不露齿，在回答别人问题时就想尽一切办法避免使用开口度大的低元音，而选用开口度较小的高元音，因而闹出了"名叫吴葫芦""上百货楼""买醋"等笑话，最后在情急之下还是张大口说出了开口度大的"洒了"一词，露出了马脚。"女国音"这种尖音的发音方式虽然有独特的娇美感，但说起来很吃力，声音也比较小，所以绝大多数女性结婚以后就放弃了这样的说话方式。

二、性别与词汇

（一）男女专用的词汇

很多语言的词汇系统中都有一些男性专用或女性专用的词语。比如：日语中"ぼく、おれ、わし"是男性专用的第一人称代词，"あたし"是女性专用的第一人称代词；"わ、のよ、かしら"是女性专用的终助词，"ぞ、ぜ、な、かぁ"为男性专用的终助词。泰语中，第一人称代词、表敬语的语尾词都有男女专用的词语。ดฉัน 为女性专用的第一人称代词，ผม 是男性专用的第一人称代词。ครับ

---

[1]   胡明扬 . 北京话 "女国音" 调查（1987）[J]. 语文建设 ,1988(1)：28-33.

是男性专用表敬语的语尾词，คะ ค่ะ ขา จ๊ะ จ้า ยะ ย่ะ 则是女性专用。泰国除了存在男女性的差异，还有一类比较特殊的群体，就是俗称的"人妖"，专指那些从小服用雌性激素发育的男性，其中有部分是变性人。有研究显示，"人妖"一般会使用女性专用的人称代词和表示敬语的语尾词。此外，泰国还有一些女性化的男性，他们不服用雌性激素，但是他们喜欢女性化的妆扮，说话和肢体语言也非常女性化。有趣的是，研究显示这些"女性化心态的男性"会同时使用有男性指向性和女性指向性的人称代词和表敬语的语尾词。[1]可见，语言中这些性别专用词的选用并非只是由生理性别差异决定的，而是语言使用者对社会性别取向的选择与外化。

（二）性别与颜色词

女性对颜色和颜色词更加敏感吗？实验证明，女性不仅比男性对颜色的识别更加敏感，颜色词的使用也更加丰富。1981 年加拿大语言学教授克洛科德（Terry Klokeid）对约克大学的学生进行了一次测试。这项测试包括两项内容：第一项是把一块印有 20 种颜色的色板挂在黑板上，让学生写出颜色的名称，结果女生写出了 71% 的颜色名称，男生却只能写出 46%；第二项测试是给出五组相近似的颜色，每组包括两种颜色，然后让被测试者写出每组中两种颜色的区别，结果 63% 的女生能写出颜色差异，而能做到这一点的男生只有 40%。[2]在我国，杨永林也曾作过关于中国学生汉语色彩语码认知模式的调查。结果发现，受试的 40 名男生中仅有一人能正确写出"肉红色"的名称，绝大多数男生不是空缺，就是使用了像"浅黄""灰黄"这样一些不太准确的说法，而与此形成强烈对比的是大多数女生都给出了正确的名称。[3]金福年曾对男女作家在颜色词的使用方面做过调查，结果发现女性作家使用的颜色词比男性作家要多约三倍，而且多富有形象色彩。[4]

[1] 素披塔业·扎达绲.不同性别使用第一人称代词和表礼貌语尾词的区分[D]// 农颖颖.泰语性别语言研究.广西民族大学硕士学位论文,2017.

[2] 王德春，孙汝建，姚远.社会心理语言学[M].上海：上海外语教育出版社，1995：214.

[3] 杨永林.中国学生汉语色彩语码认知模式研究[M].北京：清华大学出版社，2002：85.

[4] 金福年.不同性别表达者选用汉语颜色词的差异[J].修辞学习,2004(1)：51-52.

男女在颜色词方面的差异从儿童时期就已经开始了。强森（Johnson）在1977年研究了儿童颜色词习得过程，结果发现两岁到四岁半的女孩使用"粉色"（pink）一词的次数明显高于同龄的男孩。[1] 谢花萍对一名两岁零九个月儿童和一名两岁十一个月儿童颜色词习得做个案研究时也发现受试女孩习得的颜色词当中以温暖、艳丽的颜色词居多，而受试男孩习得的颜色词中却有受试女孩所没习得的颜色词：灰色。谢花萍等认为性别对儿童语言的影响最大的是习得的速度以及与性别角色关系密切的语言现象。[2]

从社会的角度看，长期形成的社会分工使女性多在家庭中从事纺织、家庭布置打扫及教育孩子等工作，这些工作让女性更多接触到不同的颜色，女性对服饰、妆容的热爱也让她们在颜色的识别和感受方面更加敏感。同时女性比男性更加柔和、细心的性格让她们在语言表达上更加细腻绵密，在颜色词选用中，她们也更喜爱使用形象色彩和感情色彩比较强的颜色词。可见社会分工不同、社会文化心理差异等导致了颜色词使用上的男女的差异。

三、性别与言语交际

语言中的性别差异不仅表现为男女不同的词汇选择，还更多表现在言语交际中句式的选用和语体的不同。美国语言学家莱考夫（Lakoff）从性别角度对语言使用做了大量的研究，他将女性言语的基本特征归纳为十点：

（1）Hedges: Phrases like "sort of" "kind of" "it seems like", etc.

（2）Empty adjectives: divine, adorable, gorgeous, etc.

（3）（Super–）Polite forms: "Would you mind..." "Is it ok if ..."

（4）Apologize more: "I'm sorry, but I think about..."

（5）Speak less frequently

（6）Avoid coarse language or expletives

---

[1]   JOHNSON E G.The Development of Color Knowledge in Preschool Children [J]. Child Development，1977(48)：308−311.

[2]   谢花萍，彭小红．汉族儿童早期颜色词习得个案研究[J]. 湖南医科大学学报（社会科学版），2009,11(5)：97−98,87.

（7）Tag questions:"You don't mind eating this, do you?"

（8）Hyper-correct grammar and pronunciation: Use of prestige grammar and clear articulation

（9）Indirect requests: "Wow I'm so thirsty.", really asking for a drink

（10）Speak in italics: Use tone to emphasize certain words, e.g. "so" "very" "quite"[1]

霍姆斯（Holmes）（1995）在他的《女性、男性与礼貌》一书中也提出了男女礼貌用语的差异：首先在形式上，女性更多使用"闪避词语"和反义疑问句，句尾多用升调，其次女性在交际中更愿意遵守合作原则。[2]这与齐梅曼和韦斯特（Zimmerman & West）（1975）的调查结果一致。齐梅曼和韦斯特在对咖啡馆中31组对话的调查发现，在两性谈话过程中，女性总是耐心地等对方说完之后发言，打断对方的次数要远远少于男性，更加遵守礼貌原则。[3]

霍姆斯还分析了484件恭维的个案，发现51%的女人互相恭维，9%的男人互相恭维，23%的男人恭维女人，16.5%是女人恭维男人。由此可见，女人比男人更遵守交际中的表扬准则。女性在交谈中表现出温柔、耐心，避免矛盾和敌意，男性常表现出对立、自信、有竞争力。

女性在言语交际中表现出来的如上所述的各种特征被语言学家称为"女性语体"（Female Speech Style），其深层原因在于男女的社会地位差异、性别文化差异和社会意识形态方面的差异。实际交际中，女性语体的使用者不仅限于女性。有人对警察局警员和来访者的对话和法庭上证人的证词进行研究，发现无论男女，当说话人位于"无权"或"有求于人"的地位时，都会表现出"女性语体"的闪避、犹豫、疑问、礼貌、恭维等各种特征。说话者（无论男女）的"无权"地位

[1]　LAKOFF R.Language and Women's Place[M].Cambridge University Press，2005：45-80.

[2]　HOLMES J.Women,Men and Politenes[M].London：Longman,1995.

[3]　ZIMMERMAN D,WEST C. Sex Roles Interruptions and Silences in Conversation[M]//THORNE B,HENLEY N. Language and Sex：Difference and Dominance.Rowley, Mass：Newbury House,1975：105-129.

会使他们或她们的言语显得"无力"，所以也有人把女性语体称为"无力语体"，由此说明女性语体的运用跟说话人与听话人的角色有关，不能完全脱离社会文化语境。

四、性别与文字

在湖南省永州市江永县上江圩镇及其邻近一带，曾经流传着一种奇特的文字，仅仅在当地妇女中流传使用，被当地人称作"女书"或"女字"。"女书"是目前世界上发现的唯一一种性别文字，是人类文字学上的奇迹。

从字形上看，女书字符为斜体，纤细、均匀，呈"多"字或"菱"字形，似蚊似蚁，也被称为"蚊形字"。行款方式是由上而下、从右到左直书，无横书、无标点、无断句。笔画多为斜、弧、短竖、小圆点、小圆圈等，和汉字笔画大相径庭，是方块汉字的一种变异形态。谢志民在《江永"女书"之谜》（1991）中统计女书有单字 1774 个，常用的有 800 多个。[1] 从文字属性上看，女书是一种自成体系的单音节表音文字，可采用当地方言吟诵或咏唱，是一种汉语方言文字。女书字符大多数都是一音多义，同一个字既可以有几个不同的写法，也可以有几个不同的读音。女书作品一般书写在纸张、扇面、手帕上或刺绣在布块、被子、带子上，以七言、五言韵文为主，分为创作、记录、翻译三大类，适用于祭祀、读唱娱乐、信件往来、诉说身世、记载历史等。一千多年来，它专用于女性之间的传授交流。女书作品如《三朝书》《高银仙自述》《孤女怨》等，内容多是表达妇女内心感受、记载一些重大历史事件或描述古代妇女的不幸遭遇和悲苦生活。女书的传承一般是母女传袭，传女不传男，按当地的风俗习惯，女书要作为女书传人的殉葬品随葬或焚化，人死书亡，因此每部作品的流传一般不超过两代人。到 2004 年，随着最后一代女书传人阳宜焕老人的去世，能听读和书写女书的人已寥寥无几了。

一些学者认为，从世界范围看，女书与日本、韩国某些文字现象也有可比性。

---

[1] 谢志民.江永"女书"之谜[M].郑州：河南人民出版社,1991：2.

如日本的"平假名"和韩国的"谚文"，其产生或发展均与女性有关。公元九世纪平安时代，日本把汉字叫作"真名、男手、男文字"，把平假名叫作"假名、女手、女文字"，这与江永一带人们称传统汉字为"男字"一样。韩国的"谚文"也曾被称作"雌文字"。这三种文字在文字创制初期都曾以女性作为主导使用者，在这三种文字的传播过程中女性都曾起了很重要的推广作用。

五、语言中的性别歧视

1980年，鲍林格（Bolinger）提出语言中的性别歧视，受到广泛关注。大量的研究证明，性别歧视确实存在于语言中。

在许多语言中都有一些涉及性别对立的词，如将男性视为本体，而将女性视为变体或附属。如英语中 man 既可指"男人"，又可指"人类"，表"人类"的意思时可以同时指男性和女性。he 除了指男性的第三人称单数，也泛指任何一个人，she 则成了一种变体。英语中还有许多其他的词均有歧视女性之嫌，如chairman,spokesman,congressman,freshman,sports-man,boycott,brotherhood,manmade,postman,salesman 等。有研究者对《牛津高阶英语学习词典》中关于性别对立的词语组合进行了全面分析，发现语义上对等的性别对立词语组合中，大部分男性词都是无标记的，而女性词是通过在男性词基础上添加黏着语素或是通过复合法生成的。构成女性词的语素，如 -ess，-ette，是作为"小"的标记。这些词被普遍认为具有男尊女卑的内涵。

在词义上，"男性"字词往往有褒义色彩，而"女性"字词往往带有贬义。如：gentleman 绅士，派头十足、举止优雅、风度翩翩，而 lady 淑女一词却有情妇的意味。mister 和 sir，分别表先生和爵士，但 miss 和 mistress 除了有小姐、太太之意外，miss 还有情妇、娼妓之意，mistress 有情妇之意。"bachelor"和"spinster"都指没结婚的人，bachelor（单身汉）一般指男人自己选择不结婚，而且过着一种快乐可能还有几分放荡的生活，但是 spinster（未婚女人）暗含着一个没有吸引力的老女人形象，由于嫁不出去而过着一种单调而没有成就感的生活。这些内涵反映了社会对未婚女性和未婚男性所持的截然相反的态度。easy 也因性别不同而含义不同：当该词被用作修饰男性时，意思是"容易相处的"，但当其修饰女性时，则指"不整洁的""不修边幅"的女人或"娼妓"。professional 一词，如果用来修饰男性，"He is professional."指的是当事人有一个值得尊敬的职业；如果用来修饰女性，"She is professional."表达的却是"她是一个妓女"的委婉说法。舒尔茨（Schulz）研究发现英语中有 500 多个俚语表示"prostitute（妓女）"，但是只有 65 个表示"whoremonger（嫖客）"。葛拉铎（Graddol）和斯旺（Swan）也发现北美英语中有不少于 220 个单词可以用来表示性生活放荡的女人，但是只有 20 个单词表示性生活放荡的男人。[1]

语法方面，并列结构的词序在涉及男女性别词汇排序时，往往遵循先男后女的原则。如 boys and girls,Mr.and Mrs.,father and mother,brothers and sisters 等，汉语中如父母、公婆、夫妇、夫妻、爸妈、弟妹、哥姐、哥嫂、兄嫂等。这种排序明显地体现了语言中的价值取向，即"男尊女卑""大男子主义"和"男性中心论"。

文字中也显示出古代社会中的性别歧视。甲骨文中的"女"字字形像一个卑微下跪的人，如奴隶一般。[2]据记载，在原始社会的部落中，敌人被捕后，男性会被处死，而女性经常沦为奴隶。所以"奴"也含有女字旁，但它可指社会中的男奴或女奴。"妇"指"已经结婚的女性"，由"女"字旁和"帚"组成，意为女性的活动主要被局限在家里打扫房间，可见古代女人的家庭地位。"嫖"指男人去嫖娼，"奸"指男女发生不正当关系，可在文字上都是由女性承担责任，为这些错事受到责难。"婚"由女字旁和"昏"组成。中国古代婚礼一般都在傍晚举行。在原始社会禁止同部落的人通婚。因此，去其他部落抢女人成了一种习俗，而抢人的最佳时间是在黄昏[3]。同理，"娶"是由"取"下面一个"女"组成。"取"字形上的意思是"把耳朵割下来"，因为在历史上敌人被杀后，捕获者将其耳朵割下用来计数。因此，汉语中"取"的另一个意思是"捕获"。当"取"和"女"放在一起时就成了"婚姻"。这点生动地表现了女性在古时受到

---

[1]　祝畹瑾 . 社会语言学概论 [M]. 长沙：湖南教育出版社，1992.

[2]　吴世雄 . 由汉语的女部字研究看中国文化语言学存在的问题 [J]. 古汉语研究，1997(1)：8-13.

[3]　伍铁平 . 汉语与中国婚姻 [J]. 汉字文化，1984(17)：12-16.

的不公正对待。汉字中还有大量描绘女性美貌、表现女性在家族中地位的字，例如婷、姝、妩、媚、妖、娆、姿、妙、嫩、婉、娇等。在长期的社会交往中，人们往往只注意从生理方面来评价女性，而不像对待男性那样注重其实力或能力，这些汉字以间接的方式反映了女性在社会中受到的歧视。

本专题作者：龙玫、罗昕

专题二

人名与地名

第一节　概说

一、什么是人名与地名

孔子认为"正名"是治国理政、教化百姓的先决条件。[1] 所谓"正名"，就包含了命名必须有恰如其分的意味。可以说，人类的文化是从命名开始的，为万事万物命名也是人类的基本需要之一。[2]

人名与地名是万物名称中极为重要的两类：人名指人的名字，是人类个体作为某个社会成员的特定标识；地名指地方的名称，是人类赋予某一特定空间位置上的地理实体的特定标识。二者均由人类社会所创造及共享，反映着文化发展及语言发展的基本状况。它们与我们的日常生活密切相关，也是语言文字应用研究的重要课题。

---

[1]　杨伯峻．论语译注 [M]．北京：中华书局，2012：185-186．

[2]　纪秀生．汉语人名学论纲 [M]．长春：时代文艺出版社，2007：1．

二、人名与地名的属性

人名与地名分别是对人与地方命名的产物。命名的对象虽然不同，但二者之间存在着密切关联：一方面，很多姓氏起源于地名，如蒋、曹、唐、宋、卫、郑等姓源自西周封国名，东郭、西门、南宫等姓源自家族聚居地名，英语姓氏伦敦（London）、希尔（Hill）、伍德（Wood）、布什（Bush）等亦如此；另一方面，将人名嵌入地名或将地名嵌入人名的情况并不少见，前者如广东省的中山市（纪念孙中山）、陕西省的志丹县（纪念刘志丹）、重庆市的邹容路等，后者如司马光（出生于其父在光州太守任上）、郭沫若（家乡四川乐山两条河流的古名"沫水""若水"的合称）、关牧村（出生于河南新乡牧野村）等。人名和地名也呈现出一些共通的属性特征，可以概括为社会属性、语言属性及文化属性三个方面。

（一）社会属性

人名与地名都属于社会现象，具有指称和交际功能，因而必然具有社会属性。二者的社会属性主要表现在：

（1）指别性。不同的人名与地名总是指向特定的某个对象。通常情况下，一旦某人或某地获得了社会认可的称呼，该称呼便拥有了一定范围内的专一性和排他性。虽然人名或地名相互重合的情况不算鲜见，但在有可能引起指称混乱的情况下，人们还是会想办法进行别异。例如汉高祖刘邦手下有两个韩信，一封楚王，后降为淮阴侯，一封韩王。故而为两人作传时，《史记》分别称"淮阴侯"和"韩信"，《汉书》则分别称"韩信"和"韩王信"。湖北境内有两处赤壁：一是东汉末年赤壁之战的发生地；一是因苏轼《赤壁赋》而知名。后世常以"武赤壁"和"文赤壁"，或"三国赤壁"和"东坡赤壁"以示区分。简称亦如此。南开大学与南京大学都是全国知名的高等学府，通常前者简称"南开"，后者简称"南大"，其中应当有别异的考量。

（2）稳定性。人名与地名经确定之后，一般不轻易改动，避免为社会交流及社会生活带来不便。一个人的姓名通常伴随其生前乃至身后，无故改名的情况相对较少。尤其对历史人物而言，名字是他们在史书中留下的印记和符号，功过随之，荣辱系之，或彪炳千秋，或遗臭万年。地名也具有相当的稳定性。我国的许多地名都拥有上千年的使用史，例如邯郸、敦煌、咸阳、开封、曲沃、番禺等。当然，随着社会历史的发展，有些地名几经改易，但相对于漫长的历史时期，这种变动完全算不上频繁、剧烈。例如重庆，春秋时为巴国，秦置巴郡，汉称江州，隋称渝州，北宋改称恭州，南宋升为重庆府，重庆由此得名，沿用至今，已达 800 余年。

（3）时代性。人名与地名是各个历史时期人类活动的产物，折射着不同时代人们的思想观念和审美诉求。人名的时代性主要表现在时代因素影响各时期人名用字的个体频度及总体趋势。例如六朝取名多"之"字（刘牢之、顾恺之、祖冲之、裴松之），又因佛教盛行而喜欢取佛僧名（摩柯、僧护、金刚、娑罗之类）。宋人则喜用"老""叟""翁"（孟元老、王若叟、魏了翁）等表示老态的字眼，字辈取名制也开始流行。近现代亦如此。语言学家陈章太通过统计分析，将我国二十世纪人名用字频率的变化区分为四个时期：第一时期为 1949 年前，人名前六位是"英、秀、玉、珍、华、兰"；第二时期为 1949—1966 年，人名前六位是"华、英、玉、明、秀、国"；第三时期为 1966—1976 年，人名前六位是"红、华、军、文、英、明"；第四时期为 1976—1982 年，人名前六位是"华、丽、春、小、燕、红"。[1] 不同时期的社会状况互有差异，强烈影响了人们的取名偏好，这在文学著作及影视作品中亦可见其端倪。莫言的长篇小说《生死疲劳》中出现的人物有"蓝解放""黄互助""黄合作""庞抗美""蓝开放""马改革"等，这些人名体现了时代的变迁，带有深刻的时代烙印。许多地名也能够反映出其命名时代的特征，留下当时社会活动或自然演变的痕迹。如现今被誉为"中国硅谷"的北京市海淀区中关村，在明清时期曾是太监养老、死葬的聚居区，因太监又称"中官"，故此地得名"中官村"，解放后才改"官"为同音字"关"。中国台湾地区的两座离岛兰屿和绿岛，其旧称分别是红头屿和火烧岛，各自最高峰分别是红头山和火烧山，这些名称揭示了它们原本是由海底火山喷发而形成的火山岛。

---

[1]　陈章太 . 汉语的人名和人名用字 [N]. 语文导报 ,1985(7).

（二）语言属性

作为专有名词，绝大多数人名与地名都与语言中的其他普通词语一样，具备语音形式、文字形式、结构理据及指称对象等语言特征，同时也遵循语言发展的普遍规律。人名与地名的语言属性主要表现在：

（1）任意性。《荀子·正名》："名无固宜，约之以命，约定俗成谓之宜，异于约则谓之不宜。"事物的名称往往是由人民群众经过长期社会实践而确定或形成的。人名与地名隶属于语言符号系统，因而也具有任意性。这意味着二者与其指称对象之间的初始关联并不绝对，存在多种命名的角度和可能。例如父母为刚降生的子女取名时，往往会煞费苦心。这是因为取名虽然会受到姓氏及行辈用字的制约，但实际仍拥有很大的自主性。地名的确立及更替亦如此。北京在历史上曾称蓟、广阳郡、幽州、燕京、中都、大都、北平等，但不论哪个名称，所指向的地理实体都是一致的。

（2）理据性。人名、地名与指称对象的结合通常是有道理的、可论证的，即某人或某地之得名往往有原因或出处可说。如孔子之子孔鲤，因出生时鲁昭公赐孔子一尾鲤鱼而得名；著名学者钱钟书，因抓周时抓了一本书而得名；山西省因居太行山以西而得名；青海因境内的青海湖而得名；美国的印第安纳州因曾是印第安人的领土而得名。人名或地名的更改亦如此。如司马相如本名犬子，长大后因仰慕蔺相如的为人而更名为相如；陕西省宝鸡市原名陈仓，唐时相传此地有石鸡啼鸣之祥瑞而更名为宝鸡。当然，不排除少量人名与地名的得名依据在历史变迁中被湮没的情况。

（3）系统性。人名与地名都是由组合关系和聚合关系构成的严整有序、层级分明的规则系统，这也是二者的共通之处。地名一般包括两个部分，即通名和专名。所谓通名，即山、川、河、湖、郡、县、省、区一类的名称，显示出地名的类别；专名才是某一类别中地名的特称。有人把通名比作人们的姓，将专名比作人们的名，仅有姓难以识别其人为谁，单有名也会混淆不清。[1] 中国的特色文献家谱，记载了父系家族世系人物之间的血缘关系，可视为人名系统性的一种

---

[1]　徐兆奎，韩光辉．中国地名史话（典藏版）[M]．北京：中国国际广播出版社，2016：2.

表现形式。地名则有大小之别，在需要清楚描述地点（如写信）时，汉语习惯采用的次序是由大及小，如"中国重庆市北碚区天生路2号西南大学文学院"，英语则刚好相反，如"2D No.715, LongYuan Students Apartment, LiaoNing University of Science and Technology, An Shan,LiaoNing Province, China (PRC)"。无论采取何种排序，都要逐级编次，这是地名系统性的一种体现。

（三）文化属性

人名和地名既是文化的镜像和载体，也是文化史的重要组成部分，因此天然具有文化基因。正如吕叔湘先生所言："一种语言的历史和使用能反映人们生活和思想的变化。词汇不仅指一般用词，也包括专名。例如地名能反映居民迁徙的经过，街巷名能反映过去的工商业活动，人名能反映人们的意识形态，其中包括生活理想、道德准则以及宗教信仰。"[1]人名与地名的文化属性主要表现在：

（1）地域性。不同地域的地形地貌特征、居民来源、方言、文化习俗各异，人名和地名难免会沾染地域色彩。例如从姓氏的频度看，历史越悠久的地区姓氏越复杂。陕西是我国文明发源地之一，每25000人中姓氏达450个左右；发展较晚的广东、福建，则不足300个姓氏。有些姓氏在全国范围内是罕见的，但在某个地区却可能比较集中，如陕西的权、党、路等姓，四川的阳、卿、补等姓，福建的水姓，上海的火姓，广东的麦、禤、区等姓。取名也具有地区特征。据《人民日报》2017年的一篇文章指出：北京女性多以"静"为名；哈尔滨女性多以"淑"为名；广州男性爱用"志强""俊杰"，女性爱用"妹"；四川、贵州喜好"勇"字等。[2]又如很多客家男性名字里带"球"字，而江浙吴语区喜欢在人名前冠以"阿"字，《鲁迅》作品中的"阿长""阿Q""阿毛"皆是其例。地名的地域性在通名上表现得尤为显著。如陕北多塬、梁、峁，反映了黄土高原沟壑纵横的地貌特征；上海多汇、浦、浜，反映了长江三角洲河网密布的地貌特征；重庆号称"山城""桥都"，地名多桥、山、梁、坪、坝、溪、口、沱，反映了山水相依的地貌特征。此外，以地域名称为基础还产生了不少文化词语，如"泾渭分

---

[1] 吕叔湘.南北朝人名与佛教[J].中国语文,1988(4).

[2] 中国人姓名均有地区特点[N].人民日报（海外版）,2007-9-18.

明""天府之国""庐山真面目""华山天下险""桂林山水甲天下""上有天堂，下有苏杭"，这也是地名文化属性的体现。

（2）民族性。世界上各民族、各国家生存的社会环境、地理环境、文化背景等方面互有差异，这种差异反映到地名与人名上，就会使二者呈现出民族性。例如在父权社会里，出于追溯父系血统和继承遗产的需要，父子的姓名通常在形式上存在一定的关联。汉族和英语民族主要表现为姓氏相同，即父亲姓张，儿子也要姓张，父亲姓库里（Curry），儿子也要姓库里。而俄罗斯、阿拉伯等民族则采取了"父子联名"的方式，如"伊万·伊万诺维奇·伊万诺夫"，依次为本人名、父名、姓氏。我国的基诺族、纳西族、傈僳族、哈尼族、景颇族等少数民族至今仍保留着一种类似于"顶真格"的父子联名的命名制度。[1]唐代时崛起于云南一带的南诏国，国王的名字自皮逻阁以下依次为阁逻凤、凤伽异、异牟寻、寻阁劝等，即这种制度的例证。地名通常是由当地居民以本民族语言命名的，能够反映不同的民族特征。很多藏族人信仰佛教，地名中出现的天、神、圣、庙等名称就反映了这一点，如拉萨意为"神地"，唐古拉意为"光明神"。蒙古地名中几乎没有来源于姓氏的，这是由于蒙古族在历史上以游牧业为主要经济活动，习惯以自然地理特征为地方命名，如木伦意为"水量丰富的河流"，锡林意为"高平原"等。[2]地名的民族性还表现在，同样的地理实体在不同民族语言中的名称各异。如加里宁格勒原名哥尼斯堡，原属德国，第二次世界大战后被割让给了俄罗斯，德语中的"堡（–burg）"与俄语中的"格勒（ｒｐａд）"所指略同，都是城的意思。

（3）象征性。通常情况下，人名与地名都有特定的指称对象，但当它们经常与某些场景、语境相互关联时，尤其是作为某种意象频繁出现于文学作品之中时，其含义就有可能超出实际所指，从而被赋予泛称意义或文化上的象征意义。人名方面，如以诸葛亮喻指智者，以阿斗喻指软弱无能、不思进取的人，以堂吉诃德喻指执着勇敢的斗士，以灰姑娘喻指美貌或能力未被赏识的女子，以福尔摩

[1]　罗常培.论藏缅族的父子联名制[M]//罗常培，胡双宝.语言与文化注释本.北京：北京大学出版社，2009：123-163.

[2]　朱晓红.浅议我国地名的文化属性[J].中国地名，2010(11)：18-19.

斯代指神探等。地名方面，如以巫山喻指男女情事，以阳关喻指离别，以梨园代称戏曲班子，以杏坛代称教育界，以滑铁卢喻指重大挫折或失利，以伊甸园喻指圣洁、快乐之地等。爱国歌曲《我的中国心》，歌中以"长江、长城、黄山、黄河"并称来代指祖国大好河山，激发了人们的爱国情怀。

第二节 汉语的人名

我国古代的人名系统繁复庞杂，往往导致同一个人可能拥有多个称谓。如北宋大文豪苏轼的称谓多达几十种，我们比较熟悉的便有苏子瞻、眉山公、大苏、苏徐州、西湖长、苏东坡、东坡居士、雪堂、苏学士、苏翰林、苏文忠等。汉语的人名系统大致可区分为姓氏和名字两部分，前者具有家族沿袭性，是一个人的根基和归属，后者则具有比较高的自由度，体现了自我个体的存在价值。围绕人名，还产生了避讳、谱牒等极具中国传统特色的文化现象。

一、姓氏

（一）姓、氏的产生与合流

姓氏是标示社会结构中家族血缘关系的一种文字符号。现代社会往往姓、氏连称，似乎二者并无不同。但在远古时期，它们则存在显著差异。东汉许慎《说文解字》："姓，人所生也。古之神圣，母感天而生子，故称天子。从女从生，生亦声。《春秋传》曰：'天子因生以赐姓。'"可见姓的产生可以上溯至母系社会时期，其本义是指源于同一母系的氏族称号。姓因母传，也因女显，因此一些古老的姓大多包含"女"字旁，如黄帝姬姓、炎帝姜姓、虞舜姚姓、大禹姒姓等。氏的产生则要略晚于姓。北宋刘恕《通鉴外纪》："姓者，统其祖考所自出；氏者，别其子孙之自分也。"随着人口的生息繁衍，同一母族往往派生出若干支族，每个支族又有族号，此称为"氏"。可以说，姓代表母系血统，氏代表氏族分支；姓区别血统，氏区别子孙。这是姓与氏在最初阶段的根本区别。[1]

南宋郑樵《通志·氏族略》："三代以前，姓氏分而为二，男子称氏，妇人称姓。氏所以别贵贱，贵者有氏，贱者有名无氏。故姓可呼为氏，氏不可呼为姓。姓所以别婚姻，故有同姓、异姓、庶姓之别。氏同姓不同，婚姻可通，姓同氏不同，婚姻不可通。三代以后，姓氏合二为一，皆所以别婚姻，而以地望明贵贱。"先秦姓用来"别婚姻"，氏用来"明贵贱"，二者虽然作用不同，但无疑被赋予了宗法制度色彩。成语"秦晋之好"，反映了春秋时期秦、晋两国的世代联姻关系。秦国嬴姓，晋国姬姓，两国不同姓，故可通婚。这可以看作是原始社会族外婚制度的自然发展。贱者无氏，贵者同姓未必同氏。如楚国国姓为芈，先秦男子称氏不称姓，楚国国君是芈姓熊氏，屈原是芈姓屈氏，项羽是秦末楚国人，追溯起来，他应是芈姓项氏；外嫁他国的女子则需称姓以别婚姻，故热播剧《芈月传》的女主芈月（史称芈八子），与屈原、项羽都是同姓本家。延及秦汉时代，随着周王朝宗法制度的解体，姓、氏逐渐合流，混而为一，上至贵族、下至百姓，从此便都有了姓。

（二）汉语姓氏的来源

我国姓氏繁多、产生时期各异、来源多途，它们层累聚积，一起构成了源远流长、缤纷多彩的姓氏文化。关于姓氏的来源，古人早已有所关注。东汉应劭《风俗通义·姓氏》总结了9类，而《通志·氏族略》总结为32类，最为细致。整合来看，大体包括以下一些主要类型：

第一，源自远古母系氏族族号。明代顾炎武《日知录》据《春秋》钩辑"古姓"22个，包括姚、姜、姬、嬴、姒、妊、妘、芈、子、风、己、董等。此类姓氏往往与神话传说有一定关联，如董姓的起源可上溯至虞舜时代。据《左传·昭公二十九年》载，黄帝后代中有个名为董父的，为帝舜驯养龙，被舜赐姓为董，任为豢龙氏。于是董父的后代便以董为姓。

---

[1]　纪秀生.汉语人名学论纲[M].长春：时代文艺出版社，2007：66.

第二，源自图腾崇拜。有专家认为，一些姓氏是由氏族图腾演变而来的，如马、熊、牛、羊、凤、龙等。《史记·五帝本纪》载黄帝曾率熊、罴、貔、貅、貙、虎，与炎帝大战于阪泉之野。这些猛兽大概就是不同氏族的图腾。

第三，源自国名或封地。周王朝建立后，将国土大规模地分封给了王族及功臣，由此建立了许多诸侯国。诸侯国的君主又将自己的土地分封给卿大夫。这些国名或封地的名称后来演化为姓氏，如韦、苗、柳、陈、卫、鲁、唐、费、薛、赵、吴、郑等。春秋时期"坐怀不乱"的鲁国贤人柳下惠，本名展获，因其封地在柳下，谥号为惠，故后世尊称"柳下惠"，他也是展姓和柳姓的得姓始祖。

第四，源自家族居住地。平民百姓没有资格获得封土，便以所居之地为姓。此类姓氏在古姓中所占比例极大。如春秋时，齐国公族大夫分别居住在都城城郭四面，其后代便以东郭、西郭、南郭、北郭为姓氏。又如守桥山（今陕西黄陵县西北）黄帝陵者为桥姓，居傅岩（今山西平陆县东）者为傅姓，居于东海劳山（今山东崂山）者为劳姓等。

第五，源自先祖的名或字。依古制，诸侯之子称公子，公子之子称公孙，公孙之子及其后代通常以其祖父（即公子）的名或字为姓氏。如春秋时宋桓公之子公子目夷，字子鱼，孙子公孙友，公孙友之子以其祖父的字为姓氏，此即鱼姓来源。其他如孔、高、池、禄、井、牧、常等姓来源亦同。

第六，源自职业或官名。《风俗通·姓氏》："凡氏于事，巫、卜、陶、匠是也。"如巫，指上古时专门从事祈祷、祭祀、占卜活动的人，他们往往兼通天文、医术等，颇受尊崇。传说黄帝时巫彭作医，商朝有巫咸、巫贤，皆巫姓始祖。复姓司马、司徒、司空、司寇等皆源自职官。如司马一职，负责执掌国家军队。据《通志·氏族略·以官为氏》载，周宣王时程伯休父为司马，平定徐方，功勋卓著，被宣王赐姓司马氏。

第七，源自其他民族部落名。复姓呼延、慕容、宇文、尉迟、长孙、贺兰等皆是。如宇文，本为魏晋时鲜卑族部落名，今融为汉姓。《周书·文帝纪》载其得姓缘由："其先为鲜卑君长，其后曰普回，因狩得玉玺之纽，有文曰'皇帝玺'。普回心异之，以为天授，其俗谓天曰'宇'、谓君曰'文'，因号宇文国，并以为氏焉。"其说虽不可确信，但可证宇文原非汉姓。

第八，源自其他民族姓氏汉化。如北魏孝文帝推行民族融合政策，将鲜卑贵族原有姓氏改为汉姓，改换的方式通常是音近简省。如拓跋改为元、独孤改为刘、步六孤改为陆、丘穆陵改为穆、贺赖氏改为贺、贺楼氏改为楼等。宋元两朝，西域阿拉伯人东来经商定居后，有人以蒲作为汉姓，蒲即来自阿拉伯语 Abu（阿卜）之音译。现今我国回族姓氏中以马为第一大姓，"马"即来自阿拉伯语 Muhammad（穆罕默德）的音译。

此外，姓氏还有源自谥号者如穆、文、康、庄、幽，源自爵位者如皇、王、公、侯，源自排行次第者如伯、仲、叔、季、第二、第五、第八等。可谓源流纷纭，难以备陈。

（三）汉语姓氏的演变

姓、氏合流后，姓氏的总量大大增加。在经历战乱、移民、民族融合等因素的促动下，各姓氏呈现扩散的趋势，不同姓氏的分布逐渐交错混杂，造成了很多同姓多源的情况，往往越是大姓，异质性越强。如李姓，通常认为其源出嬴姓，先祖为虞舜的司法官皋陶，当时司法官名为大理，遂以官名命族为理氏，后改为李氏。自三国至清代，陆续有少数民族被封赐或改为李姓。唐代李为国姓，皇室大量封赐功臣、武将及内附的少数族裔为李姓，使李姓族群急剧膨胀。唐代以后，在靖康之变、靖难之役、湖广填四川、下南洋等历史事件所造成的移民浪潮中，李姓的播迁更加频繁，分布地更为广泛，最终形成了李姓遍布全国乃至全球的现状。

由于姓氏与传统伦理、宗法制度密切挂钩，姓氏源流的梳理便成为一项必要的工作。由此促进了姓氏汇纂及谱牒两种人名研究文献的产生。

第一，姓氏汇纂。汇总不同姓氏并简要梳理各自的起源、演变、名人等。掇其要者，有东汉应劭《风俗通义》、唐代官修《大唐氏族志》《元和姓纂》、南宋郑樵《通志·氏族略》、明代凌迪知《万姓统谱》等。其中最知名的莫过于北宋初年钱塘老儒编纂的《百家姓》了。该书原收录汉语姓氏411个，后增补到504个，虽相较于姓氏总量来说极不全面，且缺少对姓氏的说明，但全书以韵文编次，读起来朗朗上口，因此很早就成为与《三字经》《千字文》齐名的蒙学读物，至今仍是我们了解姓氏文化的一把钥匙。

第二，谱牒。汇总一姓之世系、源流，包括家传、家谱、族谱等。谱牒初由一家一族私撰。魏晋以来，门阀制度兴起，选官、同婚特重士庶之别，故必稽谱牒，由此导致了官修谱牒的盛行。东晋贾弼"广集众家，大搜群族"，撰《姓氏簿状》700余卷，划分18州、116郡世家大族的姓氏等第；南梁王僧孺因贾弼旧本，改撰《十八州谱》700余卷，谱牒之学至此臻于大成。至于隋唐，门阀制度瓦解，选拔人才的途径由科举制度取而代之，官修谱牒从此式微。不过现今时代，出于传承家风、强宗固族等目的，不少家族仍保留着修撰家谱、族谱的传统。

我国从古至今出现的姓氏总量应该在两万以上。2010年出版的《中国姓氏大辞典》收录汉语姓氏23813个，其中单姓6931个，复姓9012个，三字至十字姓氏7870个。[1]另据2021年5月11日公布的第七次人口普查数据，中国人口最多的姓氏占比前十名依次是：李（7.94%）、王（7.41%）、张（7.07%）、刘（5.38%）、陈（4.53%）、杨（3.08%）、赵（2.29%）、黄（2.23%）、周（2.12%）、吴（2.05%）。这十大姓总人口约为5.5亿，占全国人口近2/5，与民间流传的"张王李赵遍地刘"的说法仍基本相合。

二、名字

名字的含义有古今之别。现在我们所说的名字，通常仅包括姓氏和名，有时不包括姓氏，如在介绍自己时可以说"我的名字叫刘跃进"或者"我姓刘，名字是跃进"。而在古时，名字的范畴比较广泛，姓氏、名、字、号都可以涵盖在内。这里谈的"名字"，指的是除姓氏以外的名、字、号三者。它们的共性是命名时具有较高的自主性，不像姓氏那样具有比较严格的规定。

（一）名的意义及分类

《说文解字·口部》："名，自命也。从口，从夕。夕者，冥也。冥不相见，故以口自名。"意思是天黑的时候，人们彼此看不清脸面，因此以口自报其名。

---

[1]　袁义达，邱家儒．中国姓氏大辞典[M]．南昌：江西人民出版社，2010．

名的基本功能是人与人相互别异的个体标记，通常在出生时由父母等长辈所取。关于取名的依据，古人早有总结。《左传·桓公六年》提到："名有五，有信、有义、有象、有假、有类。"所谓"信"，指用与生俱来的特殊标记命名。春秋时，晋国第一任国君唐叔虞，因手掌的纹路像个虞字，所以取名为虞；晋成公名黑臀，大概是出生时屁股上有青黑色胎记；郑庄公名寤生，意思是倒着生，就是出生时脚比头先出来，害得母亲武姜险些难产而死，因而母亲不喜欢他。"义"指选取表美德、吉祥的字眼命名，如西汉的许延寿、韩千秋、陈万年等。至于霍去病、辛弃疾、刘病已（汉宣帝原名）等名，则体现了祛病免灾的美好心愿。东晋名将王镇恶，据《宋书》本传载，他出生于五月五日，家人认为这是习俗所忌讳的事儿（屈原在这一天沉江，古人认为该日生的子女不肖或不贤），想把他过继给远亲。祖父王猛认为这孩子不寻常，将会使家门兴旺。于是给他起名叫"镇恶"。"象"指以形似之物命名，传说孔子"生而首上圩顶"，头顶中间低而四围高，像山丘的形状，故名"丘"。"假"指借用自然万物之名。忠义故事《赵氏孤儿》的主角之一公孙杵臼，杵、臼为春捣粮食或药物的工具；孔子之子孔鲤、刘彻原名刘彘、南宋大奸臣秦桧，皆是以动植物为名之例。"类"指根据婴儿与父亲的某些共同之处来取名。如鲁桓公因为儿子与自己的生日恰好相同，于是给他取名叫"同"。南北朝时父子不嫌同名，也可视为以"类"取名的实例。北魏献文帝名弘，其子孝文帝名宏，刘宋明帝名彧，其子废帝名昱，此同音之例；东晋王羲之，其子名玄之、凝之、操之、献之等，献之子名静之，此一字相同之例；北魏开国功臣安同，父名屈，长字亦名屈，此祖孙完全同名之例。[1] 当然，今人的取名依据早已不限于上述五类。

广义的名，还包括以下小名、笔名、地望名、官爵名、宦地名等。

第一，小名。通常是幼年时为父母长辈所呼的非正式名字，或称乳名、奶名、小字等。许多历史人物皆有小名，如司马相如小名犬子、曹操与李隆基小名都是阿瞒、陶渊明小名溪狗、刘裕小名寄奴、王安石小名獾郎、朱元璋小名重八等。小名的主要特点是取名相对随意、有时不避粗俗，这与民间普遍存在的"贱名好

---

[1]　陈垣 . 史讳举例 [M]. 北京：中华书局 ,2012：135-137.

养活"的心理是有关系的。有些农村地区，给孩子取小名为傻根、狗剩、铁柱、钢蛋、石头等，正体现了这一特点。

第二，笔名。即作家发表作品时所署的别名。笔名的出现与通俗小说的兴起相关。明清时期，小说被认为是不入流的著作，作家为了保护名誉或躲避是非不愿签署真名，于是有意使用了笔名。如晚清谴责小说《老残游记》作者是刘鹗，署名"洪都百炼生"，世情小说《海上花列传》作者是韩邦庆，署名"花也怜侬"，前者揭露了官场黑暗，后者描写了妓院生活，题材都比较敏感，故作者署了笔名。民国以来，小说的地位早已得到大幅提升，但作家署笔名的传统不但流传下来，而且蔚然成风。一方面，很多作家拥有多个笔名。如鲁迅先生是古今中外使用笔名最多的作家，他曾用过的笔名据统计有150多个[1]，而且个个意义非凡，"戛剑生"是舞剑者的意思，"令飞"是奋飞的意思，"巴人"取自成语"下里巴人"，是并非高雅的意思，"晓角"指黎明前吹响的号角等。另一方面，有些作家的笔名比真名更具知名度，如张心远笔名张恨水、谢婉莹笔名冰心、舒庆春笔名老舍、陈懋平笔名三毛、陈喆笔名琼瑶、管谟业笔名莫言等。笔名大多有来历、有深意，体现了作家的生平、情怀、意趣等，与古人所取的号颇有异曲同工之妙。

第三，地望名。汉魏以来，盛行门阀制度，士族大姓垄断地方选举等权力，一姓与其所在郡县相联系，姓氏便有了高低贵贱之分。地望也称郡望、族望等，一些宗族逐渐发展为某地的巨室大族之后，往往撰修谱牒、自标郡县之名，以示本族的高贵。这些宗族借由所垄断的社会资源，大多累世显赫、名人辈出，享有崇高的威望和地位，如太原王氏、弘农杨氏、兰陵萧氏、河东柳氏和裴氏、荥阳郑氏等都是历史上著名的名门望族。随着人们郡望意识的不断强化，注重门第成为一种普遍心态。例如唐段成式《酉阳杂俎·续集卷三·支诺皋下》："韦斌虽生于贵门，而性颇厚质，然其地望素高，冠冕特盛。"韦斌出身京兆韦氏，故云"地望素高"。隋唐以降，以地望称名逐渐成为一种习俗风气。如唐孟浩然又称孟襄阳，北宋王安石又称王临川，明张居正又称张江陵，清李鸿章又称李合肥，张之洞又称张南皮等。有些人的地望名与其出生地并不相符，如韩愈的出生地在

---

[1]　周清叶. 关于鲁迅笔名的研究[J]. 井冈山学院学报（社会科学版），2009，30(3)：51-54.

河阳（今河南省焦作市孟州市），因为当时韩姓以昌黎为郡望，故自称昌黎韩愈，世称韩昌黎；柳宗元出生于长安，世称柳河东，用的也是他的郡望。

第四，官爵名。即用某人的官衔、爵位、封号等作为其代称，类似于今天我们称他人为"张院长""李部长""王主席"。官爵名是官本位思想的产物，在封建社会极为盛行，有些官爵名与特定的人物挂钩，成为其别称。如东汉马援又称马伏波（曾任伏波将军），班超又称班定远（曾封定远侯），魏晋时期阮籍又称阮步兵（曾任步兵校尉），潘岳又称潘黄门（曾任黄门侍郎），王羲之又称王右军（曾任右军将军），唐魏征又称魏郑公（曾封郑国公），杜甫又称杜拾遗、杜工部（曾任左拾遗、检校工部员外郎），北宋王安石又称王荆公（曾封荆国公）。

第五，宦地名。即用某人居官、任职所在地作为其代称，如西汉贾谊又称贾长沙（曾被贬长沙，任长沙王太傅），东汉孔融又称孔北海（曾任北海相），东晋陶潜又称陶彭泽（曾任彭泽令），唐柳宗元又称柳柳州（因官终柳州刺史），韦应物又称韦江州、韦苏州（曾任江州刺史、苏州太守）等。

此外，不同人群还有其特用名。如艺人有艺名、学生有学名、和尚有法名（法号）、道士有道名（道号）等。不赘。

（二）字及其与名的关联

《说文解字》："字，乳也。""字"的本义是滋生、滋乳。人的字产生于名后，往往由名衍生而来，故名。又因与名互为表里，故也称"表字"。《礼记·檀弓》："幼名，冠字。"又《曲礼》："男子二十冠而字，女子许嫁笄而字。"先秦时期，成年取字是贵族的专属，百姓只有名。取字的年龄，男子是二十岁行冠礼时，女子则是十五岁行笄礼时。

《颜氏家训·风操篇》："古者，名以正体，字以表德。"名、字的意义和作用不同：名用来区分彼此、标明本身，字用来标明德行、以示敬重。在人际交往中，名是卑称，用于自称、上级称呼下级或长辈称呼小辈，表示谦虚；字是尊称，用于下级称呼上级、小辈称呼长辈或平辈、朋友互称，表示礼貌。

名和字通常关联密切，它们之间的关系大致可分为以下几种情况：

第一，意义相近或相同。张衡字平子，"平""衡"皆有齐平义；班固字孟坚，

"坚""固"都有结实义；诸葛亮字孔明，陶渊明字元亮，"明""亮"都有光明义；欧阳修字永叔，"修""永"皆有长义。

第二，意义相反或相对。韩愈字退之，"愈""退"分别有超过、后退义；晏殊字同叔，"殊""同"分别有不同、相同义；朱熹字元晦，"熹""晦"分别有明亮、昏暗义。

第三，意义相类，即字与名表同类事物。周瑜字公瑾，"瑜""瑾"皆美玉名；孙策字伯符，"策""符"皆竹制信物名；陆机字士衡，"机""衡"皆北斗七星名。

第四，意义相属，即字与名是种属关系。孔鲤字伯鱼，"鲤"属"鱼"类；南梁何瑜字重宝，"瑜"属"宝"类；明代周鼎字伯器，"鼎"属"器"类。

第五，相协成文。即名与字连缀与典故、名句相合。潘岳字安仁，取自《论语·雍也》"仁者乐山，智者乐水"；赵云字子龙、陆云字士龙，取自《周易·乾卦》"云从龙，风从虎"；茶圣陆羽字鸿渐，取自《周易·渐卦》"鸿渐于陆，其羽可用为仪"；钱谦益字受之，取自《尚书·大禹谟》"满招损，谦受益"。或名与字连缀表达对古人的仰慕。东晋刘毅字希乐，乐毅为战国军事家；颜之推字介，介子推是春秋晋国时期的义臣。

第六，拆名为字。南宋陶崇字宗山，明刘侗、清钱侗皆字同人，清姚椿字春木，清毛奇龄字大可。

第七，名与字相重。有完全重合者，如东晋安帝司马德宗字德宗，北齐慕容绍宗字绍宗，唐代刘济字济；有一字相重者，如谢安字安石，李白字太白，杜牧字牧之。

（三）号的意义及分类

《释名·释言语》："号，呼也，以其善恶呼名之也。"又《周礼·春官·大祝》："号为尊其名更美称焉。"号是古人在名与字之外另取的别名，故也称别号。通常由达官贵人或名人雅士为表达自己的志趣、抱负、理想、居处等而自取，故也称自号。取号的方式比较自由，数量及字数多寡亦不受限。如杜甫号少陵野老、郑樵号西溪遗民，此以地为号；辛弃疾号稼轩或稼轩居士、王夫之号姜斋，此以室为号；唐寅号六如居士，"六如"取自《金刚经·应化非真分》"一切有为法，如梦、幻、泡、影，如露亦如电，应作如是观"，此以志趣为号；祝允明号枝山或枝指生、清代万经号跛翁，此以身体特征为号；徐渭号水田月老人、朱耷号八大山人（草书"哭""笑"上下连写似"八大山人"），此拆解汉字为号；欧阳修号六一居士（藏书一万卷、集录三代以来金石遗文一千卷、琴一张、棋一局、常置酒一壶，加上自己这一个老头子）、金农号二百砚田富翁，此以得意的藏品为号等。

广义的号，还包括绰号、谥号、庙号、尊号、年号等。

第一，绰号。根据某人身上的一些特点，为其取一个代表性的称谓，又称外号、诨号、花名等。最为典型者如《水浒传》里的 108 好汉，人人有绰号，如及时雨宋江、智多星吴用、美髯公朱仝、小李广花荣、黑旋风李逵、花和尚鲁智深等。很多文人亦有绰号，如唐代诗人温庭筠，诗思敏捷，每叉八次手就成一首诗，因此人称"温八叉"；北宋画家米芾，举止癫狂、性格孤傲，人称"米颠"；北宋词人张先，因词作中有"云破月来花弄影""帘压残花影""堕絮飞无影"三佳句而被称"张三影"。有些绰号则带有贬损色彩，如唐武周朝宰相苏味道因遇事含糊其词、模棱两可被称"苏模棱"；玄宗朝宰相李林甫因表面亲切、内心奸诈而被称"口蜜腹剑"；明宪宗朝刘吉、万安、刘翊三位内阁大臣因尸位素餐而被称"纸糊三阁老"。总之，绰号能够彰显人物性格、相貌、才能、社会评价等，通常具有诙谐幽默的特点。

第二，谥号。起源于周代，指古代帝王、诸侯、大臣、士大夫等社会地位较高的人物去世后，按生前事迹对其进行褒贬评价的文字。可分为美谥（上谥）、平谥（中谥）、恶谥（下谥）三等：美谥带有赞美色彩质，如文、武、成、康、昭、恭、襄；平谥无明显褒贬，有些带有同情色彩，如哀、殇、冲、怀、愍、闵、悼；恶谥带有贬损、批评色彩，如桀、纣、厉、幽、灵、炀、戾、缪。以上为官谥或公谥，此外又有私谥，是有名望的学者、士大夫死后，由其亲戚、门生、故吏为之议定的谥号。如陶渊明去世后，友人私谥为靖节，故后世又称靖节先生。

第三，庙号。指帝王死后在太庙中立室奉祀时追尊的名号，如太祖、太宗、高宗、中宗、世宗等。唐刘知幾《史通·称谓》："古者天子庙号，祖有功而宗有德，始自三代，迄於兩汉。名实相允，今古共传。降及曹氏，祖名多滥。"两汉及其以前，庙号的追加极为慎重，开国君主为"祖"，继嗣君主只有有治国才能者可称为"宗"。但自三国起庙号泛滥，除了一些亡国之君和被推翻的皇帝之外，几乎所有皇帝都有庙号。

第四，尊号。指在皇帝和皇后（或先帝嫔妃）生前所加的表示崇敬褒美的称号，又称徽号。尊号始于秦代，如秦始皇尊号为"泰皇"。唐代以降，帝后尊号往往随其在位时间而不断加长，多者达数十字。如武则天，高宗时上尊号为"天后"，临朝称制后上尊号"则天顺圣皇帝"，退位后改尊号为"则天顺圣皇后"；明太祖朱元璋尊号为"开天行道肇纪立极大圣至神仁文义武俊德成功高皇帝"。

第五，年号。指封建王朝用来纪年的一种名号。先秦至汉初无年号，汉武帝即位后首创年号，此后形成制度。同一皇帝在位时更换年号称为"改元"。一个皇帝所用年号少则一个，多则十几个。历史上使用年号最多的皇帝是武则天，在掌权的23年里（683—705年），她一共使用了包括光宅、垂拱、永昌、载初、天授、如意等在内的18个年号。明清时期采用一世一元制，大致上都是一个皇帝只用一个年号，因此也常常用年号来称呼皇帝，例如洪武皇帝、崇祯皇帝、康熙皇帝、光绪皇帝等。

三、人名的用字与读音

（一）行辈用字

古代中国重视宗族伦理，故对同一宗族、家庭的人命名时往往采用能够标示辈分及同辈长幼次序的字，此为行辈用字。

字辈，即以特殊用字来标识辈分，一般认为始于唐朝，自宋代开始渐趋严密且持续不衰。字辈的使用大体可分为两种方式：

第一，宗族若盛行单字名，则同辈人多采用同一偏旁的字以示辈分。如《红楼梦》中贾府第一代为贾演、贾源，名字带"氵（水）"旁；第三代有贾敷、贾敬、贾赦、贾政、贾敏，名字带"攵（反文）"旁；第四代有贾珍、贾琏、贾环、贾琮，名字带"王（玉）"旁，贾宝玉为双字名，但名字本身即有"玉"字，且

"宝"亦带"玉"旁；第五代有贾蓉、贾蔷、贾芸、贾芹，名字带"艹"字头。

第二，宗族若盛行双字名，则其中一字（通常为首字）为同辈共用，另一字则自便。如孔子的后裔，在元代以前尚无固定字辈，取名较为随意，知名者如西汉孔安国为第11代孙、东汉孔融为第20代孙、唐孔颖达为第32代孙；自元代第54代孙孔思晦开始采用思、克、希、言、公、彦、承、弘、闻、贞、尚等字明确辈分，不少孔子后人从名字就能得知其辈分。

此外，还有将两种方式相互融合的做法，最典型者为明朝帝系的字辈。从第二辈（太祖朱元璋儿子辈）起，取名以"木、火、土、金、水"五行相生依次排序；从第三辈（成祖朱棣儿子辈）起，开始使用双字名，其中一字为同辈共用，依次为"高、瞻、祁、见、祐、厚、载、翊、常、由"，另一字仍按五行偏旁排序。查看成祖以下十三帝名依次为朱高炽、朱瞻基、朱祁镇、朱祁钰（与前者同辈）、朱见深、朱祐樘、朱厚照、朱厚熜（与前者同辈）、朱载垕（或以为"坖"）、朱翊钧、朱常洛、朱由校、朱由检（与前者同辈），正与字辈严格相合。

体现同辈长幼之序的用字，这些字通常嵌入名或表字中。大体可分为两类：

第一，"伯仲叔季"类。相当于现今一家所生的孩子按年龄大小依次称为"老大""老二""老三""老幺"等。"伯"又称"孟"，指老大，如曹操字孟德、孙策字伯符、孟姜女指姜家的大女儿，或云"伯""孟"有嫡庶之别，实际区分并不严格；"仲"指老二，如司马懿字仲达、孙权字仲谋；"叔""季"皆用于较小的儿子，似无严格的次序之分，如汉高祖刘邦字季（排行老三），孙坚第三子孙翊字叔弼、第四子孙匡字季佐等。汉代以后，排行用字又增加了不少，如"元、长、次、幼、稚、少"等，如东晋葛洪字稚川、三国时期"马氏五常"的老五马谡字幼常、唐代有刘长卿、南宋有王次翁等。

第二，序数类。通常用于大家族同辈排行。唐宋时期流行这种排行方式，同辈的兄弟或姐妹分别按同一祖父、同一曾祖父或更远的祖先排行。[1]如杜牧又称杜十三、元稹又称元九、孟浩然又称孟六、高适又称高三十五等。白居易有诗《问刘十九》，刘十九的真名至今仍有争议，但十九应是其排行数字名。

---

[1]　徐建华，田芳．中国人的名·字·号[M]．天津：百花文艺出版社，2007：67．

（二）人名用字的更改

古人讲求"行不更名，坐不改姓"，但在一定的情况下也可能更改其姓名，例如赐姓、赐名、避祸、避讳等。

第一，赐姓、赐名。多为天子以国姓（当朝皇室的姓氏）赐予功臣，以示褒宠。如唐初名将徐世绩被高祖李渊赐姓"李"（后因避太宗李世民偏讳改为李勣），明末民族英雄郑成功被赐姓"朱"，时人称之为"国姓爷"；后梁开国皇帝朱温曾被唐僖宗赐名"全忠"；清代大臣方观承因疏浚易州安国河被赐名"安河"。也有赐恶姓、恶名以示惩罚之例。如武则天即位后，分别赐王皇后和萧淑妃为莽姓和枭姓；雍正皇帝即位后，将曾参与夺嫡的八弟允禩、九弟允禟分别改名为阿其那、塞思黑，并削爵黜宗室。两名具体是什么意思仍存争议，但无疑具有贬损色彩。

第二，因谶语、避祸、明志等原因而改姓、改名。如西汉古文学家刘歆因与汉哀帝刘欣名字读音相同而必须改名，他根据当时民间流行的谶语"刘秀发兵捕不道"改名刘秀以应谶；前秦开国皇帝苻健之父苻洪本姓蒲，后以谶语"艸付应王"而改苻姓；明末清初，为逃避起义军及清王朝追杀，大批朱姓皇族纷纷改姓，如林、宗、李、王、曹等；朱自清本名自华，后取《楚辞·卜居》"宁廉洁正直以自清乎"中"自清"二字为新名；陶行知本名陶文浚，后受明代思想家王阳明"知行合一"论的影响，先改名为陶知行，后又改名陶行知，体现出对"知""行"孰先孰后的认识转变。

第三，其他民族改用汉姓、汉名。前文已提及北魏鲜卑贵族、宋元时期阿拉伯人改为汉姓之例。又如清朝灭亡后，很多皇室贵族都改为汉姓。如爱新觉罗氏改姓"金"、瓜尔佳氏改姓"关"、那拉氏改姓"那"、马佳氏改姓"马"等。

第四，因避讳改姓、改名。避讳是旧社会特有的现象，大约起于周，成于秦，盛于唐宋，至清代更趋严密，民国废除。封建社会里，帝王及父祖之名不可触犯，若直呼或直书其名（所谓"犯讳"），轻则遭到呵斥谴责，重则身死族灭。避讳常见的方法如改字、空字、缺笔、改读等。[1] 所避之讳又可分为国讳（帝后及

---

[1]　陈垣.史讳举例[M].北京：中华书局,2012：1-13.

其父祖名字）、家讳（父祖名字）、宪讳（上级长官名字）、圣讳（周公、孔子等圣人的名字）种种。以避国讳为例：汉朝避文帝刘恒讳，改姮娥为嫦娥；避武帝刘彻讳，改汉初辩士蒯彻为蒯通；避宣帝刘询讳，改荀子为孙卿；避明帝刘庄讳，改庄子为严子；晋朝避文帝司马昭讳，改王昭君（名嫱，字昭君）为明君或明妃；唐朝避太宗李世民偏讳，尔朱世隆、王世充、虞世南等改称为尔朱隆、王充、虞南；宋朝避太祖赵匡胤及太宗赵光义讳，赵匡美先后改名为光美、廷美；南宋学者真德秀，本姓慎，避孝宗赵昚讳，改姓真。

（三）人名的读音

从古至今，我国人名用字总量庞大，其中又不乏多音字、异体字、方言字、生僻字，这使得人名读音具有一定复杂性。

第一，姓氏的读音。一般来说，每个姓氏都有其历史渊源，读音具有传承性，许多姓氏都有其特殊的读音。其一，一些姓氏专用字比较生僻，较易误读或不识，如蒯、厍、乜、逯、迮、芈、夒、仉、訾、阚、尉迟、万俟、亓官、鲜于、令狐等；其二，一些字用作姓氏时，与常见读音不同，如葛（Gě）、缪（Miào）、单（Shàn）、仇（Qiú）、纪（Jǐ）等；其三，一些姓氏用字是多音字，不同的读音代表不同的姓氏，如乐（Yuè/Lè）、覃（Tán/Qín）、盖（Gài/Gě）等。

第二，人名的读音。古籍中的一些人名，用字及读法都比较特殊，容易读错。如妲（dá）己、皋陶（yáo）、樊於期（wūjī）、勾（gōu）践、伍员（yún）、嫪毐（lào ǎi）、李悝（kuī）、郦食其（yìjī）、曹大家（gū）等。此外，个别名字用字本不相同，经字形简化后变得同形，那么在读音上就需加以分辨。如孔子的弟子南宫适、唐德宗李适、南宋金石学家洪适，名字里的"适"都应读kuò；而唐代诗人高适，名字里的"适"是"適"的简化字，应读作shì。

四、人名的现状及规范

相较于古代，我国现代的人名系统已经得到了大幅度简化，多数人在社会交际层面上只有一个正式的姓名，有时会兼有乳名、绰号、笔名等。在"一人一名"的前提下，对取名的指别性和规范性要求自然也会大大提高。然而，目前在人名用字及管理方面存在不少问题，不仅给个人生活，也可能给户籍管理、邮电、教育、银行、医疗等部门的管理工作增添许多麻烦。

第一，重名问题。重名现象古已有之，如春秋时有两个曾参，还因此留下了"曾子杀人"的典故，战国时有两个毛遂，西汉有两个韩信等。自20世纪80年代以来，我国人名的重复率急剧增高，其原因大致有四：一是部分姓氏的使用率过高，例如前文已提及，2021年全国十大姓的总人口数约占全国人口五分之二；二是人名用字过于集中；三是单名过多；四是命名方式简单化、大众化。[1]

第二，用字问题。有些家长为了避免重名、追求典雅或与五行、八字相合，在给孩子取名时有意使用生僻字乃至奇字、怪字、死字等，如頔、韡、彧、赟、諹、翀、塈、铖、偲等。有些人名则是故意使用异体字而不用正体字，如喆（哲）、峯（峰）、垚（尧）、堃（坤）、燚（熠）等。此类用字有时会妨碍交际，降低文字处理效率。

第三，管理问题。随着信息化社会的到来，姓名工作仍存在滞后的情况，如户籍管理部门缺乏相应的法规，有关部门缺乏配合，基础设施跟不上，法律上还存在盲区等。[2]

从语言文字的角度出发，人名用字的规范大体包括以下几方面内容。

第一，明确人名用字总体情况。一方面，应该对目前全国仍在使用的姓氏以及名字的常用字频率进行详尽彻查，全面把握我国人名用字和读音的宏观状况，在此基础上出台专门的人名用字指导意见。另一方面，管理部门应适应信息化时代需要，不断与时俱进，提升对人名用字的涵盖率。例如2019年公安部门对人口信息库专用汉字库进行了扩容升级，收录了包含少数民族文字、冷僻姓氏在内的7.2万个汉字，基本能够满足百姓身份认证的需求。但由于许多其他社会部门并未同步更新这套字库，不少生僻字无法共享，姓名含生僻字群体办事难的问题依然存在。

第二，有针对性地解决人名用字存在的问题。例如重名问题，可以尝试从提

---

[1]　纪秀生.汉语人名学论纲[M].长春：时代文艺出版社,2007：333-337.

[2]　张书岩.信息化社会的到来与姓名工作的滞后[J].修辞学习,2005(4)：17-20.

倡"四字名"格式（双姓组合）、鼓励双字名、回避使用频率高的人名用字等方面入手解决。对于人名中存在不规范用字的问题，要加强宣传引导，让取名行为尽量以国家颁布的《简化字总表》《第一批异体字整理表》《印刷通用汉字字形表》《新旧字形对照表》为依托。要让取名者意识到，人名本质上是人的代号，名字的独特性与个人的独特性并不能画等号，也并非完全依靠用字上的新、怪、偏、难而实现。很多书香门第为后代起名字时就是用字简洁而又含义深刻。反而生僻的人名会给人与人的沟通、人与社会的沟通带来诸多问题。

第三，明确拼音规则。据 2012 年颁布的《中国人名汉语拼音字母拼写规则》，汉语人名拼音采用姓前名后、各自开头字母大写、中间以空格分开的基本规则。细则包括：其一，复姓要连写，如"欧阳 / 文""司马 / 相如"；其二，由双姓组合（并列姓氏）作为姓氏部分，双姓中间加连接号，每个姓氏开头字母大写，如 Liú-Yáng Fān（刘杨帆）；其三，笔名、艺名、字（或号）、法名、代称、帝王名号等，按正式的人名写法拼写，如"鲁 / 迅""盖 / 叫天""杜 / 工部"；其四，三音节以内不能分出姓和名的汉语人名，包括历史上已经专名化的称呼，连写、开头字母大写，如 Kǒngzǐ（孔子）、Xīshī（西施）、Bīngxīn（冰心）；四音节以上不能分出姓和名的人名，如代称、雅号、神仙名等，按语义结构或语音节律分写，各分开部分开头字母大写，如"东郭 / 先生""鉴湖 / 女侠"等。这对处理复杂人名的拼音标写问题具有指导意义。

第三节　汉语的地名

地名系统实质上是一系列大大小小的地域名称组成的有序集合。这个系统可以从指称对象、语言结构、语源、语用等多个维度进行观察。[1]地名兼具地理、语言、社会、文化等多重属性，这里着重关注其语言属性。以下就汉语地名的分

---

[1]　齐沪扬，陈昌来. 应用语言学纲要 [M]. 上海：复旦大学出版社，2004：268-269.

类、来源、移用、变更、规范等问题分别阐述。

一、地名的分类及来源

从指称对象来看，地名可分为自然地名和人文地名两大类，前者包括陆地名称（平原、高原、盆地、丘陵、半岛等）和水体名称（海、洋、江、河、湖等），后者包括行政区划地名（省、市、县、乡、区等）、聚落地名（路、街、弄、胡同、小区等）、人工建筑地名（机场、国道、堤、桥、站等）、文教设施地名（公园、博物馆、剧院、少年宫、学校等）等。从词语结构来看，地名通常由通名和专名两部分构成，前者标示其所属类别，突显共性特征，后者标示其具体名称，突显个体差异。如缙云山属于自然地名，通名是"山"，专名是"缙云"；"春熙路"属于聚落地名，通名是"路"，专名是"春熙"等。

自然地名、人文地名、通名、专名的得名理据各不相同。古人对此辨析细密，故划分出来的名目也比现在要多。例如同表山体名称的词语，"山"为泛称，"峦"指迂回连绵的山，"岳"为五岳专称，"岑"指小而高的山，"岭"指山体有道路回绕的山，"峻"指数峰并峙的山，"峰"指山的突出尖顶，"丘"指自然形成的小土山，"陵"指中央高四周低的大土山，"阿"指蜿蜒的大土山等。[1]今则主要以"山""峰"为山体通名，如"缙云山狮子峰"，其他词语较少使用。

专名则更具个体独特性。如北魏郦道元《水经注·河水》记载了秦初并天下时全境各郡的命名依据："秦用李斯议，分天下为三十六郡。凡郡，或以列国，陈、鲁、齐、吴是也；或以旧邑，长沙、丹阳是也；或以山陵，太山、山阳是也；或以川原，西河、河东是也；或以所出，金城城下得金，酒泉泉味如酒，豫章樟树生庭，雁门雁之所育是也；或以号令，禹合诸侯，大计东冶之山，因名会稽是也。"以专名为纲，现今汉语地名的来源大致可分为以下一些情形。

第一，源自境内山、水、地名。如青海省因青海湖而得名，浙江省因境内钱塘江（古称浙江）得名，贵州省因贵山得名，黄山市（原徽州）因黄山得名，甘肃省取甘州（今张掖市）、肃州（今酒泉市）首字得名，福建省取福州、建州首

[1]　黄金贵 . 古代汉语文化百科词典 [M]. 上海：上海辞书出版社 ,2016：71–77.

字得名，武汉市取武昌、汉口、汉阳首字得名。

第二，源自地理方位。如河北因地处黄河之北而得名，河南因地处黄河之南而得名，洛阳因地处洛河之北（山南水北曰"阳"）而得名，华阴因地处华山之北（山北水南曰"阴"）而得名。其他如山西、山东、湖北、湖南皆是。

第三，源自自然环境或地貌特征。如青岛因岛上"山岩耸秀，林木翁郁"而得名，长白山因主峰多白色浮石与积雪而得名，吐鲁番的火焰山因赤色山体反射阳光似烈焰升腾而得名，敦煌的月牙泉因形似月牙而得名。又包括以物产资源命名的地名，如金沙江因江水中含有大量沙金而得名，江苏盐城因"环城皆盐场"而得名，青海的油泉子因盛产石油而得名等。

第四，源自社会活动。例如商业活动，重庆的磁器口因清初生产和转运瓷器而得名，台湾的鹿港因是荷据时代鹿皮的输出港而得名，北京的菜市口、珠市口、西安的骡马市因曾是贸易集市而得名。例如军事活动，山东烟台明朝时是海防重地，设烽燧，防倭寇，故名。例如交通活动，甘肃的通渭因由此地可通向渭河平原而得名，北京的通州、江苏的南通皆因地处内河运输交通要道而得名。重庆自20世纪20年代末起修建川黔公路，起点为南岸海棠溪码头，终点为贵州贵阳。时局维艰，每修一公里都要做清楚标记，于是依此产生了从一公里至十二公里等一系列地名，保留至今的有四公里、六公里、八公里、九公里等。

第五，源自历史或传说中的人物、事件。如河南的修武、偃师两地得名均与武王伐纣的故事有关，前者因武王大军途经此地遇暴雨而就地驻扎修兵演武而得名，后者因武王灭商后在此地筑城"息偃戎师"而得名；而山西的闻喜、河南的获嘉两地得名则都与汉武帝平定南越的故事有关，元鼎六年（公元前111年）武帝在东巡途中先后丁左邑县桐乡、汲县新中乡收到南越被攻破、相国吕嘉被捕杀的捷报，因此改其地名为闻喜（闻讯则喜）县、于后地新设获嘉（捕获吕嘉）县。大禹治水的传说存在于华夏民族的群体记忆之中，全国不少地方都留下了与这段传说有关的地名，如河南开封有禹王台、山西河津有禹门口，安徽蚌埠有涂山禹王宫，山东禹城有禹王亭等，令大禹治水的发生地众说纷纭。重庆南岸区及其附近水域也保留了一些相关的地名，如龙门浩（大禹为治水曾凿通龙门）、涂山镇（"涂山"是传说中禹会诸侯及娶妻之地）、呼归石（大禹治水多年不归，妻子涂山氏立于长江岸边此石上，日夜呼唤大禹归来）、弹子石（"弹子"即"诞子"的谐音，大禹治水归来，涂山氏已化为石头，石头崩裂而生子，故子名曰"启"）。这些地名相互串联，令人不由产生了大禹治水的发生地在重庆的遐想。

第六，源自古族名或古国名。如巴族是生活在我国境内的一个古老民族。"巴"的本义是一种巨蛇，巴族当以此命名。[1] 春秋战国时期，巴族的主要活动区域在川东、鄂西、陕西汉中一带，与楚、蜀、秦接壤。由巴人所建立的巴国，于公元前 316 年为秦国所灭。现今重庆的巴南区（前身为巴县）、四川的巴中市、湖北的巴东县，得名都与巴族有关。沿用古国名的地名，大多在黄河中下游的中原地区省份，如山西的绛县、蒲县，山东的费县、曹县，河南的杞县、滑县等，反映了华夏文明的悠久历史。

第七，源自机构场所名，包括政府机构、军事机构、教育机构等。北京东城区的国子监街，因孔庙和国子监（元、明、清国家最高学府）在此而得名，周围的胡同，如箭厂胡同（监生射箭习武的场所）、国学胡同都与国子监有关。重庆渝中区的较场口，是明清时期的校场（操练军队的场所），又是通往下半城的出口，故名；又因 1946 年发生的较场口惨案而知名。成都的总府路，因明代都指挥使衙署和清代巡抚衙门、总督衙门先后设此而得名。

第八，取吉祥、美好的字眼命名。中国地名多见取吉、福、康、泰、昌、盛、富、永、清、明、寿、龙、凤等吉祥字眼者，反映了人们追求富贵平安、天下太平、安居乐业的社会心态。如辽宁，境内有辽河，寓意辽河流域永远安宁；新疆，因清代康乾年间平定准格尔而定名，取新开辟疆土之意；宁夏，寓意夏地（古西夏）安宁；北京作为首都，此类地名似乎更为常见，如长安里、平安街、万寿路、永定门、太平桥等。龙是祥瑞的象征，全国带龙字的地名不胜枚举，如重庆的九龙坡区、海口的龙华区、深圳的龙岗区、大庆的龙凤区、汕头的龙湖区、福建的龙岩市、江西的龙虎山、洛阳的龙门石窟等。

第九，源自宗族聚落姓氏。宗族是汉民族社会的重要支柱，尤其在广大的农村地区，百姓的祖宗观念可谓根深蒂固，同族同姓的人家往往聚居在一起，由此

---

[1] 《说文解字》："巴，虫也，或曰食象它。""它"即"蛇"的古字。《山海经·海内南经》有"巴蛇吞象，三岁而出其骨"的记载。

形成了规模不等的聚落区域，这些聚落有时便以宗族姓氏来命名。如郭家沱、陈家湾、杨家庄、何家沟、郑家院子、马家窑、童家溪、吴村、李庄等。北京、河北等地区有不少含"各"字的庄名，如苟各庄、史各庄、岳各庄、马各庄等，一般认为"各"是"家"轻声变读的结果。有些地名则与历史人物的后裔聚居有关。如河南洛阳的白碛村，村民有一千六百余人，绝大多数姓白，他们是白居易的后代。白居易晚年官居洛阳，其后裔在洛河南岸砂石滩上筑庐而居，渐成村落，人称白碛。

第十，源自其他民族地名音译。如京津等地的"胡同"来自蒙古语，本义通常认为是水井，人们围绕水井聚居而形成的街、巷称作"胡同"。北海、中南海、什刹海的"海"亦来自蒙古语，指湖泊、水潭面积较小的水体。吉林的全称是"吉林乌拉"，源自满语，意思是沿江的城池。

二、地名的派生与移用

派生是地名的重要生成途径之一。随着人口的繁衍和城乡建设的开拓，人们的活动范围总是由近及远，由此及彼，不断扩大。新聚落一旦形成，就需要进行命名，而新地名往往在原有老地名的基础上仿造派生。这类老地名就是原生地名，而新地名则为派生地名。[1]地名派生按方式大致可分为扩展式派生和移用式派生两类。前者如以西直门为基础命名的西直门外大街、西直门内大街、西直门北大街、西直门南大街，将交民巷一分为二而形成的东交民巷和西交民巷等；后者也可以成为地名的移用，即用甲地的地名来给乙地命名。比如美国著名大都会纽约，早期是荷兰殖民北美时的殖民地中心，被称为"新阿姆斯特丹"（New Amsterdam），这个名字是从荷兰首都阿姆斯特丹移用过来的。1664 年被英国人占领，改名"纽约"（New York），这个名字是从英国的约克郡移用过来的。也有说是新名字是为了纪念占领该地的约克公爵，当然约克公爵这个称号也是得名白约克郡。

地名的移用，通常跟移民的乡土情结存在莫大的关系。人们背井离乡来到一

---

[1]　谭汝为 . 原生地名与派生地名 [J]. 中国地名 ,2018(8): 30.

个陌生的新环境，用故土的名字来命名新居住地以纪念乡土。我国历史上几次大规模的地名移植都伴随着人口的大迁徙。比如西晋时由于北方战乱，衣冠南渡。原属中原地区豪族大多迁居江南，大多聚族而居，主要集中于荆、扬、梁诸州。新的聚居地仍称原来郡籍，由此形成了许多侨州、郡、县，比如幽州、兖州、襄城郡、谯郡等。明初，经历过元末战乱洗礼的京、冀、鲁、豫等地人口稀少、土地荒废。自洪武二十一年（1388 年）至永乐十四年（1416 年）的近三十年间，朝廷将大量山西民众迁往太行山以东地区以充实人口。北京的大兴和顺义成了山西移民的主要聚居地之一，移民将山西的地名移用到了两地，于是两地保留了不少山西地名，如霍州营、沁水营、大同营、包头营等，几乎遍及山西全省。敦煌市的小地名多以甘肃省各县为名，反映了清代的移民史实。这些地名的分布具有一定的规律性，即党河以东各乡名多为陇东、陇南各县名，党河以西各县名则多为河西各县名。这种现象完全是有计划地移民造成的。[1]

近现代以来，批量移用地名的城市并不罕见，例如：

（1）上海。19 世纪的上海已经是国际化的都市，大概是受国外地名命名风气的影响，上海的地名"移植"从 19 世纪中叶已经开始，祖国的大好河山、省市名称通通拿来给街巷命名，比如四川路、新疆路、南京路、祁连山路、牡丹江路等。

（2）台湾。台湾的移民以闽、粤为主，因此地名也有很多源自这两个省份。比如彰化县有泉州村、屏东县有潮州镇、云林县有龙岩村等。日本侵略占据时期，台湾地名受日本影响很大。后台北的街道改用祖国大陆省市来命名，而且与各省市在全国所处方位相互对应。当然也有一些带有日本色彩的地名被保留了下来，比如西门町。

（3）北碚，也就是笔者目前所在的重庆市下辖区之一。北碚老城区临近嘉陵江的正码头一带有不少用全国省市命名的街巷，比如广州路、北京路、天津路、龙江巷等。1937 年抗战全面爆发后，国土相继沦陷，于是每闻某地沦陷，就将街道改为相应的名字，以示勿忘国耻、同仇敌忾。如 1938 年 10 月，广州沦陷，

---

[1]　周振鹤，游汝杰 . 方言与中国文化 [M]. 上海：上海人民出版社，2015：157.

原和睦路改名为广州路。

三、地名的沿用与变更

总体上看，地名的保守性很强，许多地名不随时代的变迁而更改，有些沿用至今，成为记录历史发展和自然演变的"活化石"。例如古时被列为"四渎"之一的济水，曾是黄河下游的一条重要支流，流经河南、山东两省入海，在唐末彻底断流。但现存的一些地名，如河南的济源、山东的济宁、济南、济阳，都是济水存在过的明证。又如位于渝中半岛的古重庆城，明代时曾修筑象征"九宫八卦"的九开八闭共十七座城门。这些城门大多随着 20 世纪三四十年代的城市改造而被陆续拆除，但现今仍有不少地名以城门命名，如朝天门、南纪门、千厮门、临江门、储奇门、金紫门、东水门等，将这些地名连缀起来，还能大致勾勒出古重庆城的轮廓。武汉三镇之一的汉阳，本因地处汉水之北而得名，但在明朝成化初年（1465—1470 年），汉水下游连年大水，最终导致了决口改道，从汉阳北面流入长江，于是汉阳的位置由汉水之北变换为汉水之南。按"水北为阳，水南为阴"的地名命名原则，汉阳理应改名为汉阴。但由于汉阳之名自隋至明已沿用 800 多年，在习俗惯性作用下，终未改名。

地名的变更则往往受到政治、经济、民俗等因素的影响。试举以下数端：

第一，因避讳而改名。春秋以来因避讳而改变的地名不少，情况相当复杂。有的原地名和因避讳而改的新地名都已经消失；有的原地名消失，因避讳而改的地名一度保存下来；有的几经变换，又恢复了原名。[1] 以避国讳为例：西汉时，避文帝刘恒讳，改恒山为常山；避景帝刘启讳，改启阳为开阳，改启封为开封，改嵩山启母庙为开母庙；三国吴时，避孙权太子孙和讳，改禾兴为嘉兴；东晋时，避孝西晋愍帝司马邺讳，改建邺为建康；隋时，避文帝杨坚父杨忠讳，改中都为榆次；唐时，避玄宗李隆基讳，改隆山为彭山，改隆州为阆州（今阆中）；宋时，避太祖赵匡胤讳，改匡庐山为康庐山或庐山；避太宗赵匡义讳，改义兴为宜兴，改义宾为宜宾等。有些地名甚至在不同朝代因避讳而反复变化。如弘农郡（今河

---

[1]　向熹. 汉语避讳研究[M]. 北京：商务印书馆，2016：198.

南灵宝市），汉武帝元鼎四年（前113年）设置，北魏时避献文帝拓跋弘讳，改为恒农，隋末回改为弘农，武周时避太子李弘讳，又改为恒农，唐玄宗时又回改为弘农，北宋初避太祖父赵弘殷庙讳，又改为恒农，太宗时避太子赵恒讳，又以州名改为虢略，至此弘农不再作为地名使用。

第二，俗名雅化。随着社会的进步，地名用字常会出现趋雅避俗的倾向。人们会在时代变迁时，对一些过于俗气、难以适应新生活的地名进行修改。以北京为例，近现代以来北京的不少地名以谐音换字的方式达到了雅化的效果。如驴市路改为礼士路、中官村改为中关村、鬼街改为簋街等；尤其是老北京胡同的名字，更是被大面积谐音换字了，如母猪胡同改为梅竹胡同、灌肠胡同改为官场胡同、羊尾胡同改为扬威胡同、臭水河胡同改为受水河胡同、屎壳郎胡同改为时刻亮胡同、粪厂胡同改为奋章胡同等。中国台湾地区的一些地名，原本来自当地少数民族语言的音译或汉民俗称，如打狗、鸡笼、牛屎崎、番婆里，后来分别被雅化成了高雄、基隆、御史里、蟠桃里。俗名雅化虽然在很大程度上迎合了时代发展和高端品位的需求，但往往也因此造成了地名理据的隐匿，而且文雅的地名有时似乎也缺少了那么一丝烟火气。

第三，以讹传讹。地名在民间多以口耳相传，流俗不辨其正字，有时以谐音字代之，于是就出现了因讹传而致地名改变的情况。位于南京老城南的评事街，明代时曾是皮作坊，后来发展为皮货摊贩市场，故名皮市街，讹传为评事街。位于今西安交通大学校内的下马陵，本是西汉大儒董仲舒的陵墓，文武百官途经此地须下马步行以示敬重，故名。唐时为歌楼酒馆集中地，名字也讹为了虾蟆陵。唐白居易长诗《琵琶行》："自言本是京城女，家在虾蟆陵下住。"位于重庆九龙坡区的鹅公岩，原名鹤皋岩，传为清朝道光年间巴县才子龚晴皋所取。"鹤皋"当化自《诗经·小雅·鹤鸣》"鹤鸣于九皋"之句，不仅含义隽永典雅，而且颇与当时此地临江悬崖、白鹤成群的景色相映成趣。后讹传为"鹅公"，听起来似乎更接地气了。

第四，人文景观的兴废变迁。如北京的白云观，其前身为唐代的天长观，唐玄宗为供奉老子而兴建。金代正隆五年（1160年）遭火灾焚烧殆尽，大定七年（1167年）敕命重修，历时七年竣工，金世宗赐名"十方天长观"；泰和二年（1202年）

又罹大火，翌年重修，改名"太极宫"；金末逐渐堙废。元初，长春真人丘处机重修太极宫，三年而成，成吉思汗敕命改名"长春观"，元末又转而颓圯。明初又重建，改名"白云观"并沿用至今，是道教全真三大祖庭之一，享有"全真第一丛林"之誉。

第五，为经济利益而改名。地名是一种文化资本，可以转化为经济效用。改革开放以来，因行政区划调整、追求知名度、发展旅游经济等因素，导致某些地区出现改名争名热，如徽州改为黄山、大庸改为张家界、中甸改为香格里拉、思茅改为普洱、灌县改为都江堰、崇安县改为武夷山市、南坪改为九寨沟县等。[1]又如襄阳，位于湖北省西北部，自古为中国经济、军事、交通要地，有七省通衢、华夏第一城池等美誉。汉水穿城而过，分出南北两岸的襄阳及樊城，隔水相望。1949年后合两城而称襄樊市，分设襄城、樊城两区。2010年，经国务院批复同意，襄樊市又复名为襄阳市。从地区的长期发展来看，选取一个与当地名产、名胜、历史文化相互挂钩的地名无可厚非，但地名的随意变更，容易造成地名系统的紊乱及社会资源的极大浪费，为此国家出台了相关政策，对这种情况进行规范。

第六，因汉字简化而改名。根据原中国文字改革委员会于1964年编印的新版《简化字总表》，一些地名用字因生僻难认而经国务院批准更改，改名的方法多为使用常见或字形简单的同音字替代原地名用字：如黑龙江铁骊县改铁力县、瑷珲县改爱辉县，青海亹源改门源，新疆和阗改和田、婼羌改若羌，江西雩都改于都、新淦改新干，广西鬱林改玉林，四川越嶲改越西、酆都改丰都（今属重庆）、石砫改石柱（今属重庆），贵州鳛水改习水，陕西盩厔改周至、鄠县改户县、醴泉改礼泉、汧阳改千阳等。这些经简化的地名早已作为正式地名使用，社会相关用字也要同步更改。如习酒的产地是贵州鳛水，后改作习水，故习酒命名时用"习"而不用"鳛"。

四、地名与异文化交流

罗常培先生曾指出："被征服民族的文化借字残余在征服者的语言里的，大

---

[1]　保继刚.地名变更的文化与经济之争[J].语言战略研究,2017(2)：8-9.

部分是地名。"[1]仔细考察中国地名，从中不难发现汉民族与其他民族之间文化碰撞、交流乃至相互融合的痕迹，其间有时还涉及常用词替换、词义演变、汉字使用等诸多课题，与语言文字的发展密切相关。

以"站"为例。查阅《现代汉语词典》，会发现"站"被分成了"站1""站2"。"站1"有两个义项：①动词，直着身体，两脚着地或踏在物体上；②姓。"站2"有三个义项：①动词，在行进中停下来，停留；②名词，表示为乘客上下或货物装卸而设的停车的地方，如火车站、汽车站；③名词，为某种业务而设立的机构，如供应站、气象站。按照《现代汉语词典》的条目体例，形同音同而在意义上需要分别处理的，要分立条目，在字的右肩上标注阿拉伯数字。例如"米"字，古时候用来表示稻米，近现代又用来表示国际长度单位（meter 音译作米特，简称"米"），两个"米"全无关联，只是恰巧"撞脸"了，因此《词典》分别标成"米1""米2"。如此来看，表示站立的"站1"跟表示车站的"站2"居然只是同形字的关系，这与多数人的认识可能会有点冲突。要说清楚这个问题，需要考察一下"站"的来历。

"站"这个字产生于宋代，最初只表示站立的意思。北宋官修韵书《广韵》里收录了此字："站，俗言独立。"元代，汉语吸收了不少来自蒙古语的音译外来词，如蘑菇（moku）、胡同（hottok）、浩特（hot，表示城，呼和浩特的汉语意思就是青色的城）等。蒙古语里表示"车马中途暂驻之处"的词读作 jam，跟汉语里的 zhan 发音极为接近，人们便选用了"站"这个字来记录该蒙语词（或曰该词本作 jamci，源自汉语的"驿传"的音译，语音辗转变化，再译回汉语，就成了"站赤"，简称"站"）。

我国的驿传制度自秦汉时期已经基本完善。在古代驿路上，每隔一定距离就要设置邮、亭、驿、置、传舍等设施，以供来往人员休息、马匹更换之用。到了唐代，亭、置、传舍之名已取消，但是驿的名称仍大量使用。[2]但随着蒙古语"站"的引入，"驿"的使用就受到了排挤，大不如前。

---

[1]　罗常培. 语言与文化（注释本）[M]. 北京：北京大学出版社,2009：59.

[2]　周振鹤，游汝杰. 方言与中国文化[M]. 上海：上海人民出版社,2015：163.

"站"的引入使汉语中的"站"一形便有了二用，原有的"站"即"站1"，外来词"站"即"站2"，二者是同音同形字的关系。和上述"米"字的情况略微不同的是，两个"站"还不是单纯的"撞脸"，因为汉语里与jam读音接近的字不少，若忽略四声的差别（蒙古语属于阿尔泰语系，没有声调），可供选择的表音字更多(jam最初也曾译作"蘸")。为何"站"能从众多候选字中脱颖而出呢？这里面还有个"潜规则"发挥作用的，即音译一个词时，在保持读音近似的前提下，如果能够从汉字字面上兼顾到该词的意思（音译兼意译），使人观其字而察其义，最为妥当。比如源自拉丁语的utopia，本义是"没有的地方"或"好地方"，汉语译成"乌托邦"，既照顾了读音，也颇契合提出者柏拉图的原旨——"乌"表示乌有、"托"表示寄托、"邦"表示国家，"乌托邦"合起来的意思即无所寄托（空想）的国家。"站"的本义是站立，恰与jam供车马暂驻的功能有所关联。所以选"站"来音译jam可以说是恰如其分的。但话说回来，尽管两个"站"的意思颇有些朦胧的纠葛，但毕竟来源不同，应该视为同形字。

　　在元代，蒙古语音译词在汉语里盛极一时，这在元曲和元杂剧里多有体现。比如无名氏《射柳垂丸》第三折："不会骑撒因抹邻（好马），也不会弩门速门（弓箭），好米哈（肉）吃上几块，打剌孙（黄酒）喝上五壶。莎塔八（醉）了不去交战，杀将来牙不牙不（走）。"如果不解懂蒙古语，单从汉语字面理解这段文字，读者朋友们恐怕是要"莎塔八"了。但随着元朝终结，蒙语的影响也式微。

　　但作为外来词的"站2"在汉语里彰显出愈发强大的生命力，不但"生根发芽"了，而且"开花结果"了：一方面，它表示词义与时俱进，由传统意义的驿站引申为现代意义的"为乘客上下或货物装卸而设的停车的地方"（如火车站）及"为某种业务而设的机构"（如加油站），甚至于明星开巡回演唱会也要分设"北京站""上海站"等；网络时代"站"的地盘再度扩大，"网站"俨然已经脱离实体的站而无处不在了。另一方面，作为词根，它参与构成了越来越多的新词，如"站台""站线""站长""车站""终点站""发电站""气象站""水电站""粮站""马站"等；在地名构词中也表现活跃，如笔者的出生地黑龙江省肇东市五站镇，原是清雍正年间设置的六个驿站之一，因地序五而得名。彼长此消，反观"驿"则呈现出一派日薄西山的景象。虽然明代曾要求将所有驿站名统一回改为"驿"（《明会典·驿传》），清代也曾"驿""站"并存（各省所设称驿，通达西北边疆军报所设者称站，见《清会典（光绪朝）·兵部》），但"驿"及与"驿"的功能大致相当的"铺""站""所""塘""台"等，始终受到"站"的强势排挤，最终基本上只保留在一些地名中，比如成都的龙泉驿、重庆的白市驿等。"驿"字虽然在汉语中不太常用，但日语里有个常见字"駅"（えき，读作 eki，表示车站），字形由"驿（驛）"的草写体楷化而来，正是"驿"的直系后代。

五、地名的现状及规范

地名是社会信息的载体，是国家基础地理信息系统的组成部分。我国历史悠久，幅员辽阔，自然、人文景观数不胜数，故地名总量庞大、情况复杂，地名管理任务仍然艰巨。目前我国地名系统大致存在以下几个问题。

第一，异地重名。从全国范围看，不乏书写形式完全相同的地名，如"马鞍山"有二十余处，分布在安徽、湖南、广西、四川、山东、江苏等不同省市，多是由于山体似马鞍形状而由本地居民取名，可谓"不约而同"。当然，它们各自归属不同省市，通常不致引起混乱。但小范围内的重名则需格外注意分辨，如重庆主城区内叫"茶园"的地名有三处，分别位于南岸区、渝北区、北碚区，容易导致交通、通信时出错。此外，有些地名虽用字不同，但读音相同，如澧县、礼县、理县，如何进行拼写区分，也是个值得讨论的问题。

第二，一地多名。如新名与旧名并行、俗名与雅名并行、汉语名与少数民族名并行等。如新疆是多民族聚居区，很多地区拥有两个或更多的名字，历史名、现代名、汉语名、少数民族名交错混杂。如富蕴与可可托海、莎车与叶尔羌、民丰和尼雅、新源与巩乃斯等。

第三，通名层级不清。如作为行政单位，市分为直辖市（重庆市）、地级市（绥化市）、县级市（肇东市）等层级，而通名都叫"市"。有些地名中的"市"又是古时草市、集市的遗存，湖南津市市、湖南浏阳文家市镇。这些不同的"市"相互混杂，会导致隶属关系、行政层级不易分辨。在地名发展过程中，有些专名逐渐通名化。如"州"本为通名，在贵州省、杭州市、容州镇（属广西玉林市）、通州区（北京市辖区）等地名中"州"通常被视为专名的一部分。在省略通名的情况下，"州"可能被误认为通名。

第四，用字和读音特殊。不少地名包含方言字、古地名中的生僻字、生造字（土俗字）、他族音译字等。通名如西北地区的"碥""垴"、江浙地区的"渚""浜"、闽方言中的"垾""厝"；专名如湖北猇亭的"猇"、山东郯城的"郯"、山西芮城的"芮"等。有些地名用字保留古读音或方言读音等，容易造成同字异读的情况。如广东番禺的"番"读 pān，山西洪洞的"洞"读 tóng，江西铅山的"铅"读 yán，皆与常见读音不同；浙江乐清、四川乐山"乐"分别读"yuè""lè"，"堡"字有三种读音，南方一般读 bǎo，山西、河北一带读 bǔ，东北、华北一带读 pù。[1] 上述情况容易造成混乱和争议，如安徽六安的"六"到底读 liù 还是 lù，就曾引发了激烈的讨论。

地名的标准化是地名规范化工作的首要目标，也是语言文字规范化工作的一个重要组成部分，因此也引起了语言文字专家的重视。如李运富先生认为地名标准化包括政治标准和语文标准，后者主要指命名取义、用字和读音要符合语言文字的规律和规范，并可概括为理据性原则、区别性原则、同一性原则、规范性原则、简易性原则、习惯性原则六个原则。[2] 在地名管理方面，我国于 1986 年颁布了《地名管理条例》，至今已有 30 多年。为适应新时代地名管理需要，国务院新修订的《地名管理条例》自 2022 年 5 月 1 日起实施，共 7 章 44 条，包括地名的命名与更名、地名使用、地名文化保护、监督检查、法律责任等章节，其中对地名的用字、读音、拼写也提出了规范化要求。从语言文字的角度，地名的规范大体包括以下几方面内容。

第一，明确用字，对用字不规范的地名要作标准化处理。一方面要以一地一名为基本原则，清理一地数名、一字多写，分化重复地名；另一方面，地名要按照明确标准写法，将特殊用字纳入规范化汉字序列。新地名的命名也要不用或少

[1] 际桐 . 地名生僻字和特殊读音举例 [J]. 语文建设 ,2000(11)：37.

[2] 李运富 . 试论地名标准化"语文标准"的原则问题 [J]. 语言文字应用 ,2002(2)：11-19.

用生僻字，民族语地名的汉字译写除保留个别惯用生僻字外，原则上不用生僻字。

第二，明确读音。汉语地名原则上按普通话语音书写，地名中的多音字和方言字根据普通话审音委员会审定的读音拼写。对地名的特殊读音，如果当地或全国已广泛使用普通话读音的，可由当地提出读音意见，最后由全国地名用字读音审定委员会审定。[1]

第三，明确拼音规则。据 1984 年颁布的《中国地名汉语拼音字母拼写规则（汉语地名部分）》及 1988 年颁布的《汉语拼音正词法基本规则》，地名拼音书写实行分词连写规则，要点包括：其一，由专名和通名构成的地名，原则上专、通名分写，如"青藏 / 高原""长安 / 街""松花 / 江"；其二，自然村镇名称不区分专名和通名，如"王村""周口店""三岔河"；其三，通名已专化的，按专名处理，如"渤海 / 湾""黑龙江 / 省""包头 / 胡同 / 东巷"；其四，对于起地名作用的建筑物、游览地、企事业单位等，能够区分专、通名的，二者分写，如"少林 / 寺""鲁迅 / 博物馆"，不易区分专、通名的一般连写，如"一线天""三潭印月"。这对处理复杂地名的拼音标写问题具有指导意义。

第四，明确层级。一方面，要注意明确通名层级问题，例如前文所提及的"市"的层级混杂问题；另一方面，对于多层级的近似地名宜作区别化处理。有些地名经多次派生后显得颇为繁复，令人困扰。如重庆市火车北站分为南北广场，分别被称为"重庆北站北广场"和"重庆北站南广场"，围绕两地又产生了"重庆北站南广场公交枢纽站""重庆北站南广场汽车站""重庆北站北广场公交枢纽站""重庆北站北广场汽车站"等一系列派生地名，这些地名虽然层级清晰，但不仅字数多，而且区别度低，不便听读理解。成都市环线公交站点命名原来也存在类似的问题，如"北三环路二段东内侧站""西三环路四段中外侧站""南三环路二段东侧外站"等，现已分别更名为"凤凰立交西""清波路口""锦瑞路口"等。这种优化处理的方式值得借鉴。

本专题作者：董宪臣

---

[1]　　王际桐. 中国地名汉字书写及读音的规范 [J]. 中国地名 ,2015(12)：54-55.

专题三

中国网络流行语及相关语言规划

　　随着互联网的发展和普及，人类社会的政治、经济、文化等各方面发生了翻天覆地的变化，网络空间与现实生活不断融合。网络语言构成了网络活动和语言生活的重要组成部分，对人们的语言文字使用和文化娱乐生活产生了重大影响，网络语言规划是当代文化建设不可忽视的重要阵地。[1]

　　网络流行语是网络语言中最重要的组成部分，指一定时期内在网络空间广泛使用和传播的具有某种特殊性的语言表达形式。网络流行语伴随着中国互联网的发展应运而生，且不断丰富与演变，对人们的语言生活也产生了越来越广泛的影响，是我们观察互联网发展和语言文化演变的重要视角。为了创建更加文明、健康的网络社会，有必要充分总结和研究包括网络流行语在内的网络语言的特征与产生机制，对网络语言的健康发展做出积极引导，提高语言文字应用能力。

第一节　中国网络流行语发展

一、背景：中国互联网的发展

自 1994 年中国全功能接入互联网以来，互联网在中国飞速发展，中国互联

---

[1]　赵世举. 国家软实力建设亟待研究和应对的重要语言问题 [J]. 文化软实力研究 ,2016,1(2)：36–51.

网网络中心（CNNIC）发布的第 51 次《中国互联网络发展状况统计报告》显示，截至 2022 年 12 月，我国网民规模达 10.67 亿，互联网普及率达 75.6%。在这三十年间，结合互联网技术发展和网络社会形态，中国互联网的发展大致可为四个阶段。

第一阶段：互联网起步阶段（1994—2000 年）

1994 年，中国全功能接入国际互联网，这标志中国正式接入互联网，开启了基于有线宽带通信基础的 Web 1.0 时代。1994 年 4 月 20 日，中国国家计算机与网络设施联合设计组（NCFC）工程通过美国斯普林特（Sprint）公司连入互联网（Internet）的 64K 国际专线开通，中国成为接入国际互联网的第 77 个成员。虽然该阶段的互联网主要用于学术研究和科学交流，但互联网用户数量逐渐增长，且互联网应用逐渐普及到家庭和商业领域。

这一阶段互联网在我国刚刚起步，网络建设基础设施相对落后，网络接入条件有限，大部分人口无法轻易接触到互联网，电脑和宽带的普及率较低。互联网用户也仅仅将网络视为现实沟通的一种延展，普通用户基本上只是被动地接受互联网中的信息，很少能够深度参与到互联网的内容创作和生态建设。

该阶段的互联网发展主要以门户网站的蓬勃兴起为主要表现。自 1997 年起，新浪、网易、搜狐等门户网站开始创立并发展，而且人民网、新华通讯社网站、上海热线、武汉热线等新闻门户网站也都逐步建立起来，"门户"几乎成为中国互联网的代名词。门户网站为网民提供新闻资讯、电子邮件、社区论坛、在线聊天、个人主页、游戏娱乐等信息服务和互动平台。此外，阿里巴巴、百度、盛大、天涯社区等互联网公司也陆续成立。

总体而言，该时期中国互联网处于基础起步阶段，网络尚未实现大众化，计算机和网络的使用权利主要由专业化组织掌握；从互联网内容上看，主要以门户网站的形式呈现，大众网民主要是网络信息的被动接受者。

第二阶段：互联网普及阶段（2001—2008 年）

早期中国互联网主要通过拨号上网方式接入，速度较慢且不稳定。在互联网普及阶段，我国进行了大规模的宽带基础设施建设，包括光纤通信网络的铺设和宽带接入技术的推广。随着宽带技术的普及，人们开始大量使用宽带接入互联网，更多人能够享受高速、稳定的互联网连接，用户数量也急剧增加。2005年，中国网民规模突破1亿人。到2010年底，中国互联网用户数量已经超过4亿，成为全球最大的互联网用户市场。

2002年，"博客"概念被引入中国，且中国第一家专业博客网站——"博客中国"创立。博客的创立使互联网用户不再是单纯的信息接受者，还可以成为内容的生产者和传播者，这促使过去自上而下、由内容驱动的大众网络传播模式转向自下而上、由用户驱动的社交传播模式。博客被认为是"自媒体"的初代雏形。新浪、搜狐先后推出博客服务等一系列商业营销活动，促进了博客的商业化发展。此外，以腾讯QQ、MSN、人人网、微博为代表的网络社交媒体迅速兴起，成为网民日常沟通交流和社交的主要方式，也让信息传播更加迅速，为普通网民提供了分享、表达和发声的平台。

随着互联网的普及、网民规模的增长和内容模式的转变，互联网在信息传播和社会舆论中发挥越来越重要的作用。自2003年抗击"非典"以来，互联网开始成为社会信息传播的主渠道。2008年，在北京奥运会期间，网络媒体与传统媒体一样被纳入奥运传播体系，成为人们获取奥运会信息的主要渠道之一。汶川地震期间，互联网作为独立于传统媒体的媒体力量，深入介入相关信息的传递和报道中，在寻亲、救助、捐款、灾后重建等环节发挥了重要作用。互联网逐渐成为"中国社会的主流媒体"。[1]

第三阶段：移动互联阶段（2009—2019年）

2010年之后的10年，被称为移动互联网的黄金十年。伴随着互联网技术的迅速迭代，智能手机日益普及，逐渐取代个人电脑成为中国互联网发展最重要的驱动力之一，并成为中国第一大上网终端，中国正式进入移动互联时代。

2009年，工业和信息化部为中国移动、中国电信和中国联通发放3G牌照。

[1]　方兴东，金皓清，钟祥铭．中国互联网30年：一种全球史的视角——基于布罗代尔"中时段"的"社会时间"视角[J]．传媒观察，2022,467(11)：26-42.

3G 移动通信技术开启了全新的移动互联网时代。移动互联阶段以智能手机的普及为切入点，让互联网的可及性大大提高，进一步推动了中国与世界的互联、互通。中国网民数量从 2009 年底的 3.84 亿人增加到 2019 年底的 9.04 亿，普及率达 64.5%，接近人口的三分之二。

2013 年，工信部正式发放了 4G 牌照，宣告我国 4G 网络商用时代开始。4G 技术带来了更宽的网络频带、更强的信息吞吐能力、更快捷的传播速率。网络技术的完善和基础设施的优化进一步提高了应用服务系统，引发了移动互联网用户及信息消费的爆发式增长。由 3G 开启的移动互联网时代在 4G 时代进一步走向高潮。

此外，互联网的应用渗入到现实生活中的产业发展和衣食住行等各个方面。一方面，移动互联网成为各类产业发展的基础平台。互联网信息技术与各行各业深度融合，带动产业变革与转型，互联网"赋能"各行各业。另一方面，电子商务和移动支付强势崛起。继淘宝、京东等网络购物平台之后，美团、滴滴出行、饿了么等消费服务平台也蓬勃发展起来，开放平台成为主流商业模式，使平台经济成为发展数字经济的主力军，成为我国经济发展的重要引擎。与之相随的是移动支付在国内的快速普及。2013 年的"云闪付"、2014 年的微信支付和支付宝相继进入市场，开启了移动支付时代，逐渐取代了传统支付方式。另外，得益于宽带网速的提升，网络直播在本阶段得到大力发展，为网络购物、线上教育、知识普及等提供了即时、便捷的渠道。

与此同时，社交媒体进一步发展，短视频媒体开始兴起，成为互联网热门业务领域。2011 年，微信在国内上线，并逐渐推出即时通信、语音通话、视频通话、朋友圈等功能，发展为综合性社交媒体平台，并迅速超越其他平台，成为中国最受欢迎的社交媒体。2013 年，微博开始崭露头角，在公众话题讨论、明星八卦、新闻传播等方面发挥了重要作用，其在社交媒体中的重要性进一步提升。2016 年，以抖音、快手为代表的短视频平台丰富了全民内容创作的形式。

第四阶段：智能物联阶段（2020 年至今）

自 2020 年以来，虽只有短短几年，但中国乃至世界的互联网格局发生了巨大变化：首先，中国在 5G 技术和新基建层面开始超越美国，引领世界，但是以美国为首的西方国家强烈干预技术市场的地缘政治崛起，全球科技进程和供应链的安全受到威胁；[1]其次，新冠疫情的全球暴发，急速推动了互联网应用与现实生活的融合，这期间，中国互联网应用大放异彩，成为社会和国家治理的新工具、新方式和新范式。

2019 年工信部颁发国内首个 5G 无线电通信设备进网许可证，标志着中国 5G 正式投入商用，2020 年迎来 5G 时代的全面到来。数字技术已成为社会关键基础设施，数据驱动也构成了社会发展和国家治理的关键。

2020 年初全球暴发新冠疫情，这给全球社会和经济发展带来沉重打击，但同时也加速了数字化转型，对互联网的发展产生了广泛而深远的影响。首先，电子商务和在线购物迎来又一次快速增长。在疫情期间，线上购物成为主要购物方式之一，各类商品和服务的线上销售量激增。其次，在线教育和云服务需求增长。居家隔离政策使得学校无法正常开课，线上教育需求大增；许多企业和机构转向远程办公或开展在线业务，云服务的需求也急剧增长。第三，大数据算法在公共卫生、医疗救治、疫情防控等方面发挥了重要作用。大数据分析是追踪疫情传播和监测疫情发展的重要手段，通过收集和整合大量病例数据、移动数据、行动轨迹等，政府部门和科研机构能更准确地预测疫情的传播和传播趋势与风险，由此做出应对决策。

2021 年"元宇宙"概念的提出引发全球的关注。2021 年 10 月 28 日，脸书公司（Facebook）正式将公司改名为"Meta（元宇宙）"，一时间"Metaverse（元宇宙）"成为全球科技热点，国内外资本纷纷加入元宇宙的布局。目前元宇宙普遍被认为"是整合 XR 技术、高速无线通信网络技术、区块链技术、数字孪生等多项技术而形成的独立于现实世界的虚拟创造世界，是一种全新的互联网应用形态"。[2]元宇宙火爆的原因在于人们意识到技术的革新将会再次推动社会的全

---

[1]　方兴东，金皓清，钟祥铭 . 中国互联网 30 年：一种全球史的视角——基于布罗代尔"中时段"的"社会时间"视角 [J]. 传媒观察，2022,467(11)：26–42.

[2]　何心巨，代锐，吴华清 . 中国元宇宙的发展与治理——对比中国互联网发展历史 [J]. 产业经济评论，2023(2)：183　197.

面革新。截至 2023 年 2 月中旬，我国共有 31 个省份出台了 41 项元宇宙专项政策文件。

自 2022 年以来，以 OpenAI 推出的 ChatGPT、微软推出的 New Bing 和百度推出的"文心一言"等大型语言模型标志着生成式人工智能的迅猛发展，迎来了重塑内容生产的新格局，人们对未来的互联网生态和人工智能的现实应用展开了无限想象和期待。

二、网络流行语的发展进程

随着互联网技术的进步和网民规模的扩大，互联网生态及其与现实社会的关系发生着日新月异的变化；而作为网络空间信息传播的重要媒介、网络生态构建的重要内容，网络语言亦不断发展与变化。网络流行语是网络语言的"缩影"，在这三十年里表现出不同的阶段性特征，集中体现了网络语言和网络文化形态的演变历程。结合网络流行语的生产传播方式和形式内容特征，可将网络流行语的发展历程分为四个阶段：萌芽期、发展期、高涨期、泛化期。其演变历程与互联网的发展密切相关，受到互联网技术手段、网民规模、媒介形态和社交媒体等各方面影响，但并非与互联网的发展阶段完全对应。

第一阶段：萌芽期（1994—2001 年）

早期网络流行语的形成和传播主要依赖网络论坛（BBS，Bulletin Board System，也被译为"电子公告板"）和网络聊天室。BBS 和网络聊天室是互联网发展早期网络社交的主要平台，也为早期网络流行语的萌芽提供了孕育土壤。由于这一时期的网民数量相对较少，以年轻人为主，大部分普通网民只是网络信息的被动接受者，因此这一时期的网络流行语数量并不多，且大多为与 BBS、网络聊天室或网络使用场景密切相关的用语。例如：

斑竹，版主，负责管理论坛某个版块的人。

马甲，一个网络用户可能在同一论坛注册多个账号，其中知名度和使用频率较低的账号为"马甲"。

灌水，在网络论坛上发布大量内容空洞的帖子。

菜鸟，计算机初学者或网络新手。

大虾，大侠，网络技术水平高的人。

拍砖，在网络中攻击、批驳他人。

潜水，在网络论坛或网络聊天室只看帖子而不发表意见。

沙发，某个帖子的第一条回复。

第二阶段：发展期（2002—2008 年）

随着博客和各类网络社交平台的上线、网民规模的扩大，人们在网络平台的表达和交流大大增多，由此网络流行语不仅数量增加，其内容形式也更加多元化，表现出一些新特征，也受到了较广泛的关注。

21 世纪初期，网络论坛技术和用户体验不断被改进，中国网络论坛进入了繁荣期，加上博客的创立，开启了中国互联网 Web 2.0 时代的新篇章。一些大型综合性论坛如天涯社区、猫扑论坛等涌现出来，聚集了大量用户，讨论范围从娱乐八卦到社会时事等各个领域。博客使普通网民能够参与网络信息内容的生产和传播。与此同时，以腾讯 QQ、MSN 为代表的即时通信软件和以校内网为代表的社交平台进一步增加了网民日常信息交流与沟通。互联网应用平台的丰富激发了网民表达和交流的积极性，刺激了网络流行语的数量增多和多样化发展。网络流行语不再局限于与网络技术或网络平台使用直接相关的内容，出现了诸多与自我表达和日常交际相关的网络流行语，例如："囧"字本义为"光明"，但基于该字字形像一个眉眼耷拉的人脸，被网民用以表达郁闷、无奈、尴尬的情绪。"Orz"组合而成的形状像一个人跪在地上，用于表达"佩服、膜拜"或"悲愤、难过"等。"给力"用于称赞，表示"优秀、强大、令人赞赏"。

网络小说、网络游戏的兴起，丰富了网络娱乐活动的内容，也促使网络流行语的娱乐化倾向逐渐凸显。例如："骨灰级"用以形容在某方面资历深或水平高，源自网络游戏《暗黑破坏神Ⅱ》中某一难度等级汉化表达。[1]此外，中国商业电影、流行音乐和娱乐综艺节目的快速发展，也给网络流行语的生成提供了丰富的内容

---

[1]　于鹏亮.中国网络流行语二十年流变史研究[D].上海交通大学博士学位论文，2014.

素材。例如："21 世纪什么最贵？人才！"，源自电影《天下无贼》；"海选"源自电视选秀节目《超级女声》，"超女"是"超级女声"的缩略词。

此外，互联网逐渐成为社会新闻传播和公众事件讨论的重要平台，一部分网络流行语也反映出社会公共生活和社会热点事件。[1] 例如：2007 年某电视台记者报道有商贩在包子肉馅内掺杂纸箱屑，而监管部门对早点市场进行彻查后，并未发现"纸包子"，"纸包子"成为当时的网络流行语。这一时期的网络流行语内容和形式都得到进一步扩展，表现出个人表达的趣味化，以及对公共事件关注和讨论的参与度。

第三阶段：高涨期（2009—2015 年）

随着互联网的进一步普及，以及 3G 时代的到来，移动互联网时代开启。各类网络社交媒体丰富了网络信息交流和表达的形式和内容，以乐视网、优酷网等为代表的视频网站，进一步推动视频占据网络信息传播中的重要地位，也进一步推动了网民自制内容的创造力和积极性。

2009 年新浪微博兴起，引领了中国社交媒体的新阶段。微博的即时性和快速传播速度，吸引了许多年轻网民从传统网络论坛转移到微博，微博用户数量经历了爆发式增长，对传统网络论坛产生了冲击。2011 年，微信进入市场，以其即时通信的便捷性和功能的丰富性吸引了大量用户，甚至逐渐突破年轻人的圈层，吸引了大量中老年用户。这一阶段，微博和微信是影响力最大的网络社交平台，也是网络流行语产生和传播的主要阵地。

随着网民的数量规模激增和社交平台活跃度的大幅提高，这一时期的网络流行语数量暴增，且丰富性与创新性进一步增强。网络流行语不仅追求语言形式上的创新或趣味性，例如："高富帅"指代"高大、有钱、帅气的男人"，"白富美"指代"白皙、有钱、漂亮的女人"，"高富帅""白富美"都是对原有短语进行形式上的缩略；还强化语义的引申和创新，例如："我也是醉了"用于对某一无法理喻的人或事物表达出的一种无奈、郁闷的情绪，"躺着也中枪"表示什

---

[1] 张萌 . 网络流行语的发展历程与社会变迁 [J]. 青年记者 ,2022(1)：73–75.

么也没做却受到别人的攻击或指责，它们从形式上看只是普通的表达，但是对原有短语语义的引申和再创造。

与此同时，网络流行语表现出新的传播媒介——表情包。在互联网起步阶段已出现了表情包的雏形，一般用简单字符拼凑表示，例如："：）""：（"分别表达开心和难过。腾讯 QQ 中有图标式表情，但此类表情数量相对有限，且只能由软件开发者制作并发布，网民只能使用。然而，在网络流行语高涨期，社交应用软件的功能更新推动了表情包的使用。微博允许短文字配图片，微信不仅提供大量的图片式表情包选择，还于 2015 年推出了表情开发平台，允许用户上传使用自己设计的经过审核的表情包，这极大激发了网民创作和使用表情包的积极性和创造力。表情包中可以配有文字，从而表情包与网络流行语产生了相互推动和深度互动。层出不穷的网络流行语为表情包内容提供了更多的灵感和内容，而表情包使网络流行语表达得更生动、传播更广泛。

在这一阶段，网络流行语除了数量激增，其形式内容、使用群体、传播媒介也进一步扩大，随着越来越多的中老年人开始使用网络社交平台，部分中老年人也开始学习和使用网络流行语。网络流行语在现实生活中的使用频率也进一步提高。

第四阶段：网络流行语泛化期（2016 年至今）

在高涨期，网络流行语的丰富性和传播力已经达到了较高程度。而在网络流行语泛化期，随着网络通信技术的进步，以抖音、快手为代表的短视频软件的爆火，网络直播也大肆兴起，进一步增加了网络语言的输出和应用场景，让网络流行语以有声形式在更生动的场景下进行传播，从而提高了网络流行语的获得性和影响力。另外，由于网络空间与现实生活应用场景进一步融合，网络流行语在现实生活的使用也进一步泛化。

这一阶段的网络流行语延续之前各阶段在形式和语义内容本身进行创新，例如："YYDS"是"永远的神"拼音首字母，"集美"表示"姐妹"，用于称呼女生，"柠檬精"基于"柠檬精"所带有的"酸"的属性，用以指称很容易嫉妒他人或喜欢说"酸话"的人，"躺平"表示放弃努力和奋斗。然而，这一阶段出现了两个新特征。

首先，与"流行梗"结合的网络流行语大量出现。"梗"指某一语言表达蕴含着某个人物、事件原型，而原型本身能够制造幽默、引发笑料。例如：网络流行语"我的眼睛就是尺"一般用于强调对自己判断的自信，出自 2022 年北京冬奥会中国短道速滑混合接力赛中王濛的一句解说词。在中国代表队队员武大靖与竞争对手几乎同时冲过终点线后，前中国短道速滑运动员王濛作为直播解说员激动地说："肯定赢了，首金诞生了！我的眼睛就是尺，不用看回放了！"这句话的自信、"霸道"引起网络热议，在网络上广泛传播。"梗"文化在之前已经开始萌芽。例如："元芳，你怎么看？"蕴含的"梗"是在电视剧《神探狄仁杰》中，狄仁杰总是会说这句话，这种高频率的重复是网民们的"笑点"所在。不过"梗"文化依赖于原型人物和事件，短视频的出现让各类视频片段能够更快传播，网民能够更充分地挖掘到"梗"，因此在泛化期大量出现。

其次，除了文字形式，网络流行语还可以以语音形式生成和传播。短视频和网络直播在这一阶段的兴起，不仅加速了网络流行语的传播，还丰富了网络流行语的流行形式。短视频和网络直播使得网络语言有了语音载体，能够让网民从听觉上获取网络流行语，也使得某些网络流行语的兴起和传播伴随着语音形式出现。例如："雨女无瓜"源自儿童魔幻剧《巴啦啦小魔仙》中的角色游乐王子常说的一句话"与你无关"，但由于口音问题，听起来像"雨女无瓜"，加上电视剧本身具有一定影响力、角色造型夸张，视频片段被剪辑后在网络广泛流传，"雨女无瓜"也一度成为网络流行语。当人们在现实生活中使用这句表达时，也会模仿原配音的语调。

从网络流行语的发展历程来看，其各个阶段的演变情况与特征都与互联网技术、网络生态和网络应用的发展密切相关。整体来看，随着互联网的覆盖人群越来越广，媒介形式和应用平台日益丰富，网络流行语的数量出现了相应增长，其形式内容也不断丰富和创新，既集中体现了网民个人的情感表达和语言创造性，也体现了社会公共事件的公众态度以及社会集体心态的变化。

第二节 网络流行语的形式与内容

互联网发展历程中生成了大量的网络流行语，其形式、内容和传播方式不断丰富、不断扩展，极大地提高了网络交际活动的趣味性和表达的丰富性。网络流行语是在汉语基础上进行了形式或语义创新，或赋予新的语用功能，会突破汉语原有的语法限制或表达功能。本节将对网络流行语的形式、内容和特点进行分析和概括。

一、网络流行语的形式

网络语言是一种社会方言[1]，网络流行语是这一社会方言中流传度最广、辨识度最高的表达。网络流行语最初以词的形式出现，随着网络流行语的发展和丰富，逐渐扩展为不同的语言单位。从语言单位上看，网络流行语覆盖语素、词、短语、句子结构或句式、"体"。

（一）语素

一部分网络流行语以语素的形式出现，与其他成分进一步组合用以表达完整的语义，具有较强的组合性和派生性。而且，其中大部分为名词性后缀，表示某一类事物或人，也有少量其他语素。例如：

> ××门，丑闻、风波，如艳照门、兽兽门。
> ××族，某一类人群，如追星族、啃老族、低头族。
> ××奴，为某人或某事而劳碌一生的人，如房奴、车奴、孩奴。
> ××控，极度喜欢某类人或事物的人，如颜控、大叔控、御姐控。
> ×二代，某类人群的子女，如星二代、富二代、官二代。
> 云××，在网络上进行某种"虚拟"活动，如云养娃、云追星、云监工。

---

[1] 张薇，王红旗.网络语言是一种社会方言[J].济南大学学报（社会科学版），2009(1)：25-28.

（二）词

词是网络流行语中占比最大的形式。网络流行语产生之初，主要形式就是词。虽然网络流行语层出不穷，形式不断丰富，网络流行词仍是主要组成部分。除了汉语词，也包括一些外语词。例如：

给力，优秀、强大、令人赞赏。

逆袭，本来预期失败的事情最后获得了成功。

内卷，非理性的竞争。

躺平，放弃奋斗、努力或反抗。

鸡娃，给孩子"打鸡血"，不停地让孩子去学习、去拼搏。

双减，在我国教育领域中指要有效减轻义务教育阶段学生过重作业负担和校外培训负担。

cue，提到或叫到某人。

（三）短语

短语也是网络流行语的主要形式之一，除了汉字短语，还包括字母组合、数字组合及各类混合式。例如：

打酱油，路过，与某事不相关也不关心。

伤不起，表达无奈、纠结，多用于调侃。

辣眼睛，不忍直视、惨不忍睹，形容不该看、不好看的事物。

yyds，永远的神，表示对某人或某事物的极高赞誉。

886，拜拜咯。

V587，威武霸气。

打call，表示加油助威。

（四）句子

一部分网络流行语表现为完整、独立的句子。其中一部分是电视剧台词、歌词、明星语录或热点新闻、热门事件中出现的原句，另外一部分是网民自创。例如：

元芳，你怎么看？（出自电视剧《神探狄仁杰》）
画面太美我不敢看。（出自歌曲《布拉格广场》）
我的眼睛就是尺。（出自 2022 年北京冬奥会中国短道速滑混合接力队比赛中前短道速滑国家队选手王濛的解说）
世界那么大，我想去看看。（出自河南省一名女教师的辞职信）
重要的事情说三遍。（网民自创）
No zuo no die.（"不作就不会死"，网民自创）

（五）结构或句式

当一些表达获得网民的关注和追捧后，网民在使用时常常会根据具体情境替换掉其中的个别词，由此某些网络流行语表现为某种结构或句式。例如：

且 × 且 × ×（原式为"且行且珍惜"），如且买且珍惜、且购且谨慎。
厉害了我的 ×，如厉害了我的国、厉害了我的车。
一言不合就 × ×，如一言不合就斗图、一言不合就自拍。
× × 天花板，如性价比天花板、颜值天花板。
沉浸式 × ×，如沉浸式护肤、沉浸式购物。
好 × × 一 × ×，如好帅一男的、好霸气一女的。

（六）"体"

自发展期开始，网络流行语不再局限于前面所述的各类语法单位，进一步扩展到突破语法单位限制的"体"，即具有某种标示性的字词、结构、语义、修辞手段或语用特征的表达，主要有以下几种。

咆哮体，包含很多感叹号的句子或句群，也常常包含"有木有""伤不起"等这类网络流行语，看上去带有强烈的、激动的感情色彩。例如：

乃们（你们）以为学服装设计很风光啊！！！！

设计师有木有！！！！

秀场有木有！！！！

帅哥男模有木有！！！！

上流社会晚宴有木有！！！！

全都没木有啊！！！！！

学服装设计就好好学设计嘛！！！！！

设计就是画小人啊！！！！！

就是小学时候玩的给美少女战士穿衣服啊！！！！！

画制版图啊！！！！

光尺子就有五六种啊！！！！

精确到毫米啊！！！！！

针脚有十几种缝法乃们知道嘛！！！！！

西服有三百多道工序啊！！！！

学服装设计的孩纸上辈子都是折翼的天使啊！！！！

——摘自《广州日报》2011 年 3 月 29 日

淘宝体，最初见于淘宝卖家对商品的描述或对买家的回复，以"亲，……哦"等表达为代表营造亲切、可爱、愉悦的交流氛围。例如：

"亲，不包邮哦！"

"亲，可以的哦！"

甄嬛体，故意模仿古装电视剧《甄嬛传》的台词而形成的"古色古香"、具有文言色彩且有时模拟宫廷人物关系的表达。例如：

"【交警版】今儿个是小长假最后一日，赶着回家虽是要紧，却也不能忘了安全二字。如今的路虽是越发的宽广了，但今日不比往昔，路上必是车水马龙，热闹得紧。若是超了速，碰了车，人没事倒也罢了，便是耽搁了回家的行程，明日误了早班，也是要挨罚的。总之你们且记住了：舒心出门，平安到家。"

"【演出版】本宫方才看到一处好地方的宣传海报了，场面甚是精彩，私心想若是能亲自前往观看定是极好的。奈何本宫囊中略有羞涩不便前往。心下想来，罢了，本宫定是无缘前去观看了。但若尔能诚心相邀，倒也不负本宫对你的疼爱了！说人话：想去看那个好玩的地方，没钱，你请我，我就去。"

——摘自百度百科"甄嬛体"

凡尔赛文学，通过看似抱怨的表述来"不经意"地透露出自己的优越性，一般用以调侃。例如：

"真美慕那些可以随随便便离家出走的孩子，我都出来一个月了，还没走出我家草坪。"

"游艇都是我的有什么用呢，每天被几千亿的生意压得喘不过来气，真可惜了这大好秋光。"

——摘自知乎"凡尔赛文学，你能忍不住第几条不笑？"

二、网络流行语的产生机制

网络流行语大多脱胎于汉语普通话，少数源于方言或其他语言，但其中包含不同的产生机制。随着网络流行语的增长和网民创造性的不断激发，网络流行语的产生机制也在不断丰富。就目前来看，其产生机制主要可归纳为以下几类。

（一）谐音

谐音，是网络流行语最早、最常见的产生机制之一。通过音近的汉字、数字或者字母替换原本的字或词，从而在一定程度上消解严肃性，增添幽默、诙谐的表达效果。根据原式和变式的关系，还可具体分为以下几类。

（1）汉字谐音替换，用音近的汉字词语替换原汉语词。其中，某些网络流行语的谐音并非源于标准发音,而是对方言发音或某些发音不标准的个例进行"戏仿"，例如：

> 斑竹，版主。
> 偶，我。
> 有木有，有没有。
> 神马，什么。
> 童鞋，同学。
> 我太南了，我太难了。
> 内牛满面，泪流满面。
> 蓝瘦香菇，难受想哭。
> 蚌埠住了，绷不住了。

（2）数字或字母谐音替换，用音近的数字或字母替换汉语词，例如：

> 886，拜拜咯。
> V587，威武霸气。
> 9494，就是就是。
> u1s1，有一说一。

（3）音节重构，根据口语连读、方言发音或拼音拼读，对原有的音节进行合音或拆分，并通过音近的汉字进行表现，例如：

> 表，不要。
> 酱紫，这样子。
> 造吗，知道吗。
> 男票，男朋友。

报一丝，不好意思。

报看，不好看。

吃藕，丑。

格纹，滚。

（二）缩略

出于语言的经济性和输入效率，缩略造词是网络流行语的主要形成机制之一。主要方式包括：首字母构词、关键字构词等。

（1）首字母构词，用词或短语的拼音或英文的首字母组合而成，也可能保留个别汉字，例如：

MM，美眉。

hhhhhh，哈哈哈哈哈。

yyds，永远的神。

nsdd，你说得对。

i 人，MBTI 人格测试中的性格内敛（Introvert）的人群。

e 人，MBTI 人格测试中的性格外向（Extrovert）的人群。

（2）关键字构词，从短语或句子中抽取关键字组合而成，构成新词。将句子缩略为词或短语是一种完全超乎普通汉语缩略规则的新型表现形式。例如：

喜大普奔，喜闻乐见、大快人心、普天同庆、奔走相告。

躺枪，躺着也中枪。

城会玩，城里人真会玩。

不明觉厉，不明白但觉得很厉害。

细思极恐，仔细思考后觉得极其恐怖。

爷青回，爷的青春回来了。

（三）旧词新用

某些网络流行语从表面上看是汉语原有的普通字词，但在网络使用中，获得了新的语义内容或用法。例如：

> 沙发，帖子中的第一条留言。
> 囧，尴尬、无奈的表情（原意为"光明"）。
> 2/二，形容词，傻、愚蠢。
> 黑，动词，故意贬低或诋毁。
> 打酱油，表示与某事不相关且不关心。
> 吃瓜，表示一种事不关己、围观看热闹的状态。
> 锦鲤，运气好或者可以带来好运的人或事物。
> cue，表示提到、叫到某人（英文单词原义表暗示或线索）。

（四）新造词句

一些网络流行语是网友们自创或组合的，其组合方式基本符合现代汉语的语法规则，基于某种机缘巧合在网络走红，构成固定表达。例如：

> 码农，程序员。
> 柠檬精，喜欢嫉妒他人、酸别人的人。
> 硬核，形容强悍、彪悍。
> 友谊的小船说翻就翻，形容友谊破裂。
> 我真的会谢，表示无语、郁闷。

（五）方言表达

自网络流行语产生以来，一直有方言表达演化为网络流行语。例如：

> 冤种，源自东北话，指倒霉的或很傻的人。

山寨，源自广东话，表示仿制、盗版。

猴赛雷，源自广东话，表示好厉害。

作死，源自东北话、北京话、吴语和两广白话等方言，表示自寻死路。

（六）外语词

少数网络流行语是外语的音译词。例如：

哈基米，はちみ（日语：蜜蜂水），作为中国网络流行语表示"可爱的小动物"。

耐思，nice。

3Q，Thank you。

爱豆，idol。

粉丝，fans。

（七）汉英混搭

随着互联网的普及和国内外语教育的普及，人们在互联网和现实生活中接触和使用英语等外语的机会也越来越多，外语（尤其是英语）对中国的网络流行语也产生了影响，在前面所述的谐音、缩略和旧词新用的机制中都能体现英语词汇对中国网络流行语的影响。另外，还有一部分网络流行语是根据汉语表达，用不符合英语语言规则的方式将英语词汇（或语素）拼凑而成的，其中也可能以拼音或汉字的形式插入汉语词汇。例如：

ing，睡觉 ing、看剧 ing。

You can you up.（你行你上。）

No zuo no die.（不作就不会死。）

（八）仿拟

通过前面几种形成机制往往可以构成网络流行语中的词或短语，而网络流行语中的结构句式、句子或"体"，通常只是仿写各类电影、电视剧、综艺、网络视频或名人、热门事件相关句子或表达方式，在语义上没有超脱原本的内容，但这些网络流行语依然成为固定表达广为流传。例如："道路千万条，安全第一条。行车不规范，亲人两行泪。"是电影《流浪地球 1》中的一句交通安全宣传语，随着该电影的走红，这句台词也迅速在网络上流行起来。不过，这句话是依据交通安全提示语，适用语境有限，网民及媒体纷纷基于该句式进行替换改写，比如："道路千万条，学习第一条。作业写不完，开学两行泪。"此外还有：

梨花体（模仿诗人赵丽华的诗歌）
甄嬛体（模仿电视剧《甄嬛传》的台词）
舌尖体（模仿纪录片《舌尖上的中国》的解说词）
我读书少你别骗我（出自 1972 年电影《精武门》的台词）
燃烧我的卡路里（出自歌曲《燃烧我的卡路里》）

以上只是对网络流行语主要产生机制的大致概括。网络流行语的产生实际上更加多样化，更加复杂。一部分网络流行语的产生实际上可能同时包含多种机制，例如："白骨精"作网络流行语表示"白领、骨干、精英"，既是三个词的缩略，同时也使"白骨精"这个词有了新的语义内容。"哈基米"如今在网络上泛指可爱的小动物，而该词源于日语的"蜂蜜水"一词，它之所以在中国互联网走红，是因为日本动漫《赛马娘 Pretty Derby》中的歌曲不断重复"哈基米"一词，网友加工该歌曲片段后在网络短视频中走红，常常用作宠物视频的背景音乐，由此"哈基米"成为可爱动物的代名词。因此，"哈基米"既是源于日语，也是模仿歌曲歌词。"栓 Q"一词从形式上看是对英语"Thank you"的谐音构词，但从语义上看，在表达"谢意"时实际上表达了无奈的情绪。

还有一部分网络流行语产生之后可能基于上述机制进一步演化或派生，例如："躺着也中枪"产生之后，又基于缩略造词机制生成了"躺枪"一词；"高端大气上档次"成为网络流行语之后，也被进一步缩略为"高大上"；"妈宝男""妈宝女"成为流行词之后，又衍生出"×宝男/女"结构，可以构成"爹/爸宝男""爹/爸宝男""友宝女""夫宝女"等；继"yyds（永远的神）"在网络广泛传播之后的短时间内，网民们将其他一些四字短语也用首字母替换的方式表达，例如："yygq（阴阳怪气）""xswl（笑死我了）""nsdd（你说得对）"等。"凡尔赛文学"在网络流行起来之后，"凡尔赛"成为一个形容词，可添加程度副词，用以形容一个人不经意透露出其自身优越性的言行，可以说"你太凡尔赛了"。

三、网络流行语的内容分类

网络流行语是网络信息交流和情感、观点沟通的产物，从内容上看，网络流行语主要可分为四类：时事政治类、公众事件类、日常生活类和观点情感类。

（一）时事政治类

时事政治类网络流行语指反映党和国家治国思想与发展理念、政策及活动的网络流行语。互联网是重要的舆论阵地和宣传渠道，与此同时，广大网民也将互联网作为重要的关心和了解党和国家政策及表达观点的平台。在此过程中，其中一些质朴清新的表达成为了网络流行语。例如：

中国梦（习近平总书记于2012年提出的重要指导思想和重要执政理念）
不忘初心（习近平总书记在党的十九大报告中提出"不忘初心、牢记使命"的号召与要求）
工匠精神（李克强总理在2016年《政府工作报告》中首提"工匠精神"）
打虎拍蝇（"老虎苍蝇一起打"，是党风廉政建设和反腐败工作的重要行动）

（二）公众事件类

公众事件类网络流行语指与社会热点或公众事件相关的网络流行语。自网络流行语的发展期起，网络流行语不再局限于网络技术或网络平台相关术语，其发展的一个重要趋向就是反映社会热点或公众事件。随着公共事件的发酵，或网民对某个社会热点问题的关注和讨论热度增高，网络上通常会就该话题形成一个热门词条，指代或概括事件或与事件相关的人或事，或事件中的典型话语。例如：

> 逆行者（最早用于指代 2015 年 8 月 12 日天津港爆炸案中的消防救援人员，后用以指代 2020 年新冠疫情暴发后奋战在抗疫前线的各行各业工作者。）
> 中国大妈（2013 年国际金价大跌，一些中国中老年女性疯狂购买黄金，美国媒体调侃她们引起世界金价变动，甚至新创英文单词"dama"来指代她们。）

（三）日常生活类

日常生活类网络流行语指针对日常生活中的衣食住行用及工作等相关的讨论所形成的网络流行语。人们在网络上除了会对公共领域的话题进行讨论和传播，也会对个人领域的日常生活进行交流和探讨，某种社会问题、社会风尚、社会心态也会集中体现在日常生活类网络流行语中，在网络流行语中占据重要地位。例如：

> 裸婚，在没有房车等财产的情况下结婚。
> 拼车，相同或相近路线的几个人乘坐同一辆车，车费由乘客分摊的出行方式。
> 吃土，形容过度消费后没有钱。
> 内卷，形容非理性的内部竞争。
> 杀猪盘，交友婚恋类的网络诈骗。
> 多巴胺穿搭，色彩缤纷的能营造愉悦感的穿搭风格。

（四）观点情感类

观点情感类网络流行语指用以传递或表达情感，传达与交流思想、观点与评价的网络流行语。网络空间为网民表达与交流个人观点和个人情感提供了一个开放、便捷的平台，网民会对时事政治、公共事件、娱乐明星、电影、电视剧等各种公共领域话题发表观点、评价或表达情感，也会就日常生活等私域话题进行交流，还会在网络上与亲友进行情感交流或表达，由此产生了大量观点情感类网络流行语。例如：

怼，用言语反驳或回击。

破防，因遇到一些事或看到一些信息后情感上受到很大冲击，心理防线被突破。

奥利给，感叹词，用以加油鼓励或赞美。

么么哒，代表亲吻的动作，用以表示喜爱亲昵。

绝绝子，太好了、太绝了，一般用于高度赞叹。

我看不懂，但我大受震撼，用于表达对某件事情的震惊和疑惑。

第三节　网络流行语的特征与影响

一、网络流行语的特征

网络流行语层出不穷，数目庞大，且在形式和内容上有不同的表现。综合网络流行语的产生、传播属性以及形式内容，其特征可概括为以下几点。

（一）流行性

网络流行语是网络流行文化中的一部分，其最本质特征就是流行性，即在网络上被广泛使用和传播，并被网友们喜爱和追捧。一方面，网络流行语生产与传播大部分是自下而上自发完成的，是网民群体智慧和群体喜好的反映。其产生可能是个别人或个别媒体的语言创新，但该表达能够被广泛传播的前提条件是能够满足大量网民的表达需求、迎合他们的审美倾向或使之产生情感共鸣。各类社交媒体的广泛使用为网络流行语的传播提供了高速通道。另一方面，网络流行语作为流行文化的一部分，会引领网络语言和网络文化的发展。网络流行语一旦获得广泛传播，网民们为了获得身份认同或走在时尚前列，不仅会加入使用和传播，还会以之为参照进行再加工或再创造。许多网络流行语走红之后，都会引发连带效应，例如："yyds（永远的神）"流行之后的短时间内就产生了"yygq（阴阳怪气）""xswl（笑死我了）""nsdd（你说得对）"等流行语。

（二）周期性

与流行性相伴随的另一特征是周期性，任何流行事物都只在一定时间段内流行，必然经历有限的流行周期。网络流行语的生命周期也是有限的。大部分网络流行语在流行一段时间后都会从人们的视野中消失。例如："火星文"是网络流行语发展期（2000—2010 年）曾流行的一种文字表现方式，用符号、冷僻字或汉字拆分后的部分等非正规化文字符号表达，例如："╲╮ｼ带着囬忆丄路孤单啲{'路丄僦罘会．寂寞"。这类"火星文"常被当时的青少年网民用作 QQ 个性签名，但这种文字表现方式逐渐消失，至今几乎已无人使用。

不同网络流行语流行的持续时间并不一致，但一般都经历以下五个阶段：[1]

（1）萌发期：网络流行语处于最初的潜伏阶段，传播较零散，受关注度不高，能否最终成为网络流行语也不确定。

（2）酝酿期：网络流行语正从分散无序的状态向聚集有序的状态发展，受到一部分网民的关注和传播。

（3）顶峰期：网络流行语被广泛传播，几乎所有网民都能有意无意地接触该表达，网络媒体也频繁使用。

---

[1]　凌云 .2010—2019 年网络流行语研究 [D]. 华中师范大学博士学位论文，2022.

（4）衰落期：网络流行语的关注度和传播力度开始下降，网民对该表达的新鲜感和热情度减弱。

（5）平息期：网络流行语从互联网逐渐消失，网民的新鲜感完全消失，不再使用该表达或使用频率极低。

然而，还有极少一部分网络流行语在经历网络的广泛传播之后并没有走向消失，而是被纳入了普通汉语的范畴，例如："网购、微博、宅男、宅女、纠结、颜值"等网络词汇已被《现代汉语词典》收录。这些词结束了网络流行语的生命周期，而成为标准汉语中相对稳定的词汇。

（三）创新性

网络流行语大多在形式或语义、语用上具有一定的创新性，超出了汉语的语法限制或表达范畴。从形式上看，在普通汉语的书面表达中，除了数字本身，汉语语言内容都通过汉字表达，而在网络流行语中，广泛地纳入了数字、字母，如："886""V587""u1s1"。一些网络流行语的产生机制突破了标准汉语的语法规则，例如在汉语中虽然也存在"缩略构词"，通常是将短语或词缩略为一个较短的词，但网络流行语"人艰不拆""细思极恐""城会玩"等是将一个句子缩略为词。还有一些网络流行语虽然从形式上看是现代汉语已有的表达，但在语义或语用上进行了创新，如：普通汉语中"摸鱼"只有字面意思，但在网络中用于表达"偷懒，上班或学习不认真"；网络流行语"我谢谢你"表面上是表示谢意，但具有反讽意味，暗指他人帮倒忙或多此一举。

网络流行语绝大部分是由网民进行语言创新而生成的，因此，创新性是大部分网络流行语的基本特征。同时，创新性也是这类表达能够受到网民欢迎并广泛传播的原因。

（四）开放性

互联网具有去中心化、开放性的特点，而网络流行语作为互联网信息传播的产物，也具有显著的开放性。

首先，网络流行语的生产者和使用者都具有开放性。一部分网络流行语是自下而上由网民自发产出和传播的，还有一部分网络流行语出自政府官方、主流媒体、电视剧、电影、歌曲或综艺等。任何互联网的参与者都可能加入网络流行语的生产、传播和使用中。

其次，网络流行语的形式和内容具有开放性。通过前面几节对网络流行语形式和内容的介绍可知，网络流行语的文字表现形式包括汉字、字母、数字及几种形式的混合使用，吸收汉语普通话、方言和外语，其形成受到字形或图像、语义或语用各方面的影响，能打破普通汉语的语法限制，其内容囊括个人生活和情感表达，也涉及国家政策和时事热点。上述所列类别甚至无法穷尽性概括所有网络流行语，而且随着网络技术的进步和网络信息的暴增，网络流行语的表现形式和表达功能会进一步丰富。

最后，网络流行语的平台和传播媒介具有开放性，且能够与不同的媒介形式很好融合并演化。根据网络流行语的发展周期可知，网络流行语最初只被少数网民或媒体关注和使用，而它们最终成为网络流行语，需要经历更广泛的传播，而这一过程并不限于某一媒体或平台，微博、网络论坛、微信等即时社交软件都是网络流行语传播的渠道，甚至当流行程度达到一定水平之后会在现实生活中进行传播。此外，早期的网络流行语只体现在文字形式上，随着表情包和短视频、网络直播的出现，一些网络流行语的表达也配合着相应的表情包或音视频。例如："葛优躺"之所以产生和流行，与相关的表情包的流传密切相关；"芭比Q了""哈基米"的走红伴随着相关配音在短视频中的流行。

（五）娱乐化

大部分网络流行语，尤其是日常生活类与观点情感类，常常具有幽默风趣或调侃恶搞的特点。网络以及网络流行语的主要使用人群是年轻人，而幽默、搞笑、轻松是当代年轻人追求的一种时尚与个性，从而网络流行语的产生和传播也被这种娱乐化倾向性所引导。骆昌日、何婷婷认为，网络流行语是网络文化对现实文化的娱乐化恶搞，[1] 例如"水能载舟亦能煮粥""问世间情为何物？一物降一物"

---

[1]　骆昌日，何婷婷. 近十年来我国网络流行语的演变及传播研究[J]. 河南大学学报（社会科学版），2015(2)：108–115.

是对古文和古诗词的恶搞，"待我长发及腰"是对诗歌的娱乐恶搞，"小伙伴们都惊呆了"是对小学生作文的恶搞。这种对传统文化名人的恶搞，对正统文化的恶搞，或对自娱自乐、网络狂欢的宣泄，虽然具有娱乐至死的表征，但也使网民获得了既是传播者又是受众的"快感"体验。

另外，网络流行语的一些特征也在发生转变，在较早期的网络流行语研究中，简洁性是网络流行语的一大典型特征。然而这一特征在网络流行语中已开始逐渐弱化，除了词和短语，网络流行语还延伸到句子（包括单句和复句）和"体"。这是因为网络流行语传播的承载形式已不再限于文字，随着表情包、短视频和网络直播的兴起，图片、语音和视频都已成为网络流行语的承载形式，因此节省输入时间的需求在一定程度上降低，网络流行语的形式限制也渐弱。

二、网络流行语的影响

随着互联网的快速发展和普及，网络流行语在我们的网络空间和日常生活中都变得越来越普遍。它们不仅仅是一种与人交流的工具，更成为了一种流行文化现象。网络流行语的影响远不止语言文字表达的领域，也不止网络空间，对现实社会也产生了诸多影响。而且，正如赵世举所说："语言是双刃剑，它是维系特定群体的纽带，沟通不同群体的桥梁，社会运行的规程，具有凝聚力、正能量；另一方面，它也容易酿成矛盾甚至冲突，成为各种利益诉求的旗号和接口，成为社会纷争的导火索和政治斗争的工具，演化为离心力、负能量。"[1]网络流行语带来的影响是复杂而深刻的。全面了解网络流行语的影响，我们可以更好理解网络语言的重要性以及网络语言规划的必要性，为新媒体时代的交流提供更多参考和启示。

（一）对语言文字应用的影响

网络流行语作为网络语言最突出的表现形式和一种语言文化现象，其最直接的影响就体现在语言文字应用上，其中既有积极方面的作用，也带来了诸多问题

---

[1]　赵世举. 全球竞争中的国家语言能力 [J]. 中国社会科学, 2015(3): 105–118.

和挑战。

首先，网络流行语是一种语言变体，丰富了语言表达形式，从音、形、义各个维度挖掘语言表达的丰富性和趣味性。随着互联网技术和媒介形态的不断发展，时事热点和流行文化的不断更迭，网络流行语在形式、内容上也不断丰富和创新，给人们的网络生活带来诸多乐趣，也极大地激发了网民们的创造性和积极性。网络流行语除了具有时代特征，适应了互联网空间信息交流的表达需求，还有一部分优秀的网络流行语还被吸收进入了标准汉语。刘蒙之指出能从网络流行语演变为"经典"甚至进入词典的表达通常可分为三种情况：一是真实反映社会现实状况的流行语，如"给力""命运共同体""C位""硬核"等；二是具有社会内涵的流行语，如"拼爹""二代""佛系""内卷"等；三是具有积极而非消极价值的流行语，如"洪荒之力""获得感"等。[1]这是网络流行语给现代汉语输入的新鲜血液。

其次，网络流行语具有较高的传播性和新颖性，因此也成为各类文化产品、媒体、广告常常借用的语言工具。例如：《厉害了，我的国》是2018年由中央电视台、中国电影股份有限公司联合出品的纪录电影，生动呈现了我国在扶贫、生态文明建设、医疗保障、国家安全体制等方面取得的非凡成就。由于电影标题运用了2016年的网络流行语"厉害了，我的哥"，吸引了更多的年轻观众去观看，让更多的青少年主动了解国家成就，自觉接受爱国主义教育。基于网络流行语的流行性和创新性，在网络上能够迅速吸引眼球，并引发关注与讨论。由此借用网络流行语，网络媒体和广告推广可以吸引更多读者和消费者的注意，拉近与读者和消费者的心理距离，由此推动文化产品、新闻信息和商业广告的快速传播。因此，无论是新闻标题还是营销广告，都偏好使用当下的网络流行语，能使新闻和产品广告的传播取得良好的效果，客观上也进一步加速了网络流行语的传播。

然而，网络流行语作为一种新兴的、开放的语言文化，也给语言文字应用带来了一些问题和挑战。

首先，网络流行语存在"语言失范"的问题，对人们规范使用标准汉语产生

---

[1] 刘蒙之.网络流行语的演化迭代、言语实践与价值评判——以2022年度流行语为例[J].人民论坛,2023(4)：94-97.

干扰。网络流行语在形式上的创新往往会打破标准汉语的语法限制和书写规范，大部分网络流行词也未纳入标准汉语的范畴，由于网络流行语已经深入现实生活的日常对话中，会逐渐模糊人们对标准汉语和网络语言的界限判断，因此对青少年乃至成人规范使用标准汉语造成负面影响。另外，网络流行语中包含一些骂詈语和不文明词汇，部分可能会在形式上通过省略或谐音替换等方式进行伪装。骂詈语及其变体的广泛传播和使用，必然会对语言文明造成消极影响。徐敬宏教授就曾表达出对低俗网络词汇泛滥的担忧："不止一次，也在不止一所学校，我在课间的教室里，听到年轻学生（男女都有，女生更多）喊叫'你是个屌丝'或'我是个屌丝'或'我要和你撕逼'或'去，去，去和 TA 撕逼'之类的话。"[1]

其次，网络流行语的过度使用会造成个人表达的"语言贫乏"。虽然创新性是网络流行语的主要特征之一，但这种创新性是对整个网络语言使用群体而言的，也就是说，网络流行语体现的是全体网民这个言语社群的创新。然而，对个体而言，网络流行语的盛行会削弱语言表达的个性化和创新性。当一个人频繁使用网络流行语来表达观点和情感，会形成一定的依赖性和惰性。然而网络流行语表达的广度、深度和精细度都是有限的，这将容易导致人们缺乏细致的描写和分析，缺乏深入思考和对细腻情感的挖掘与表达。比如，一些人可能对任何人或事物的称赞都使用"绝绝子""yyds""666"，由此止步于表面的狂欢，而缺乏对该人或该事物的深刻认识，以及对自我情绪的具体表达。

（二）对网络空间的影响

网络流行语是在网络空间产生并传播的，是互联网发展和网络信息传播的产物，同时也会对网络空间产生反作用。

首先，网络流行语加速了网络信息的传播，也增添了各类网络空间的乐趣。网络信息纷繁复杂，网络流行语的产生既体现了大部分网民对某一信息的关注和思考，同时网络流行语的特殊性会进一步加速该信息的传播，形成在网民之间的"回响"。网络流行语渗入各类网络活动、各类网络平台，无论是网络论坛、社交平台，还是视频观看平台、短视频软件、网络游戏等，网络流行语都是媒体进

---

[1] 徐敬宏. 网络低俗用语和语言暴力须治理 [N]. 人民日报 ,2016-8-16.

行创作和网民进行交流的重要工具，使媒体和网民在进行各类网络活动时不仅仅是简单的信息交流，还通过网络流行语让各类活动妙趣横生。

其次，网络流行语是塑造网络文化形态的重要因素。网络语言是网络文化的一部分，同时也是网络文化的外在表现形式与传播渠道。其中，网络流行语作为最典型、最吸引注意力、传播最为广泛的网络语言，对展现和塑造网络文化形态产生更为深刻的影响。例如：娱乐化是大部分网络流行语的共有特征，也是诸多网络词句得以"走红"的主要因素，然而，这种娱乐化也遭到一些批评。陈光明认为，网络语言是一种后现代的文化表现，网民在语言使用中并不求"雅"，也不讲究意义的深刻性，而是追求一种"肤浅的轻松"，而且网络流行语在语言游戏中不仅有粗鄙化的倾向，而且也并不十分尊重语法规则，缺乏庄重性和严肃性，但"语言游戏者"正是想通过玩世不恭的语言游戏来颠覆权威。[1] 从辩证的视角来看，网络流行语的娱乐化进一步凸显了网络空间的趣味性，给网民带来了诸多乐趣，增强了网民之间的身份认同和情感交流，也推动了娱乐产业的高速发展。然而，网络空间不仅仅只有娱乐，也存在且需要对诸多严肃话题和严肃信息的关注与讨论，因此，若网络语言一味追求表达的幽默与风趣，则造成对严肃议题的忽视和公共思考的浅薄化，并不能实现个体之间的深度交流和真正情感联结。

此外，网络流行语在网络空间具有极强的传播力、感染力和舆情推动作用，如果网络流行语存在大量低俗和暴戾的表达，将会对网络生态造成极大的消极影响。由于网络空间大多是匿名的、非正式的交际场合，当人们的观点存在差异和冲突时，消极情绪也会在网上进行宣泄，因此，网络流行语中存在骂詈语及其变异形式。网络语言低俗化和网络骂詈语在社会和学界都引起诸多关注和担忧。[2] 虽然骂詈语是语言中难以完全杜绝的，但如果肆意追捧和传播此类网络流行语，无疑会对网络文化形态产生恶劣影响。一方面，处于语言习得期、好奇心强且辨别是非能力不足的青少年，大量接触骂詈语，无疑会对其语言的学习和使用、价值观的形成产生恶劣影响。另一方面，骂詈语的大量复制与传播会煽动不良情绪，

---

[1] 陈光明. 从网络语言缩略语看网络语言的后现代特征[J]. 广东外语外贸大学学报, 2008, 19(2): 41—44.

[2] 王宇波, 潘丹婷, 谢芳. 网络"后亚文化"群体的詈言行为及治理对策[J]. 中国语言战略, 2022, 9(1): 34—46.

增加网络空间的戾气，导致更多网络争端和网络暴力。

（三）对现实社会的影响

在互联网发展的初期，网络空间与现实社会是相互独立的，只有少部分人触及互联网。然而，随着互联网的普及和使用成本降低，越来越多的人使用互联网，"互联网＋"推动了网络与现实产业的融合，各类互联网应用与现实生活产生密切连接，网络空间与现实生活的交叉和相互影响日益深刻。随着网络空间与现实生活的交叉，网络流行语的使用与传播已不限于网络空间，对现实社会也产生了多方面的影响。

首先，网络流行语记录社会热点、时事政治、社会问题及民众心态。网络流行语通常与社会热点和流行文化紧密相关。通过使用这些流行语，人们能够在交流中迅速传达关于社会、政治、娱乐等方面的信息。与此同时，一些网络流行语的高频出现，也反映了当下的一些社会矛盾和民众心态。例如："996""内卷""躺平"等词的流行反映的是当下年轻人所面临的高强度的职场压力和内心的抗拒、无奈。

其次，网络流行语可以反映和推动社会舆论的发展，从而进一步影响现实问题的解决。网络流行语不仅能够反映当下的公共事件和社会矛盾，还能够凝聚网民对相关话题的讨论，从而反映或推动社会舆论的走向。当某一公众事件出现，很可能成为热门词条，甚至形成网络流行语，因此，通过对该网络流行语的监测，能够获取社会舆论的走向。不过，网络流行语中暗含的观察视角、褒贬评价也会对社会舆论的发展产生影响。

再次，网络流行语的过度使用在一定程度上会增加沟通障碍。网络流行语虽然在生产者和使用者上具有开放性，而且在现实生活中也可能被使用，但是，作为流行文化的一种，网络流行语的主导者和使用人群仍然是年轻群体，中老年网民极少能够及时掌握到快速更迭的网络流行语，而且即便是年轻网民，基于不同的受教育程度、社会背景和上网习惯，也不能及时、全面了解网络流行语。所以，网络流行语的过度使用，或网民的语言使用习惯受到网络流行语的过度影响，那么年轻人与其他不同年龄层、不同社群、不同网络使用习惯的网民之间的沟通障碍可能会增加。

最后，网络流行语给语言教育带来一定的挑战。随着互联网的普及，青少年使用互联网的初始年纪在不断下降，使用时长也在增加，而且伴随着网络流行语与表情包、短视频的融合，青少年接触网络流行语的频率大大增加。然而青少年本身处在语言能力发展和语言学习的关键时期，又具有较强的好奇心和学习能力，但辨识能力不足，因此，青少年大量接触网络流行语必然会影响其语言文字应用能力的发展。与此同时，网络流行语作为中国流行文化的一部分，对于学习汉语的外国学生也具有极强的吸引力，但是网络流行语更迭较快，且存在"语言失范"问题，对国际中文教育来说也是新生事物。如何既能满足汉语学习者的学习需求，又能弘扬中国优秀文化，是国家中文教育需要进一步探索的。

第四节　网络语言规划

以网络流行语为典型代表的网络语言会对语言文字应用、网络空间及现实社会产生广泛影响，而且网络语言是当代语言生活的重要组成部分，因此网络语言规划也构成语言规划和社会治理的重要内容。赵世举指出："国家应将网络空间的语言规划与治理纳入国家网络安全战略的整体布局中，以构建和谐、健康、安全、繁荣的网络空间语言生活为目标，坚持统一规划、建管并行、分责共治、促进发展的原则，注重全方位多层面的统筹协调、刚柔相济、标本兼治、应需调适、动态优化，切实有效地服务于社会发展和大众生活。"[1]为了促进语言文字和网络生态的健康发展，网络语言规划应从以下方面做出努力。

一、加快网络语言相关法律法规的建设

网络空间并非"法外之地"，但我国当前网络语言规范管理缺少专门性的法

---

[1]　赵世举 . 重视网络空间语言的规划与治理 [N]. 光明日报 ,2018.

律法规。

首先，专门针对语言规范的法律文本，缺少对网络语言使用的明确规范。如2001年1月1日起正式施行的《中华人民共和国国家通用语言文字法》标志着我国的语言文字工作正式、全面地纳入法治化轨道，内容强调了国家通用语言文字使用的规范化和标准化，但对语言文字使用行为的规范主要集中在现实生活领域，对网络语言的使用规范没有明确规定。不过于2006年生效的《上海市实施〈中华人民共和国国家通用语言文字法〉办法》和《广西壮族自治区实施〈中华人民共和国国家通用语言文字法〉办法》中明确规定"国家机关公文、教科书不得使用不符合现代汉语词汇和语法规范的网络语汇。新闻报道除需要外，不得使用不符合现代汉语词汇和语法规范的网络语汇"。

其次，专门针对网络行为的法律法规主要对互联网商业行为的内容进行规范，但没有明确语言规范。如国务院2000年发布的《互联网信息服务管理办法》，国家广播电影电视总局、中华人民共和国信息产业部2007年发布的《互联网视听节目服务管理规定》，文化部2011年发布的《互联网文化管理暂行规定》都是如此。由此可见，我国对网络语言的规范和规划尚处于初步探索阶段。近几年已有多名全国人大代表在两会上提出推进修订《国家通用语言文字法》和制定《实施条例》，以规范网络语言的使用。[1] [2] [3] 2020年《国务院办公厅关于全面加强新时代语言文字工作的意见》也明确指出："加强语言文明教育，强化对互联网等各类新媒体语言文字使用的规范和管理，坚决遏阻庸俗暴戾网络语言传播，建设健康文明的网络语言环境。"

二、加强网络语言的监测管理

"互联网为语言发展提供了更大的驱动力和更优越的实现条件。它将古今中外的语言数据汇集'发酵'，将全社会的语言智慧网络集中，可以预料，语言发

---

[1]　人大代表建议修订《国家通用语言文字法》，规范语言使用原则 [EB/OL]. 澎湃新闻 ,2019-3-7.

[2]　全国人大代表陈晶莹：修订国家通用语言文字法，规范网络用语 [EB/OL]. 上观新闻 ,2020-5-27.

[3]　全国人大代表孙维：建议加快修订《国家通用语言文字法》，强化对失范网络语言治理 [EB/OL]. 上游新闻 ,2020-5-26.

展变化的速度将日新月异。"[1]因此，对网络语言发展情况的监测，除了能了解和把握社会心态和网络文化的发展情况，也是维护网络文明和构建良好网络生态、建设语言规范和语言政策的前提。目前，我国已在网络语言监测方面做出了大量积极探索。例如：教育部语言文字信息管理司与华中师范大学共建了"国家语言检测与研究网络媒体语言中心"，这是国家语言资源监测与研究中心的五大分中心之一，已实现对中国语言国情有更多定量的了解，利用现代汉语应用状况进行实时监测并进行动态分析、统计和研究。教育部每年发布《中国语言生活状况报告》，其中包括对网络语言生活的调查和研究成果。中国语情与社会发展研究中心主办的《中国语情》《中国语情月报》等系列参考资料，按月发布，也对网络语言的发展进行了监测和记录。国家语言检测与研究网络媒体语言中心、《咬文嚼字》以及《语言文字周报》等有关机构和媒体每年开展年度汉字盘点、十大用语、流行语的评选，基于大数据语料库的语言信息技术筛选、网络媒介广泛流布、网友投票或专家评议等方式选出年度字词和流行语。然而，基于对网络语言的监测和报告、网络语言资源建设与整合还有待进一步推进。

三、完善对网络语言进行的引导与干预

网络语言是信息时代发展的必然产物，也是当代语言文字发展的重要组成部分，但网络语言是一种社会方言，是现代汉语的语言变体，国家通用语言文字规范的标准无法完全适用。然而，基于网络语言对当代社会广泛而深刻的影响，尤其是网络语言失范、网络语言暴力可能带来的严重后果，网络语言也需要进行管理和治理。因此，我们应建立由网民、网络平台、网络媒体、网络监督部门等多方网络参与者共同打造的网络语言治理机制，既保证网络空间信息交流和探讨的自由和开放性，又保证正确价值观的积极引导，对发扬与传承优秀文化、构建健康的网络语言体系和积极向上的网络生态文化具有重要意义。一方面，基于网络流行语的监测和相关研究，了解和把握网络流行语的生成和传播规律，主流媒体充分发挥积极的引导作用，用网民们喜闻乐见的网络流行语形式传播积极正面的

---

[1] 李宇明.语言技术对语言生活及社会发展的影响[J].中国社会科学,2017(2):144-158.

价值观。例如：国民历史普及动漫《那年那兔那些事儿》将国内外一些军事和外交的重大事件以动物漫画的形式展现出来，极大增强了青少年的爱国热情和民族自豪感，其中的台词"此生无悔入华夏，来生愿在种花家"和"种花家"成为了网络流行语，深受网民喜爱。"种花家"利用了网络流行语常见的机制——谐音，获得了网民的关注和喜爱，也掀起了爱国情感表达的热潮。另一方面，对于网络语言低俗化、过度娱乐化和网络语言暴力等问题，既需要发展网络算法技术，也需要结合网络文化建设共同治理。近年来，相关部门和网络平台利用算法技术开启詈语过滤，降低了网络上詈语出现的概率，但也造成被屏蔽的詈语以新的变异形式出现。另外，目前的屏蔽词系统在人工干扰、准确性、分词障碍、时空效率上还存在问题有待解决。因此要促进技术成果的转化落地，提升语词净化机制的智能化程度，避免"机械式"屏蔽而引发更大规模的"对抗式解码"[1]。然而这一类网络语言问题，追根问底是网络文化和网络社会治理的问题，需要从法治建设、文化引导、关注心理健康等各方面积极配合。

四、进一步优化语言教育策略

网络语言已经渗入日常语言、部分媒体语言中，青少年及汉语学习者对网络语言表达都有学习的好奇心，这能帮助他们更好地融入网络交际语境，但网络语言同时也对中小学语言文字教育和国际中文教育形成了一定挑战。因此，有必要优化与完善语言教育策略以应对网络语言的语言教育问题，既不能放任网络流行语在书面写作中的应用，也不可能完全杜绝网络流行语。由此对中小学语文教学和国际中文教育提出了更高要求，不仅需要结合不同年龄段、不同文本体裁，对中小学生和汉语学习者网络语言的使用情况进行引导，更重要的是要提高学生的语言审美能力，培养良好的语言文字使用习惯，明确语言的不同功能和适用场景，使其既能够自觉、自如地在规定场合规范地使用语言文字，减少代际沟通障碍，又能享受网络语言带来的积极健康的乐趣并掌握现代信息技术能力。

---

[1]　王宇波，潘丹婷，谢芳. 网络"后亚文化"群体的詈言行为及治理对策[J]. 中国语言战略，2022,9(1):34-46.

五、积极推进网络语言服务工作

"网络时代最大的不公平是信息获取的不公平，最大的危机是被信息边缘化。要关注农村、西部、民族地区的信息化发展以及离退休老人、家庭妇女等很少上网、使用智能手机的群体。国家不仅要保障公民的信息权利，加强公民的现代信息技术教育，消弭信息鸿沟；而且还要努力发展网络，以保证国家不被国际互联网'边缘化'。"[1]中国互联网和智能手机的普及从技术和硬件上提高了网络信息的可及性。我国的互联网建设近年来一直注重农村互联网应用的普及，以及适老化改造和信息无障碍服务。中国互联网络信息中心（CNNIC）发布的第 51次《中国互联网络发展状况统计报告》显示，截至 2022 年 12 月，我国网民规模为 10.67 亿，互联网普及率达 75.6%。其中，农村网民规模达 3.08 亿，农村地区互联网普及率为 61.9%。另外，50 岁及以上网民占比提升为 30.8%，互联网进一步向中老年群体渗透。然而，网络语言作为网络信息传递的重要载体，其发展和特征都无法人为干预，而网络语言的标新立异、快速更迭和表意隐晦性给"初涉网络"的人群获取网络信息、共享网络时代成果造成了诸多障碍。因此，积极推进网络语言服务工作，保证网络信息内容的顺利传达是当前需要进一步思考与探索的新议题。

语言文字应用能力是一个人的核心素养之一，国家语言能力关乎国家安全。随着互联网的普及和现代科技的发展，网络空间与现实社会的重合与融合日益扩大。随着"元宇宙"概念的提出和逐步建设，这种网络与社会完全融合的"网络社会"指日可待，届时网络语言带来的影响会更加广泛、更加深刻。不断关注和研究网络语言的发展，积极推动网络语言规划和网络文明建设的完善，是建设和迎接新的互联网时代的重要内容，需要个人、学校、研究机构、社会媒体和国家共同参与。

本专题作者：冉晨

---

[1]　李宇明 . 不同媒介的语言特征与网络语言的发展 [J]. 中国广播 ,2016(9)：17-19.

专题四

法律语篇的逻辑衔接
——以《民法典》为例

第一节　引论

　　语篇研究是国内语言学界关注的热点，研究成果丰富。语篇的衔接与连贯一直以来都是语篇研究的重要课题，但是国内的语篇衔接研究成果多侧重在理论方面，而对语篇衔接的应用研究相对薄弱，且多集中在英语研究和英汉对比及翻译研究两大领域，专门针对汉语语篇衔接的研究本就不多，而以汉语法律语篇为研究对象者则相对更少。此外，这一时期国内法律语言研究也得到了迅猛发展，成绩斐然，但相对缺乏从语篇分析（尤指语篇衔接）角度对法律语言进行的研究。逻辑衔接是一种十分重要的常见衔接方式。因此，以语篇衔接理论为指导，对法律语篇的逻辑衔接进行系统的考察和分析就显得尤为必要了。《中华人民共和国民法典》（以下简称《民法典》）是中华人民共和国成立后第一部以"法典"命名的法律，颇具代表性和前沿性，我们不妨以《民法典》为例探讨法律语篇的逻辑衔接。

　　2020年5月28日，在第十三届全国人民代表大会第三次会议上审议通过了《民法典》。《民法典》调整和规范民事主体的人身和财产关系，与所有社会成员及其经济和社会生活都息息相关，在我国法律体系中占据基础性地位。但是，《民法典》的颁布只是第一步，今后无论是相关机关依照法律履行职能或行使权力，还是对《民法典》的修订、补充和司法解释，抑或是推进《民法典》普法工作的落实，都必须建立在正确理解和解读《民法典》的基础之上。而《民法典》作为我国法律体系中条文最多、体量最大、编章结构最复杂的一部法律，想要正确理解并有效实施，对该语篇进行研究是非常有必要且有价值的。

语篇的衔接与连贯一直以来都是语篇研究的核心内容之一。《民法典》吸收了《婚姻法》《继承法》《物权法》和《合同法》等 32 部相关法律法规，体制巨大、结构复杂，在整合过程中，语篇衔接发挥了举足轻重的作用。此外，法律语域下的《民法典》在语篇衔接上也表现着一些自身的特点。从性质上看，《民法典》作为一部成文法，其语言理应符合用词准确、逻辑严密、条理清晰、语义连贯的立法要求，具有一定的庄重性和严谨性；从内容上看，《民法典》涉及公民生活的方方面面、公民一生的每一个民事行为，被称为"社会生活的百科全书"，为了便于普法、便于运用，它还必须满足受众的广泛性。由此可见，《民法典》具有法律的庄重性、严谨性与普法要求的通俗性、大众性的双重特点，这些特点也必然会体现在语篇衔接上。因此，通过对《民法典》语篇衔接的研究，有助于厘清《民法典》内在的逻辑规律，加深对《民法典》内容的理解和解读，并同时进一步归纳《民法典》自身语篇衔接的特点与动因。

本专题主要讨论法律语篇的逻辑衔接。因此有必要先界定"语篇""衔接""标点句"等核心术语。

一、核心术语的界定

这里所说的核心术语是指某一个领域的基本的关键的术语，相关学术话语建构往往以其为重要基础。我们先从"语篇"说起。

（一）语篇

"语篇"是从国外引进的一个语言学概念，迄今为止，国内外学者对"语篇"都各自有着不同的理解和认识。

哈里斯（Harris）（1957）比较早地认识到篇章是一个不同于句子的概念，认为篇章是指句子连接成篇而形成的语言体。

韩礼德和哈桑（Halliday & Hasan）（1976）认为语篇是指一个任何长度的、语义完整的口语或书面语的段落。[1]他进一步指出，语篇属于语义单位，它与句子之间形成的是一种体现关系。语篇以句子的形式体现出来，它的语义一致性在于组成它的句子之间的衔接。黄国文（1988）指出，语篇是由一系列连续的话段或句子构成的语言整体。[2]他认为能够独立完整地起到交际作用的句子及以上单位都属于语篇的范畴。

廖秋忠（1992）认为，篇章是一次交际过程中使用的完整的语言体，其最基本的结构单元是句子或话轮。[3]

胡壮麟（1994）认为，语篇指任何不完全受句子语法约束的在一定语境下表示完整语义的自然语言。[4]他所说的是广义的语篇，将篇章和话语两个概念都涵盖在内。

综上所述，可见语篇至少同时具有以下几个特点：a.语篇是一个语义单位，而非语法单位；b.它必须是语义连贯的语言单位，在一定语境中表示完整的语义；c.它的形式和长短没有限制，可以是一个词、一个短语或是一个小句，也可以是一首诗、一篇散文或一次对话。本文采用胡壮麟先生对语篇的定义，不对"语篇""篇章"和"话语"作严格区分。

（二）衔接及衔接方式

1.衔接

衔接和连贯是语篇的两个重要特征，分别在语篇的表层结构和深层语义上体现出来，共同构成了语篇的有形和无形网络。衔接关系虽然体现为语言形式，但本质上是一种语义关系，因此不能离开意义谈衔接。一方面，衔接关系以预定的

---

[1]　HALLIDAY M A K,HASON R.Cohesion in English[M].London:Longman,1976.

[2]　黄国文.语篇分析概要[M].长沙：湖南教育出版社，1988：7-8.

[3]　廖秋忠.廖秋忠文集[M].北京：北京语言学院出版社，1992：182-183.

[4]　胡壮麟.语篇的衔接与连贯[M].上海：上海外语教育出版社，1994：1.

语篇连贯性为基础，另一方面，语法、词汇等语篇衔接手段的运用又使深层的语义连贯关系在语篇的表层结构中得以显现。因此，衔接关系有助于语篇表达和理解的简易性，是语篇分析的重要内容之一。[1]

最早明确提出"衔接"概念的是韩礼德和哈桑（1976），他们认为衔接是指形成语篇的意义关系。当在语篇中对某个成分的意义解释需要依赖于另一个成分的解释时便出现了衔接。[2]克里斯特尔（Crystal）（1985）认为，衔接是一种将句法和语义连接起来，并在语篇的表层结构中得以体现的语言形式。[3]黄国文（1988）认为衔接是语篇的重要特征之一，它作为语篇的有形网络，在语篇的表层结构上得以体现，此外他还强调了衔接手段可以表现语篇结构上的黏着性。[4]胡壮麟、朱永生、张德禄、李战子（2005）认为衔接是指语篇中可以互相解释的两个成分之间的语义关系。此外，还指出从词素到句子的各个语法单位都是衔接的具体体现形式。[5]

由此我们可以看出，虽然国内外学者对"衔接"这一概念尚未形成完全统一的定义，但对该概念的基本意义已经达成了共识。总而言之，衔接是一个不同于传统语法概念的语义概念，它体现了语篇中语言成分之间的意义联系，是语篇的重要特征之一。本文采用世界著名语言学家韩礼德和哈桑对衔接的解释，即当在语篇中对某个成分的意义解释需要依赖于另一个成分的解释时，就认定这是衔接关系。

2. 衔接方式

关于衔接方式的分类，各学者根据不同的标准或侧重点持有不同的观点，学术界至今还未有一个统一的分类系统。

韩礼德和哈桑（1976）首先将衔接分为语法衔接和词汇衔接两大类。语法衔接包括指称、省略、替代和连接，词汇衔接包括复现和搭配。后来克里斯特尔

---

[1]　苗兴伟. 论衔接与连贯的关系 [J]. 外国语，1998(4). 45—50

[2]　HALLIDAY M A K,HASON R.Cohesion in English[M].London:Longman,1976.

[3]　CRYSTAL,DAVID.Dictionary Linguistics and Phonetics[M].New York: Basil Blackwell,1985.

[4]　黄国文. 语篇分析概要 [M]. 长沙：湖南教育出版社，1988.

[5]　胡壮麟、朱永生、张德禄、李战子. 系统功能语言学概论 [M]. 北京：北京大学出版社，2005.

（1985）又重点分析了情景语境中话语范围、话语基调、话语方式的三大因素。胡壮麟（1994）基于韩礼德和哈桑的衔接理论，兼重英汉语料的分析，将衔接方式分为指称衔接、逻辑衔接、结构衔接和词汇衔接四类。他还单独讨论了"零式指称"这一具有汉语特色的衔接手段。[1]张德禄、刘汝山（2003）把语篇的形式衔接手段概括为结构性和非结构性手段，并在探究语篇连贯的内部条件和外部因素的同时，对衔接机制和语篇衔接与连贯理论的应用也进行了深入探讨。[2]宗守云（2004）总结了王希杰先生在话语衔接理论方面的重要贡献，主要体现在四个方面：兼顾表层与深层结构衔接；兼顾语言本身与语体风格衔接；兼顾零度与偏离衔接；将衔接理论与辞格研究相结合。[3]陈曦（2018）讨论了情景语境和社会文化语境在语篇中发挥的隐形衔接机制，从而建立起语境和语篇语义之间的联系。[4]

综上，我们可以把保证语篇连贯的衔接方式归纳为两大类，一是体现在语法、词汇等语言形式上的显性衔接方式，二是情景、文化语境等与语篇构成的隐性衔接方式。本文主要研究语篇形式层面上建立的意义连贯，即显性语篇衔接。结合所研究语料的实际情况，本文主要采用胡壮麟对衔接方式的分类，将其分为指称衔接、逻辑衔接、结构衔接和词汇衔接四类，分别从语用、语义、语法和词汇四个角度展开对《民法典》显性语篇衔接的研究。需要说明的是，语篇衔接与语义连贯密切相关，因而语用、语法和词汇的衔接研究都不可避免地会涉及语义，只是侧重的角度不同。

（三）标点句

衔接既然是一种语义关系，它就既可以发生在句子之间，也可以发生在句子内部。但是句子内部的衔接关系主要是由语法建立起来的，并不需要某种衔接机制，而超句单位组成语篇机制的基本来源就是衔接，因而句间衔接更能代表衔接

[1]　胡壮麟. 语篇的衔接与连贯 [M]. 上海：上海外语教育出版社，1994.

[2]　张德禄，刘汝山. 语篇连贯与衔接理论的发展及应用 [M]. 上海：上海外语教育出版社，2003.

[3]　宗守云. 王希杰对话语衔接理论的贡献 [M]// 王希杰修辞思想研究. 北京：中国文联出版社，2004：3.

[4]　陈曦. 隐性衔接机制与篇章的连贯性 [J]. 山西大同大学学报（社会科学版），2018，(4)：87-90,98.

的可变方面，效果更加明显、意义更加突出。所以本文以句间的衔接关系为主要研究对象。

　　此外需要说明的是，由于很难对汉语语篇分析中的小句、复句和句群等术语做出一致公认的、可操作的界定，且本文的研究语料《民法典》属于较为纯粹的书面语，而书面文本中语词的主要形式标记是标点，因而为了研究的可操作性，这里关于句子的定义采用宋柔（2008）从计算机处理汉语书面文本的角度所提出的"标点句"说，将标点句视为《民法典》语篇分析的基本单位。"标点句指的是汉语书面语篇章中近邻的两个标点之间的词串。这里所说的标点，包括逗号、句号、分号、叹号、问号以及直接引语前的冒号。"[1]其实，此前语言学家陈平（1991）在做语篇分析时就已采用过这种方式来处理实际语料，他在《汉语零形回指的话语分析》中将小句定义为："本文一般以标点符号为标记，把用逗号、句号、问号等断开的语段算作小句。"[2]这里的小句就相当于本文所说的标点句。为了叙述方便，下文将标点句简称为"句"。

二、法律语言研究概况

　　我国早在清代就曾出现过涉及法律语言研究的专著，如王又槐的《办案要略》。该书对各种法律文本的语体特征做了较为系统、科学的探究，不仅是我国法律文本语体论的滥觞，也是值得世界法学界和语言学界重视的文献。[3]但是，在当时的历史条件下，由于受到相对落后的科学发展水平的限制以及"重实用而轻理论"思想的影响，法律语言研究并未引起普遍关注，该书也逐渐湮没在历史的长河中。近年来，我国社会主义法制的不断健全对我国法律语言研究提出了新的迫切要求，同时，现代语言学和社会语言学、语体学等各分文学科的发展，以及国外先进的法律语言学观念的引入，为我国法律语言研究提供了科学的理论与方法，迎来了我国法律语言研究的全新发展。20世纪80年代初期，我国法律语言学研究开始兴起，经过不断地深入探索，逐步发展成为一门独立的学科，并取得了突

[1]　宋柔. 现代汉语跨标点句句法关系的性质研究[J]. 世界汉语教学，2008(2)：26-44.

[2]　陈平. 现代语言学研究——理论·方法与事实[M]. 重庆：重庆出版社，1991：182.

[3]　潘庆云. 法律语言艺术[M]. 上海：学林出版社，1989：30.

飞猛进的发展，相关学术著作和研究论文也不断涌现。

最早的有关法律语言学研究的专著是《关于司法文书中的语法修辞问题》，它于 20 世纪 80 年代由北京政法学院编写印刷出版。后来，潘庆云在 1989 年出版的《法律语言艺术》一书中对法律语言的本质及其研究对象、范围和方法进行了初步探讨。[1] 他提出"法律语言"本质上是一个语体范畴，并对法律语言的微观结构、风格特色和表述规律等诸方面进行研究，进而探索在特定的法律语境下有效完美地进行语言交际和表达的规律。然而，由于这一时期的法律语言研究总体上缺乏系统性，因而还不能算作真正意义上的法律语言学研究。

1990 年起，学界有了通论性的法律语言学著作。余致纯（1990）编写出版的《法律语言学》大胆尝试了将法学与语言学相结合，深入剖析了法律语言学的具体问题，成为我国第一部真正意义上的法律语言学专著。王洁（1997）在《法律语言学教程》一书中介绍了法律语言的艺术性特征，并进一步探讨了法律语言自身所具有的独特之处。后于 1999 年又出版了《法律语言研究》，在分析论述法律语言的同时，也指出了法律语言中存在的一些问题，还对控辩式法庭审判的互动语言进行了探索。刘蔚铭（2003）在《法律语言学研究》一书中以我国法律语言学的研究为参照点，总体上较为全面地对比研究了国内外的法律语言学，并围绕法律语言学研究的五大分析领域"语音""语体""语义""话语"和"双语"展开深入了探究。[2] 吴伟平（2002）在《语言与法律——司法领域的语言学研究》一书中从语言学的视角对许多不同法律领域的实际案例进行了深入分析，并根据语料来源的不同将法律语言研究划分为书面语、口语和双语研究三大板块。

此外，关于法律语言规范化方面的研究，也开始得到了人们的重视。姜剑云（1999）在论文《关于法律领域词语选用的规范性》一文中认为在法律领域选用词语时，在符合语言规范的同时，还要符合法律规范和法律语体规范，以保证法律语言的准确、严谨和庄重。刘大生（2000）也谈到了立法语言的规范化问题，指出了我国立法语言中存在的各种不规范现象及其可能带来的危害，并提出了预防和克服其失范化的一些方法。[3]

---

[1]　潘庆云 . 法律语言艺术 [M]. 上海：学林出版社，1989：3-6.

[2]　刘蔚铭 . 法律语言学研究 [M]. 北京：中国经济出版社，2003：4.

[3]　刘大生 . 浅论立法语言规范化——立法语言失范化之评判 [J]. 人大研究，2000(11)：4-9.

法律语言的语用分析也有成果不断问世。张新红（2000）在《汉语立法语篇的言语行为分析》一文中将国外的法律语言学研究模式与汉语实践结合起来，探讨了法律言语行为的功能、分类以及在汉语法律语篇中的具体实施情况。胡范铸（2005）在论文《基于"言语行为分析"的法律语言研究》中较为充分地界定了"法律言语行为"这一概念，并进一步区分了其构成性和策略性规则。廖美珍（2003）在《法庭问答及其互动研究》一书中通过对法庭中问答活动的分析，揭示了其在审判过程中的重要作用，为我国法律语言研究提供了新的视角和更广阔的视野。陈炯（2003）专门提出，对法律术语进行命名和选择时，应当结合时代和民族特征，同时还要尽量符合汉语的结构规律，并满足我国人民运用语言的习惯，此外，还强调了法律术语的单义性、理据性等特点。[1] 在后来的研究中还对立法语言的风格特征进行了具体分析。封鹏程（2005）指出，我国法律语言学注重书面语研究，针对汉语法律语言尤其是书面语言建立语料库，以及对其词汇进行计量研究，有助于考察我国法律语言的使用现状，从而推进法律语言学的研究，以更好地服务于司法实践。[2]

在我们看来，法律文本属于事务语体。"语体是从语言交际功能出发而划分的风格类型，它是运用民族语言时，由于交际目的对象范围不同而形成的语言特点的系列。"[3] 语体有多种类型，事务语体即其中之一。"公文语体（事务语体）则是适应事务交往目的而形成的运用全民语言的特点的系列；它的最主要功能就是在国家机关、社会团体之间的行政事务中起联系、传达作用，同时也担负着跟社会成员以及成员个人之间事务上的联系交流的职能。"[4] 显然，在李熙宗（1983）《现代汉语公文语体论略》中，"公文语体"也称为"事务语体"，术语"公文语体"首次出现时，"事务语体"这一术语紧接其后，并用括号标注。李熙宗《现代汉语公文语体论略》中所说的公文语体（事务语体）是包括法律文本的，这从该文在讨论公文语体时的语例直接引用了《中华人民共和国治安管理

---

[1]　陈炯 . 论法律术语的命名与选用 [J]. 修辞学习 , 2003(6)：38-40.

[2]　封鹏程 . 现代汉语法律语料库的建立及其词汇计量研究 [D]. 南京师范大学硕士论文 , 2005.

[3]　李熙宗 . 现代汉语公文语体论略 [M]\\ 中国修辞学会华东分会 . 修辞学研究（第一辑）. 上海：华东师范大学出版社 , 1983：331.

[4]　同上。

处罚条例》[1]《中华人民共和国环境保护法》[2]《中华人民共和国宪法》[3]《中华人民共和国婚姻法》[4]等法律文本可以看出。成文法法律文本即法典。"法典属于事务体，事务体也需要对话。"[5]这里所说的对话是一种广义对话，是多方多主体沟通协调的言语行为，法典意义上的对话是在篇章语境中进行的。"篇章语境对法典起草和修改具有一定的制约作用。"[6]这些似可表明，法律语言、法律文本有可能、有必要做动态研究。有鉴于此，张春泉（2011）从语用修辞视角，发表了系列法律语言研究论著。如《法典的理解与语言逻辑初探》[7]《法典修改的语用修辞学思考——以中国宪法为例》[8]《法典理解与语用逻辑》[9]《文本语境与法典建构》[10]《修辞心理过程个案考察——以中国宪法〈序言〉部分文本的起草和修改为例》[11]等。

综上可知，我国法律语言研究主要集中在理论研究和结合司法实践的应用研究两大领域。针对法律语言学的应用研究，在基于言语行为分析的法律语言研究、庭审话语研究和语料库建设等方面都取得了一定的进展。法律语言学的理论研究主要围绕法律语言学的性质、研究内容、研究方法和法律语言的特征四个方面展开。其中对法律语言特征的研究是我国法律语言学理论研究的重点，现主要集中在法律语言的语词特征研究、规范化研究和语体与风格研究三大板块。而从语篇分析角度研究法律语言特点的成果相对较少，且现有的语篇分析主要是针对英语

[1]　李熙宗.现代汉语公文语体论略[M]\\中国修辞学会华东分会.修辞学研究（第一辑）.上海：华东师范大学出版社,1983：339—340.

[2]　李熙宗.现代汉语公文语体论略[M]\\中国修辞学会华东分会.修辞学研究（第一辑）.上海：华东师范大学出版社,1983：342—344.

[3]　李熙宗.现代汉语公文语体论略[M]\\中国修辞学会华东分会.修辞学研究（第一辑）.上海：华东师范大学出版社,1983：343.

[4]　同上.

[5]　张春泉.叙事对话与语用逻辑[M].北京：中国社会科学出版社,2011：241.

[6]　张春泉.叙事对话与语用逻辑[M].北京：中国社会科学出版社,2011：245.

[7]　张春泉.法典的理解与语言逻辑初探[J].学术交流,2003(5)：32—34.

[8]　张春泉.法典修改的语用修辞学思考——以中国宪法为例[J].思想战线,2004(3)：26—29.

[9]　张春泉.法典理解与语用逻辑[N].光明日报,2005-1-18.

[10]　张春泉.文本语境与法典建构[J].浙江社会科学,2009(7)：66—69.

[11]　张春泉.修辞心理过程个案考察——以中国宪法《序言》部分文本的起草和修改为例[J].渤海大学学报,2007(5)：127—130.

法律语篇研究和中英法律语篇对比研究及翻译问题，专门针对汉语法律语篇的研究尚不多见，以法律语篇衔接为研究内容的更是亟待加强。《民法典》作为新中国第一部以"法典"命名的法律，对其进行语篇衔接研究不仅能够在一定程度上补齐法律语言研究在语篇衔接方面的某些短板，还有助于人们正确理解和解读《民法典》。

三、逻辑衔接的基本类型

"逻辑衔接"这一概念来自韩礼德和哈桑提出的"连接"概念。韩礼德和哈桑（2007）认为，连接是通过连接成分本身的特定意义来预设语篇中的其他成分，它是一种存在于意义之间的语义关系，旨在说明语篇中已经发生或即将发生的事情之间的联系。[1] 后来胡壮麟（1994）对其进行了更为明确的界定："语篇中的连接概念专指语篇中相邻句子（群）之间的连接关系。"他认为，连接成分的运用可以帮助人们理解前后句子间的语义联系，甚至能够让人依据前句就在逻辑上预见后续句的语义。[2] 简单来说，本文所谓的逻辑衔接是指通过连接成分的运用使语篇中相邻句子间的逻辑关系得以显现的一种衔接方式。一般来说，连接成分不仅包括通常所说的连词，如"因为""但是"等，也包括一些能够体现逻辑语义关系的副词、介词和动词，如"先""因""导致"等。此外，在语料中我们还发现虚词"的"也具有重要的连接作用。由于《民法典》是属于较为典型的书面语篇，因而标点符号的运用也对表达句子间的逻辑语义关系有一定的作用。

关于逻辑衔接的分类，韩礼德和哈桑（2007）首先将其分为增补、转折、因果和时间四种，后又在此基础上进行完善，按照抽象的逻辑语义关系将其三分为详述、延伸和增强，这次分类不论是在语义关系的涵盖面还是精确性上都有了一定的提升。受到韩礼德关于逻辑衔接分类的影响，胡壮麟（1994）又按照连接语义区分的范畴将逻辑衔接分为添加、转折、因果和时空逻辑衔接四大类。本文基于胡壮麟的分类方式，结合研究语料的实际使用情况，将《民法典》语篇中逻辑

---

[1]　韩礼德，哈桑．英语的衔接[M]．张德禄，王珏纯，韩玉萍，柴秀鹃，译．北京：外语教学与研究出版社，2007：203．

[2]　胡壮麟．语篇的衔接与连贯[M]．上海：上海外语教育出版社，1994：92．

衔接的具体分类展示如图1：

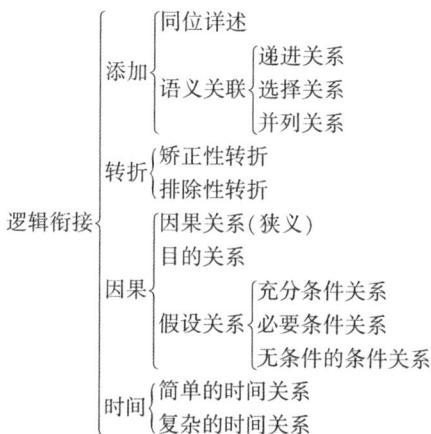

```
              ┌ 添加 ┬ 同位详述
              │      └ 语义关联 ┬ 递进关系
              │                 ├ 选择关系
              │                 └ 并列关系
              ├ 转折 ┬ 矫正性转折
              │      └ 排除性转折
逻辑衔接 ┤
              ├ 因果 ┬ 因果关系(狭义)
              │      ├ 目的关系
              │      └ 假设关系 ┬ 充分条件关系
              │                 ├ 必要条件关系
              │                 └ 无条件的条件关系
              └ 时间 ┬ 简单的时间关系
                     └ 复杂的时间关系
```

图 1　《民法典》语篇逻辑衔接

《民法典》是一部全体社会成员共同遵守的成文法，其语言表达应当具有严密的逻辑性。《民法典》作为书面语篇，句子间的逻辑关系往往会通过有形的语言形式标记呈现出来，降低人们理解法律条文的难度，从而使人们能够更快捷更准确地理解法律条文的内容，促进普法工作的顺利展开。这里的语言形式标记主要指我们所说的连接成分，下面我们将通过不同连接成分所体现出的不同逻辑衔接关系展开讨论。

四、研究意义

从理论出发，对《民法典》语篇衔接现象进行分析研究，有助于加深对汉语语篇衔接手段的理解和认识，更好地解释相关语言现象。此外，通过揭示出《民法典》语篇衔接的应用特点，能够进一步丰富语篇衔接理论，深化汉语法律语篇的语用学和社会语言学研究。

结合实例对《民法典》语篇衔接手段进行研究，不仅能够帮助人们更有效、更快捷地理解和掌握《民法典》的具体内容，充分利用《民法典》以规范自身民事行为、保障自身合法权益，进而促进形成和谐有序的民事关系，同时有利于法律工作者更准确地解读《民法典》，并与实践经验相结合，逐步修改和完善相关的法律法规和司法解释，保持《民法典》的适应性和相对稳定性，[1] 在一定程度上也可促进我国法治文明的发展进步。此外，由于法律法规语言在某种意义上已成为语言表达的规范参照，[2] 因而通过研究也能为现代汉语规范化提供参考。

五、语料来源和研究方法

《中华人民共和国民法典》共 7 编、1260 条、10 万余字，于 2020 年 5 月 28 日第十三届全国人民代表大会第三次会议通过，自 2021 年 1 月 1 日起正式施行。本文的语料主要来源于 2020 年 6 月中国法制出版社出版的单行本《中华人民共和国民法典》（大字版），为了叙述方便，本文统一简称为《民法典》，语料的标注形式采用"（节选自）第 × 条"。对于语料的具体分析，本文综合采用了以下研究方法。

一是统计法。将封闭性文本《民法典》作为语料，根据需要对《民法典》语篇的各种衔接方式进行了穷尽式统计，以便更为直观更为全面地展现出《民法典》的语篇衔接特点。

二是归纳法。基于前人对语篇衔接的分类研究，结合《民法典》语篇衔接应用的实际情况，归纳分析《民法典》显性语篇衔接类型及其具体作用。

三是描写与解释相结合。一边对《民法典》语篇中各种衔接方式的具体应用进行客观描写，一边分析其呈现出的衔接特点和言语风格特点，并解释其应用背后可能存在的一些原因。

第二节　添加型逻辑衔接

添加是指对语篇中说完或写完的一句话进行补充、说明，添加一些新的内容。

---

[1]　习近平 . 充分认识颁布实施民法典重大意义，依法更好保障人民合法权益 [J]. 求是 ,2020(12): 4-9.

[2]　张伯江 . 法律法规语言应成为语言规范的示范 [J]. 当代修辞学 ,2015(5): 1-7.

添加的内容与前文内容具有同值的关系，即要么都是肯定的，要么都是否定的。参照胡壮麟的观点，我们可以根据补充、说明的内容与前句内容之间形成的语义关系将添加分为同位详述和语义关联两大类。语义关联又可以进一步细分为递进、选择和对比三种情况。结合《民法典》语篇添加连接的实际使用情况，我们发现除了没有使用对比的逻辑衔接外，还存在表示并列关系的连接现象。因而我们分别从同位详述和语义关联两个方面展开讨论，其中语义关联包括递进、选择和并列关系。

一、同位详述

同位详述表示所添加内容是对前句内容的转述或举例。[1] 韩礼德（2010）认为同位详述是指以说明关系或例证关系的方式重新表征或重新陈述语篇中的某个成分，[2] 也就是这里所说的转述或举例。《民法典》语篇中体现这种关系的连接词主要有"包括"和"即"。例如：

（1）合作开发合同的当事人应当按照约定进行投资，包括以技术进行投资，分工参与研究开发工作，协作配合研究开发工作。（节选自第八百五十五条）

（2）完成结婚登记，即确立婚姻关系。（节选自第一千零四十九条）

例（1）中，连接词"包括"体现的是一种举例关系。后文"以技术……开发工作"是对前文所提到的当事人约定的投资要求的举例说明，共列举了三个具体的投资要求，前后文通过"包括"一词衔接起来，形成逻辑层次分明的举例关系。"即"作为典型的表示转述的逻辑衔接语，通常用来连接表达同一个意思的不同语言形式。例（2）中"即"衔接了"完成结婚登记"和"确立婚姻关系"这两个具有同等法律效力的行为表述，它们从不同视角对同一现象进行描述，形成了转述的

---

[1]　胡壮麟. 语篇的衔接与连贯 [M]. 上海：上海外语教育出版社，1994：98.

[2]　韩礼德. 功能语法导论（第二版）[M]. 彭宣维，赵秀凤，张征，等译. 北京：外语教学与研究出版社，2010：372.

逻辑关系，这不仅使语言表达更加全面，还能够帮助读者更准确地理解法律条文的内容。

二、语义关联

同位详述表示的是对同一语义内容的不同形式表达或举例说明，而语义关联则是表示不同语义内容之间的逻辑语义关系，包括递进、选择、并列等关系。需要说明的是，这里所说的逻辑语义关系不限于传统语法上复句中分句之间的语义关系，而是指所有符合本文所定义的标点句之间的语义关系。

（一）递进关系

邢福义（2001）认为，"递进"是指"以一层意思为基点向另一层意思顺递推进"。[1]周静（2003）进一步指出，这种递进关系通常涉及基事和递事两个部分，两者之间通常表现为递事以基事为基础在意义上更进一层的语义关系，并且在顺序上有先后之分，一般不能调换。[2]语篇中主要体现在，提供一个陈述之后，再增加一个以前句为基础在意义上更进一层的陈述，这样呈现出来的前后句的意义关系就是递进关系。《民法典》语篇中体现递进关系的连接词主要有"并""还"和"且"，其中"并"在语料中还可表示并列和顺承，我们分别放在表示并列关系和时空衔接的部分进行讨论。例如：

（1）……提供格式条款的一方应当遵循公平原则确定当事人之间的权利和义务，并采取合理的方式提示对方注意免除或者减轻其责任等与对方有重大利害关系的条款……（节选自第四百九十六条）

（2）……占有人应当将因毁损、灭失取得的保险金、赔偿金或者补偿金等返还给权利人；权利人的损害未得到足够弥补的，恶意占有人还应当赔偿损失。（节选自第四百六十一条）

（3）（一）出租人与出卖人订立的买卖合同解除、被确认无效或者被撤销，

---

[1]　邢福义 . 汉语复句研究 [M]. 北京：商务印书馆 ,2001：220.

[2]　周静 . 现代汉语递进范畴研究 [D]. 华东师范大学博士论文 ,2003：36—44.

且未能重新订立买卖合同；

　　（二）租赁物因不可归责于当事人的原因毁损、灭失，且不能修复或者确定替代物。（节选自第七百五十四条）

　　例（1）中，"并"的前文先表明提供格式条款的合同一方应该先确定双方的权利和义务，后文进一步表明该方还应该以合理方式提醒对方注意与其有重大利害关系的条款，虽然前后文内容从时间上说也含有先后顺序，但侧重的是意义上的更进一层，因而属于表示递进的语义关系。连词"并"将前后句连接起来，使它们之间的递进关系在语言形式上有所呈现。例（2）中，连接词"还"表明了恶意占有人在返还权利人赔偿金、保险金或者补偿金之后，应当进一步赔偿权利人未得到足够弥补的损失。通过简洁的语言表达形式"还"避免了前文复杂的语言形式"应当将因毁损……返还给权利人"的重复运用，并与之建立了递进的连接关系，保证了语言表达的经济性和条理性。例（3）中，两个"且"都表示意义的递进，具体体现在表肯定的基事"买卖合同……被撤销"和"租赁物……毁损、灭失"分别向表否定的递事"未能……买卖合同"和"不能……替代物"推进，后文在前文所表达的语义内容的基础上从反面做了更进一步的陈述。前后文之间用"且"连接具有程度差的构成行为，表明了它们之间的递进关系。

　　需要特别提到的是，不是必须用递进连接词的时候就尽量不用，否则会造成语义不通的后果。例如：

　　（4）a.侵害他人造成人身损害的，应当赔偿医疗费、护理费、交通费、营养费、住院伙食补助费等为治疗和康复支出的合理费用，以及因误工减少的收入。b.造成残疾的，还应当赔偿辅助器具费和残疾赔偿金；c.造成死亡的，还应当赔偿丧葬费和死亡赔偿金。（节选自第一千一百七十九条）

　　例（4）中，我们可以将整个语篇划分成在结构上具有并列关系的两个层次：第一层次为句号前文与句号后两个分句之间形成的并列结构，第二层次为句号后两个分句之间形成的并列结构，可以简单表示为a/b//c。参照具有并列关系的前文可知，两个"还"后分别连接的是表示递进关系的两个递事项，即"应当……

残疾赔偿金"和"应当……死亡赔偿金"，它们的前面分别承前省略了同一个基事项，即"应当……减少的收入"。具体来说，第一个"还"表明在"造成残疾"的情况下，除了赔偿前文提到的所有费用之外，应进一步赔偿辅助器具费和残疾赔偿金，"还"的前后语义具有程度差，形成了语义上的递进关系，并且符合客观事实的逻辑语义关系。然而，第二个"还"同样连接了前文提到的基事项和其后的递事项，表示递进关系，但我们发现在"造成死亡"的情况下，赔偿基事项中所提到的"医疗费……收入"显然不符合客观事实的逻辑语义关系，因而这里的"还"字使用不当，删去更为适宜。总而言之，虽然递进连接词的应用能够在一定程度上避免语言的重复使用，但使用不当也可能会违背客观事实的逻辑规律，导致语义不通的后果，所以在使用递进连接词时不仅要结合前后文的语义内容，还应当充分考虑客观事实的语义逻辑关系。

（二）选择关系

如果在说完或写完一句话后，所添加的内容是前句的可替换项，叙述主体需要在两种情况中作一选择，那么这种关系就称为选择关系。在《民法典》语篇中，选择关系通常体现为在所叙述的两种情况中任意满足一种情况该法律条款就能够成立，体现这种关系的主要有连接词"或者"和较为固定的词语搭配"可以……也可以……"。例如：

> （1）抵押财产价值减少的，抵押权人有权请求恢复抵押财产的价值，或者提供与减少的价值相应的担保。（节选自第四百零八条）
> （2）发包人逾期不支付的，除根据建设工程的性质不宜折价、拍卖外，承包人可以与发包人协议将该工程折价，也可以请求人民法院将该工程依法拍卖。（节选自第八百零七条）

例（1）表明抵押人如果遇到抵押财产价值减少的情况，可以在两种选择中任意做一选择，即"请求恢复……价值"和"请求提供……担保"互为可替代项的两种选择，它们由"或者"连接起来，表示选择的逻辑关系，抵押权人任选其一就能够得到法律的保障。例（2）中可供选择的两种情况"与发包人……折价"

和"请求……依法拍卖"由词语搭配"可以……也可以……"连接起来，表示承包人从中做出任一选择该条款就能够成立。

有时"可以……也可以……"或省略"可以"，或将"可以"改为"应当"，也同样表示选择关系，例如：

（3）没有依法具有监护资格的人的，监护人由民政部门担任，也可以由具备履行监护职责条件的被监护人住所地的居民委员会、村民委员会担任。（节选自第三十二条）

（4）完全民事行为能力人依据前款规定同意捐献的，应当采用书面形式，也可以订立遗嘱。（节选自第一千零六条）

例（3）中，在提供了"由民政部门担任"监护人的选择后，"也可以"连接了可替代选择"由具备……村民委员会担任"，两者同样具有"可以……也可以……"的选择关系，相当于在"由民政部门担任"前省略了"可以"一词。但仔细对比发现，虽然"可以"省略与否都同样表示选择关系，但不省略"可以"时，两种选择之间具有同等关系，而省略"可以"后，该选择似乎比另一可替代选择更具优先权，表明在通常情况下是以省略"可以"的选择项为首选，另一选择次之。也正是为了突出这种差异，有时会将"可以"替换为"应当"，如例（4）中"应当"连接的选择通常来说比"也可以"连接的选择更为常见。

此外，"可以……也可以……"连接的两种情况通常是接连出现，但有时"可以……"和"也可以……"两种情况中间会插入其他表条件的句子，这时"可以……也可以……"依然表示选择关系。例如：

（5）担保期间，担保财产毁损、灭失或者被征收等，担保物权人可以就获得的保险金、赔偿金或者补偿金等优先受偿。被担保债权的履行期限未届满的，也可以提存该保险金、赔偿金或者补偿金等。（节选自第三百九十条）

（6）养子女可以随养父或者养母的姓氏，经当事人协商一致，也可以保留原姓氏。（节选自第一千一百一十二条）

从形式上看，例（5）和例（6）中的"可以……"和"也可以……"之间都插入了表条件的成分，但仔细分析后发现它们的条件成分与选择成分之间具有不同的语义关系。例（5）表示叙述主体在某种条件下可以做出两种选择，其中一种选择被承前省略了。具体来说，表示在"被担保债权的履行期限未届满"的条件下，担保物权人可以在"就获得……优先受偿"和"提存……补偿金等"两种选择中做出任一选择。实际上是在"也可以"前承前省略了作为选择项之一的句子"就获得……优先受偿"。而例（6）则表示叙述主体所可做的两种选择之一需要在某种条件下才能成立。具体来说，表明了养子女有两种选择，一种是"随养父或者养母的姓氏"，一种是在"当事人协商一致"的条件下"保留原姓氏"，因此，原条款还可以表述为"养子女可以随养父或者养母的姓氏，也可以经当事人协商一致后，保留原姓氏。"可见，两个语篇中的"可以……也可以……"中间虽然由于插入了其他条件成分而在具体语义上存在一些差别，但都仍然表示选择关系。

（三）并列关系

并列关系表示几个句子之间的关系是平等的、并列的，分别述说相关的几件事或一件事的几个方面，理论上说几个句子之间可以互相调换顺序，但在具体语篇中，它们的先后安排根据表达者的主观意愿或语篇衔接的需要会有所选择。这种并列关系可以通过相应的连接成分得以呈现，《民法典》语篇中出现的表示并列关系的主要有"并""也"两个连接词和"既……又……"这一关联词搭配。例如：

（1）……承揽人可以催告定作人在合理期限内履行义务，并可以顺延履行期限……（节选自第七百七十八条）

（2）抵押人不恢复抵押财产的价值，也不提供担保的……（节选自第四百零八条）

（3）……存货人或者仓单持有人可以随时提取仓储物，保管人也可以随时请求存货人或者仓单持有人提取仓储物……（节选自第九百一十四条）

（4）当事人既约定违约金，又约定定金的……（节选自第五百八十八条）

例（1）中"并"连接了"可以催告……履行义务"和"可以顺延履行期限"两种承揽人的可行之事，它们在语义上没有程度的加深，也无所谓先后顺序，承揽人也不用非要在二者中作一选择，两者可以同时并行，属于表示并列的语义关系。例（2）中"也"连接的是抵押人同时具有的两种行为，两者不存在语义程度的加深，并且相互调换也不影响其基本意义的表达，因而"也"在这里表示并列关系。有时，"也"与"可以"结合，并与前文"可以"搭配，在形式上与表示选择的"可以……也可以……"相同，如例（3）。但仔细观察发现，例（3）中的搭配形式"可以……也可以……"并不表示同一主体可以做的两种选择，而是分别对两个主体做出的肯定性的阐述，表示并列关系，呈现这种并列关系的实际上是连接词"也"，而不是"可以……也可以……"。我们可以初步总结出，出现"可以……也可以……"这一形式时，如果"可以……"和"也可以……"为同一主语，一般表示选择关系，如果分别有不同的主语，则一般表示并列关系。例（4）中"既……又……"属于一个相对固定的特定结构，表示两种情况兼而有之，结构本身已带有表示并列的意义，它对应用于该结构中的内容有一定的语义预设或语义填充的作用，并且出现在该结构中的"约定违约金"和"约定定金"本身也没有语义上的程度差，前后顺序也可互相调换，因而在这里表示并列的逻辑语义关系。

此外，由于《民法典》语篇属于较为纯粹的书面语，因而标点符号的运用及语言形式上的安排对表现句子间的逻辑语义关系也有一定的辅助作用，在并列关系和递进关系上体现得较为明显。例如：

（5）a.自然人的出生时间和死亡时间，以出生证明、死亡证明记载的时间为准；b.没有出生证明、死亡证明的，以……为准。c.有其他证据足以推翻以上记载时间的，以……为准。（节选自第十五条）

（6）有相对人的意思表示的解释……无相对人的意思表示的解释……（节选自第一百四十二条）

经观察分析，例（5）在结构形式上可以分为两个并列层次：第一层次是句号后文与句号前两个分句之间形成的并列结构，第二层次是句号前两个分句之间形成的并列结构，可以简单表示为a//b/c。进一步结合语篇内容可知，在结构上具有并列关系的几个句子之间在语义上呈现出递进的逻辑语义关系。具体来说，"；"表明a句与b句之间在结构上处于平等的并列关系，属于同一层次，结合它们的具体语义内容，a句表明"以出生证明、死亡证明记载的时间为准"，b句从反面增加新的陈述，表明在"没有出生证明、死亡证明"的情况下应当如何，可知它们在逻辑语义上具有更进一步的关系，分号的运用能够帮助凸显这种形式上的并列和语义上的递进关系。最后，c句与a句和b句之间属于同一层次，c句中以表示比较的指称词"其他"来涵盖a句和b句未涉及的所有别的证据，以保证语言表达的严密性。例（6）通过"有"和"无"这对反义词语的运用及分段陈述表并列的安排，从正反两个方面规定了对于有和没有相对人的意思表示的解释应当采取的办法。可见，衔接方式的综合运用能够帮助理清句子之间的逻辑关系，使语言表达更具条理性和逻辑性。

下面我们将《民法典》语篇添加逻辑衔接使用频率统计见表1。

表1　《民法典》语篇添加逻辑衔接使用

分类	同位详述		语义关联							
	转述	举例	递进			选择		并列		
连接成分	即	包括	并	还	且	或者	（可以/应当）……也可以……	并	也	既……又……
次数	2	6	16	7	5	29	33	25	6	1
总计	8		28			62		32		
	8		122							

由表1可知，在《民法典》语篇添加连接中，表示选择关系的连接成分使用频率最高，共有62处，占比将近一半。其实，选择还可以进一步分为已定选择和未定选择，已定选择表示叙述者在提出的情况中已经有选择和取舍，未定选择

表示只是将可供选择的情况提出，但叙述者并未做出选择和取舍。从这一角度看，"或者"和"（可以／应当）……也可以……"都是表示未定选择的连接成分，语篇中几乎所有的选择关系都属于未定选择。这是因为《民法典》作为一部规范社会全体成员民事行为的成文法，应当具有适用的广泛性，因而通常会将可能导致某一法律后果的多种情况或某一民事行为可能导致的多种法律后果都罗列出来，当处理具体事宜时再根据规定选择性适用。使用频率次之的是并列关系和递进关系，分别有 32 处和 28 处。表并列的添加连接体现出法律制定者在制定法律时考虑到互相关联的几件事情或一件事情的几个方面，相应地体现出了法律语言的严密性。递进连接词在表明语义逻辑的同时，有时还能够避免前文及事项的重复，以相对简单的语言表达代替复杂的语言形式，有助于凸显法律语言表达的逻辑性和简洁性。同位详述共有 8 处，对前文内容的转述和举例能够帮助读者更准确地、更全面地理解法律条文的内容。

第三节 转折类逻辑衔接

转折逻辑衔接是指通过连接词将前后语义上具有转折关系的句子衔接起来。这种关系体现在连接词连接的是与"预期相反"的语义，即背离于前文内容的语义。胡壮麟根据前后句语义转折的强烈程度，将转折连接进一步分为矫正性转折和排除性转折。此外，相比于日常语言，《民法典》语言作为法律语言，其中的转折关系更易识别，其连接词在绝大多数情况下都是由"但是"担任，形成了立法语言中十分重要的句型"但是"句，很多学者对其又做了但书与非但书的区分，这一区分也体现了前后内容不同的语义关系。因此本文主要依据矫正性转折和排除性转折的分类标准展开讨论，同时对"但是"句的但书和非但书所体现出的逻辑语义关系也略作分析。

一、矫正性转折

胡壮麟（1994）认为，矫正性转折是指通过后句对前句措辞略作调正。[1] 结合语料的实际情况，我们认为矫正性转折包括后文对前文所述内容的调整修正，以及对与预期相反的内容的补充说明，后文所述内容不影响前文所述内容的成立。《民法典》语篇中出现表示矫正性转折的连接词有"但是""而""也""并"和关联词搭配"即使……仍然……"。

《民法典》语篇中表示矫正性转折的多数情况都是使用连接词"但是"。例如：

（1）……损失赔偿额应当相当于因违约所造成的损失，包括合同履行后可以获得的利益；但是，不得超过违约一方订立合同时预见到或者应当预见到的因违约可能造成的损失。（节选自第五百八十四条）

（2）建设工程施工合同无效，但是建设工程经验收合格的，可以参照合同关于工程价款的约定折价补偿承包人。（节选自七百九十三条）

例（1）中"但是"连接的内容填补了前面所述内容中的漏洞，前后文形成了转折的逻辑关系。"但是"前文表示损失赔偿额"应当……获得的利益"，后文表示"不得……造成的损失"，后文是对前文所规定的"损失赔偿额"的范围做的进一步规定，填补了前文只说明"因违约所造成的损失"而未规定其上限的漏洞。例（2）中"但是"前后的语义内容既具有转折关系又共同构成了行为模式的并列条件。"但是"前文"建设工程施工合同无效"表现为否定的语义内容，后文"建设工程经验收合格"则表现为肯定的语义内容，两者形成转折关系，同时共同构成了"可以参照合同……补偿承包人"这一行为模式的并列条件。"但是"这一连接词的应用不仅对"反预期"的意义内容有衔接作用，并且在一定程度上对"但是"后文的内容有一定的凸显和强调作用。

有时候，连接词"但是"表示转折关系，但从句子本身并不能确定其属于矫正性转折还是排除性转折，当对其作不同的分析由此所表现出的语义内容并不一

---

[1]　胡壮麟．语篇的衔接与连贯 [M]．上海：上海外语教育出版社，1994：100．

致时，将会产生不同的法律后果，这时就还需要结合相关法律规定及司法解释来进行判断。例如：

（3）清算期间法人存续，但是不得从事与清算无关的活动。（节选自第七十二条）

对于例（3），从句子本身看，我们对其既可作矫正性转折也可作排除性转折分析，但仔细分析发现，它在作不同分析时所表现出的语义内容并不一致，产生的法律后果也不相同。当视作排除性转折理解时，该语篇是指在清算期间，只有满足不从事与清算无关的活动的条件时，法人才能得以存续。而当视作矫正性转折理解时，该语篇则是指在清算期间法人能够存续，只是要求不能从事与清算无关的活动，若从事，也不会导致法人不能存续，只是会受到相应的处罚。依据相关法律规定及司法解释（《中华人民共和国公司法》第二百零六条"公司在清算期间开展与清算无关的经营活动的，由公司登记机关予以警告，没收违法所得。"），此条应当视为矫正性转折理解。

其他几个表示转折关系的连接词"而""也"和"并"都分别只出现了1次。例如：

（4）无相对人的意思表示的解释，不能完全拘泥于所使用的词句，而应当结合相关条款、行为的性质和目的、习惯以及诚信原则，确定行为人的真实意思。（节选自第一百四十二条）
（5）当事人互负债务，标的物种类、品质不相同的，经协商一致，也可以抵销。（节选自第五百四十九条）
（6）继承开始后，继承人于遗产分割前死亡，并没有放弃继承的……（节选自第一千一百五十二条）

例（4）中，"而"前句先说明了一种"不能"的行为，后句却没有顺着前句的意思说下去，而是转到与前句相对的意思上去，说明了"应当"的行为，前后句意义内容既互相对立又互相促成，形成"相反相成"的关系。例（5）与第五百六十八条对比可知，[1] 在一般情况下，债务标的物的种类和品质相同时债务才能够互相抵销，因而此句可理解为"当事人互负债务，尽管标的物种类、品质不相同，但经协商一致，也可以抵销。"这里的"也"表示弱式转折。例（6）中"并"与否定词"没有"连用，加强了否定语气，强调事实不是一般所认为的那样。一般人们会认为，继承人死亡理应不能继承，也就相当于放弃继承，这里用"并"连接与一般看法相反的"没有放弃继承"的情况，表示转折关系。

关联词搭配"即使……仍然……"可以表示假设和转折双重语义。例如：

（7）……即使交付的标的物与样品相同，出卖人交付的标的物的质量仍然应当符合同种物的通常标准。（节选自第六百三十六条）

（8）……即使承租人订立合同时明知该租赁物质量不合格，承租人仍然可以随时解除合同。（节选自第七百三十一条）

例（7）和例（8）中，"即使"分别连接的"交付……相同"和"承租人……不合格"两种行为模式都不是客观事实，而是一种带有让步意义的假设情况，相当于"退一步说，如果"，而"仍然"连接的两个行为模式"出卖人……通常标准"和"承租人……接触合同"则是在此种假设情况成立的前提条件下产生的与预期不同的后果。"即使……仍然……"连接的两部分共同表示假设和转折的双重意义。

二、排除性转折

胡壮麟（1994）指出，排除性转折是指后续句的情况应排除在前句之外，也就是说前句所说的情况需要考虑到后句的情况才能成立或接受。[2]《民法典》语篇中表示排除性转折的连接词仅有"但是"一词。由于在此种情况下，它通常以"但是……除外"的形式出现，已成为表示排除性转折的相对固定的搭配形式，

---

[1]　节选自《中华人民共和国民法典》第五百六十八条：当事人互负债务，且债务的标的物种类和品质相同的情况下，任何一方都可以将自己的债务与对方的到期债务抵销。然而，如果根据债务性质、当事人的约定或法律规定不允许抵销的情况除外。

[2]　胡壮麟.语篇的衔接与连贯[M].上海：上海外语教育出版社,1994：100.

而"但是"单独使用时还可表示矫正性转折，具体类别的确定还需结合前后文语义内容或其他法律规定或司法解释才能确定，因而我们将"但是"和"但是……除外"分开进行讨论。

"但是"总体上强调对前文所述内容从"反预期"的方面进行补充修正，表示矫正性转折时，添加的转折内容不影响前文内容的成立，而表示排除性转折时，添加的内容则对前文内容的成立有着重大影响。通过对语料的观察分析，我们将"但是"表示排除性转折时连接内容的侧重点分为两个方面：一是强调条件关系，表示所添加的转折内容是前文内容成立的必要条件；二是强调反预设关系，表示前文内容存在某种预设的行为模式，而后文内容表示在某种条件下的行为模式超出了这个预设。例如：

（1）……法律没有规定的，可以适用习惯，但是不得违背公序良俗。（节选自第十条）

（2）其他愿意担任监护人的个人或者组织，但是须经未成年人住所地的居民委员会、村民委员会或者民政部门同意。（节选自第二十七条）

（3）……胎儿视为具有民事权利能力。但是，胎儿娩出时为死体的，其民事权利能力自始不存在。（节选自第十六条）

（4）……买受人应当在出卖人的营业地支付；但是，约定支付价款以交付标的物或者交付提取标的物单证为条件的，在交付标的物或者交付提取标的物单证的所在地支付。（节选自第六百二十七条）

例（1）和例（2）中的"但是"所连接的内容都侧重表示与前文对立，且是前文内容得以成立的必要条件，如不满足此条件，前文内容就不能成立。具体来说，例（1）中"不得违背公序良俗"是"适用习惯"的前提条件，表明只有在不违背公序良俗的前提条件下"适用习惯"这一规定才能成立。坚持贯彻"公序良俗"这一民法基本原则还体现了我国将依法治国与以德治国相结合的具有中国特色的治国理念。例（2）表明，个人或者组织想要担任未成年人的监护人，除了自愿以外，还必须经过未成年人所居住地方的村民、居民委员会或者民政部门的同意。"但是"后文作为前文成立的前提条件出现，与前文形成了对立转折的语义关系，"但是"作为连接词，既表明了前后文形成的这种对立和条件关系，又起到了衔接语篇的作用。例（3）和例（4）中"但是"的前文内容分别存在预设"胎儿具有民事权利能力"和"买受人应当在出卖人的营业地支付"，而后文内容却分别规定了在某种条件下会产生超出这种预设的两个行为模式，即胎儿"民事权利……不存在"和买受人"在交付……所在地支付"，前后文形成了反预设的转折语义关系。

"但是……除外"主要强调排除某种或某些例外情况或事物，这些例外情况或事物会产生与前文所预设的相反的行为模式。例如：

（5）……婚姻关系自撤销死亡宣告之日起自行恢复。但是，其配偶再婚或者向婚姻登记机关书面声明不愿意恢复的除外。（节选自第五十一条）

（6）期间的计算方法依照本法的规定，但是法律另有规定或者当事人另有约定的除外。（节选自第二百零四条）

（7）合伙人的债权人不得代位行使合伙人依照本章规定和合伙合同享有的权利，但是合伙人享有的利益分配请求权除外。（节选自第九百七十五条）

例（5）中"但是……除外"前文预设了一种行为模式"婚姻关系……自行恢复"，"但是……除外"则强调了例外情况"其配偶……恢复婚姻关系"，表明在此种情况下会产生与前文预设相反的行为模式，即"被撤销死亡宣告的人与其配偶的婚姻关系不会自行恢复"。例（6）中"但是……除外"与兜底条款常用词"另"联用，表示排除不符合前文所述行为模式"依照本法的规定"的所有例外情况，具有"兜底"意义，体现了立法语言表达的严密性。例（7）中，"但是……除外"前文预设了"合伙人……权利"这一行为模式，"但是……除外"排除了不符合这一行为模式的例外事物"合伙人……请求权"，相当于"但是，合伙人享有的利益分配请求权可以代为行使"。相比之下，"但是……除外"用更为简洁的语言形式表达了相同的语义，且是表示在前文基础上排除某种或某些情况，必须联系前文语义内容才能准确理解本句语义，对前义的依赖程度更高，因而更能加强前后文之间的联系，使语篇衔接得更为紧密。

立法语言具有系统性强、准确、程式化等特点，因此通常会用相对固定的语言形式表达相同或相似的含义。[1]我们发现，"但是"在表示排除性转折时，所连接的句子有时也强调会产生与前文所预设相反的行为模式的某种或某些例外情况。从语篇总体上看，此种情形下使用"但是……除外"的连接形式更为常见，并且这一连接形式更能体现前后文之间的紧密联系，因而出于规范"但是"句的目的，我们认为，在保证基本语义不改变的同时，将此种情形下的"但是"替换为"但是……除外"更为适宜，能够进一步凸显"但是……除外"的程式化，从而提高立法语言的一致性。例如：

（8）……幼儿园、学校或者其他教育机构应当承担侵权责任；但是，能够证明尽到教育、管理职责的，不承担侵权责任。（节选自第一千一百九十九条）

（9）……由建设单位与施工单位承担连带责任，但是建设单位与施工单位能够证明不存在质量缺陷的除外。（节选自第一千二百五十二条）

对比例（8）和例（9）可知，"但是"后文都是表明某人或某单位在某种情形下会产生与前文所述行为模式相反的行为模式，而例（8）用"但是"，例（9）却用"但是……除外"。为了进一步凸显前后文的语义联系并提高立法语言的一致性，我们认为，将"但是"改为"但是……除外"的形式更为适宜，即将例（8）改为"……但是能够证明尽到教育、管理职责的除外。"修改后的基本语义与原义相比并未改变，语言形式也更为简洁，且与前文衔接得更加紧密。

此外，有学者对"但是"句做了但书与非但书的划分，了解"但是"句但书与非但书的区别及其各自的具体特征能够帮助读者更准确更快捷地掌握"但是"前后句之间的逻辑语义关系。关于但书与非但书的区别，骆慧婷和王珊（2018）在《立法语言中的但书和非但书研究》一文中总结出两个基本标准：一是但书中"但是"前的内容结构完整，包括行为模式的条件和行为模式，因而但书与前文内容之间具有相对独立性；二是但书内容或是前文的特别规定，或与前文内容形

---

[1] 骆慧婷，王珊.立法语言中的但书和非但书研究[J].当代修辞学，2018(6)：80.

成相反相成的关系。[1]下面我们将结合例句对但书与非但书的区别进行简单分析。例如：

（10）出租人知道或者应当知道承租人转租，但是在六个月内未提出异议的，视为出租人同意转租。（节选自第七百一十八条）

（11）不动产或者动产被占有人占有的，权利人可以请求返还原物及其孳息；但是，应当支付善意占有人因维护该不动产或者动产支出的必要费用。（节选自第四百六十条）

（12）……没有规定的，适用本编通则的有关规定，但是根据其性质不能适用的除外。（节选自第四百六十八条）

例（10）中，"但是"句"但是……提出异议的"与前文"出租人……承租人转租"共同构成了行为模式"视为出租人同意转租"的条件，"但是"前的内容结构并不完整，并且"但是"句既不是前文的特别规定，也没有与前文内容形成相反相成的关系，因而该"但是"句属于非但书。而在例（11）和例（12）中，"但是"前分别包含行为模式的条件"不动产……占有的"和"没有规定的"以及行为模式"权利人……孳息"和"适用……有关规定"，内容结构完整。并且，例（11）中"但是"前后文权利人"可以"的行为与"应当"的行为具有"相反相成"的关系，例（12）中"适用本编通则的有关规定"与"根据其性质不能适用的除外"形成了"一般规定与特别规定"的关系。因而，例（11）和例（12）中"但是"句均为但书。

下面我们将《民法典》语篇转折逻辑衔接使用频率统计见表2。

表2 《民法典》语篇转折逻辑衔接使用

分类	矫正性转折					排除性转折	
连接成分	但是	而	也	并	即使…… 仍然……	但是	但是…… 除外
次数	46	1	1	1	3	31	143
总计	52					174	

[1]　骆慧婷，王珊. 立法语言中的但书和非但书研究[J]. 当代修辞学,2018(6)：79.

由表2可知，《民法典》语篇转折逻辑衔接中排除性转折占比较高，约77%，共有174处，主要有"但是"和"但是……除外"两种连接形式，而矫正性转折仅占比约23%，共有52处，且"但是"作为连接成分就有46处，其他几种连接成分总共只见5处。可见《民法典》语篇中具有转折逻辑关系的句子主要以"但是"和"但是……除外"两种形式连接，连接成分较为单一，体现出立法语言具有系统性、程式化的特点。与其他语篇不同的是，一般来说，《民法典》语篇中转折衔接的运用并不是为了突出其所带来的出乎意料的语用效果以增强语言趣味性，而通常是通过补充说明前文内容或者以特别规定或兜底条款的方式来增强语言表达的严密性。此外，从表2中我们还可以看出，"但是"既能表示矫正性转折，还能表示排除性转折，前文也已提到，当从句子本身并不能确定"但是"表示何种转折时，应当结合相关法律法规及司法解释来进行判断，因为对其作不同的分析可能表现出的语义内容并不一致，从而产生不同的法律后果。

第四节　因果类逻辑衔接

顾名思义，因果逻辑衔接是指语篇中具有因果关系的句子之间的衔接。胡壮麟（1994）曾表明，因果逻辑衔接所讨论的因果关系是广义的，除了一般理解上的原因与结果，还包括造成某种结果的理由和完成某个行为的目的，此外，当原因或理由以假设性条件出现时形成的假设关系，也在因果逻辑衔接的研究范围之内。[1] 理由与原因不同，它强调的是一种推论关系，即为某一陈述或某一句话提供论据或理由，通常用连接成分"既然……就（那么）……""可见"等来表示这种关系。根据《民法典》语篇因果逻辑衔接中连接成分的实际使用情况，我们可以归纳为表原因、表结果、表原因与结果、表目的、表假设五种情况。由于一般理解上的因果关系包括原因与结果两个要素，因此，为了阐述的方便，我们

---

[1]　胡壮麟 . 语篇的衔接与连贯 [M]. 上海：上海外语教育出版社，1994：101-102.

将连接成分表原因、表结果、表原因与结果的三种情况都归于"狭义的因果关系"进行讨论。我们将分别从前后句形成的因果关系（狭义）、目的关系、假设关系三个方面展开对《民法典》语篇因果逻辑衔接的分析。

一、因果关系（狭义）

狭义的因果关系指一般理解上的原因与结果关系，表示这种关系的连接成分主要有表原因、表结果、表原因与结果三种具体情况，由于因果关系都会涉及原因与结果两个部分内容，因而在语篇中必然具有衔接力。下面将结合实例分别就这三种情况进行具体分析。

（一）表原因

句子之间的因果关系有时是单独通过表原因的连接成分呈现出来的。《民法典》语篇中出现的表原因的连接成分只有"因"。例如：

（1）因当事人一方的违约行为，损害对方人身权益、财产权益的，受损害方有权选择请求其承担违约责任或者侵权责任。（节选自第一百八十六条）
（2）供电人因供电设施计划检修、临时检修、依法限电或者用电人违法用电等原因，需要中断供电时……（节选自第六百五十二条）

例（1）中连接词"因"表明了"当事人……行为"与"损害……权益"之间具有因果关系，这本身是对客观存在的因果现象的描写，加上表假设的虚词"的"后赋予了整个因果关系以假设意义，使整个"因果句"又成为后文"受损害方……侵权责任"的假设性条件，从而在"的"字的前文后之间形成了一种表假设的因果关系。例（2）中用"因"连接"供电设施……原因"，表明其与后文"需要中断供电"具有因果逻辑语义关系，前者是导致后者出现的原因。总的来说，在《民法典》语篇中单独用表原因的连接成分来呈现因果关系，一般更侧重因果关系中的原因部分，多强调造成某种后果的责任人一方的原因。

（二）表结果

有时单独用带有"致使义"的连接成分来表明句子之间的因果关系。《民法典》语篇中出现的具有"致使义"的连接成分主要有"导致""致使""造成"和"使"四个。例如：

> （1）怠于履行监护职责，或者无法履行监护职责且拒绝将监护职责部分或者全部委托给他人，导致被监护人处于危困状态。（节选自第三十六条）
> （2）债务人不履行到期债务或者发生当事人约定的实现抵押权的情形，致使抵押财产被人民法院依法扣押的……（节选自第四百一十二条）
> （3）……未尽到安全保障义务，造成他人损害的……（节选自第一千一百九十八条）
> （4）第三人实施欺诈行为，使一方在违背真实意思的情况下实施的民事法律行为……（节选自第一百四十九条）

例（1）中"导致"作为动词，表示"引起"，它连接了"被监护人处于危困状态"的这种结果，追溯前文可知，引起这种结果的原因是"怠于履行……委托给他人"，连接词"导致"既衔接了前后文又体现了这种引起与被引起的因果关系。例（2）先提出"债务人不履行……情形"的事件，后又由"致使"连接了"抵押财产……依法扣押"的事件，连接词"致使"在语篇中表明了前一事件引起后一事件的逻辑语义关系。语篇中动词"造成"多以"造成某人损失或损害"的双宾结构出现，表示对某人造成不好的后果。例（3）中"造成"用双宾结构表明了"他人受到损害"的后果，前文则交代了引起这种后果的原因，即"未尽到安全保障义务"。"使"作为动词，具有"致使义"，必须带兼语。例（4）中"使"同后文一起以兼语结构表明"一方在违背……民事法律行为"的后果，前文则表明了造成这一后果的原因，即"第三人实施欺诈行为"，连接词"使"既表明了前后句的因果关系，又使其紧密地联系起来。综上所述，我们可以看出，由"导致""致使""造成"和"使"连接的前后文都是从引起与被引起的角度建立起来的因果逻辑语义关系，并且在多数情况下所引起的后果都是不好的。

（三）表原因与结果

有时表原因与表结果的连接成分共同出现，构成相对固定的搭配，以表现句子间的因果逻辑关系。《民法典》语篇中使用的这种搭配成分有"因……造成……""因……导致……"和"因……致使……"。例如：

（1）因登记错误，造成他人损害的……（节选自第二百二十二条）

（2）因人民法院、仲裁机构的法律文书或者人民政府的征收决定等，导致物权设立、变更、转让或者消灭的……（节选自第二百二十九条）

（3）……因出现无法克服的技术困难，致使研究开发失败或者部分失败的……（节选自第八百五十八条）

例（1）、例（2）和例（3）中都是由"因"连接原因成分，又分别由"造成""导致"和"致使"连接相应的结果成分，且引起的结果都不是积极的。通过表原因与表结果的连接成分的联合使用，能够使原因部分与结果部分之间的因果逻辑语义关系表现得更加清晰，更便于读者阅读和理解。

二、目的关系

目的关系一般是指某行动与完成该行动的目的之间所形成的语义关系，这种关系通常依靠表目的的连接成分得以显现。《民法典》语篇中出现的表目的的连接成分主要有"为""为了"和"以"，但总体数量不多。例如：

（1）为了保护民事主体的合法权益，调整民事关系，维护社会和经济秩序，适应中国特色社会主义发展要求，弘扬社会主义核心价值观，根据宪法，制定本法。（节选自第一条）

（2）……为保障将来实现物权，按照约定可以向登记机构申请预告登记。（节选自第二百二十一条）

（3）……应当及时通知对方，以减轻可能给对方造成的损失……（节选自第五百九十条）

例（1）和例（2）都是先用介词引出行动的目的，然后再表明为达成此目的所付出的行动。具体来说，例（1）先用介词"为了"引出行动的目的"保护民事主体……核心价值观"，然后再表明为达成此目的所做的行动"根据宪法，制定本法"。例（2）也是如此，先以介词"为"表明"保障将来实现物权"的目的，接着再交代行为"按照约定……预告登记"，前后文通过连接词"为"显示出所形成的目的关系。《现代汉语八百词》对连词"以"的解释为"表示目的，用在两个动词短语中间。"[1] 例（3）中"以"连接了"及时通知对方"和"减轻可能给对方造成的损失"两个动词短语，前者表明应当采取的行动，后者指出完成该行动所要达成的目的，连词"以"在衔接了前后文的同时又表明了两个句子之间的目的关系。

三、假设关系

假设关系是指某种原因或理由作为假设性条件成立时，与其产生的结果所形成的逻辑语义关系。张斌（2004）将假设条件分为充分条件、必要条件和无条件的条件三种[2]，相应地，我们可以根据结果产生的这三种条件将假设关系分为充分条件关系、必要条件关系和无条件的条件关系三种。下面我们就这三种关系对《民法典》语篇的假设逻辑关系展开讨论。

（一）充分条件关系

充分条件关系是指一旦假设性条件成立，就会产生某种相应的结果，表现这种逻辑关系的通常有连词"如果""倘若"等。《民法典》语篇中出现的表现这种充分条件关系的有连词"如果"，但仅有三处，反而是频繁使用虚词"的"来表示这种关系。由于"的"在《民法典》语篇中出现频率极高，且"的"具有作结构助词和作语气助词的双重语法功能，在语篇中有时可作两种解释，有时只能作一种解释，否则会违背原意，产生不同的法律后果，因而我们有必要单独对"的"

---

[1]　吕叔湘 . 现代汉语八百词 [M]. 北京：商务印书馆 ,1999：614.

[2]　张斌 . 简明现代汉语 [M]. 上海：复旦大学出版社 ,2004：362.

的用法进行辨析与探讨。

1. 如果

连词"如果"通常连接充分条件，表示在该条件成立的情况下会产生相应的后果。例如：

（1）离婚时，如果一方生活困难，有负担能力的另一方应当给予适当帮助。（节选自第一千零九十条）

例（1）中"如果"连接了"一方生活困难"这一充分条件，表明在该条件成立时，会产生相应的法律后果，即下文提到的"有负担能力的另一方应当给予适当帮助"，连接词"如果"的应用使前后文语义连贯，形成了充分条件关系。

有时，表示充分条件关系的连词"如果"和虚词"的"联合使用，能够较为清晰地显示出句子之间假设关系的层次性。例如：

（2）a.买受人如果就其中一批标的物解除，b.该批标的物与其他各批标的物相互依存的，c.可以就已经交付和未交付的各批标的物解除。（节选自第六百三十三条）

（3）……a.如果感情确已破裂，b.调解无效的，c.应当准予离婚。（节选自第一千零七十九条）

例（2）和例（3）中的连词"如果"和虚词"的"都是作为假设条件标记词出现的，分别都包含了具有假设条件关系的两个层次。经分析，例（2）中表示假设条件关系的两个层次可以简单表示为a/b//c。具体来说，连接词"如果"表明a句是整个后文"该批标的物……解除"的充分条件，两者形成了表假设的充分条件关系，而虚词"的"则表明整个后文内部b句与c句之间也具有表假设的充分条件关系，b句是c句内容成立的充分条件。同样，例（3）中表示假设关系的两个层次也可以表示为a/b//c。具体来说，"如果"是表示"感情确已破裂"与"调解无效的，应当准予离婚"之间具有充分条件关系，"的"则是表明在"调解无效"的假设条件成立时，"应当准予离婚"。可见，表示充分条件关系的标记词"如果"与"的"连用，能够较为清晰地显示出句子之间假设关系的层次性，从而使读者更易理解和掌握其中所蕴含的逻辑语义关系。

2. 的

"的"作为结构助词附在谓词性成分或句子形式后，构成"X 的"形式时，可以表示转指，也可以表示自指。朱德熙（1983）认为，"X 的"形式中"的"后省略的中心语能在前后文中找到且是指称具体事物时，称为"转指"，而"X 的"形式出现在定语位置，与中心语共同指称抽象事物，且一般不能离开中心语单独存在时，称为"自指"。[1]但是，由于法律条文在通常情况下只会做出一般情况的规定，而不会对所有具体个别的人或者事物都一一做出规定，因而在法律语篇中经常会通过自指来指称某一类人或抽象情况，所以省略中心语以"X 的"形式单独表示自指就成为了法律语体的通例。[2]此外，"的"作为语气助词还可以表示假设意义，使前后文构成具有充分条件关系的连贯语篇，并且在法律语篇中使用频率极高。总的来说，"X 的"形式共有表示转指、自指和假设三种用法，"的"可以作为转指标记、自指标记和假设标记出现。

通过对《民法典》语篇具体用例的考察分析，我们发现这三种用法有交叉现象，有时"X 的"形式可以作两种解释，有时却只能作一种解释，否则会违背原意。殷树林、尹若男（2020）曾指出立法语言中"的"共出现了 6 种类型，即转指标记、自指标记、假设标记、转指标记或假设标记、转指标记或自指标记和自指标记或假设标记。[3]下面我们主要围绕"的"能够作为假设标记的情况，即"的"作假设标记、"的"作假设标记或自指标记、"的"作假设标记或转指标记这三种情况展开讨论。

---

[1]　朱德熙 . 自指和转指——汉语名词化标记"的、者、所、之"的语法功能和语义功能 [J]. 方言 ,1983(1):16–31.

[2]　张伯江 . 法律法规语言应成为语言规范的示范 [J]. 当代修辞学 ,2015(5)：4.

[3]　殷树林，尹若男 . 立法语言中的"的"——兼论我国立法语言中"的"使用的技术规范 [J]. 语言文字应用 ,2020(3)：133–143.

① "的"作假设标记

在《民法典》语篇中，"的"作为假设标记词，可以用在单句或多句形式末尾，构成假设性条件，与后文形成充分条件关系。例如：

（1）监护人不履行监护职责或者侵害被监护人合法权益的，应当承担法律责任。（节选自第三十四条）

（2）受要约人在承诺期限内发出承诺，按照通常情形能够及时到达要约人，但是因其他原因致使承诺到达要约人时超过承诺期限的，除要约人及时通知受要约人因承诺超过期限不接受该承诺外，该承诺有效。（节选自第四百八十七条）

例（1）中"的"作假设标记，"监护人……合法权益的"相当于"如果监护人……合法权益"，与后句"应当承担法律责任"形成假设关系。由于后句与前句为同一主语"监护人"，因此这里"X的"只表示假设，不能理解为自指，否则会导致后句缺失主语。例（2）中"的"作为假设标记，其前文所有句子形式共同构成了后文的充分条件，相当于"如果受要约人……承诺期限，那么除要约人……该承诺有效。"在该语篇中，表示假设的充分条件由多个标点句共同构成，"的"的应用不仅能够显示出其前后文之间的假设关系，还能起到标示作用，使假设条件部分与结果部分更加明确，有利于读者更迅速地从多而长的内容中识别出句子之间的逻辑联系。

② "的"作假设标记或自指标记

在《民法典》语篇中，由于在多数情况下法律所讨论的是在各种假定条件下所产生的各种抽象的情况，因此在法律语境中通过自指性的"X的"形式指称行为和情形时，往往兼带有假设意味，有时还能与后文形成充分条件关系。[1] 所以"X的"经常能够作自指和假设两解。例如：

---

[1]　殷树林，尹若男.立法语言中的"的"——兼论我国立法语言中"的"使用的技术规范[J].语言文字应用,2020(3): 133-143.

（1）……当事人为自己的利益不正当地阻止条件成就的，视为条件已经成就……（节选自第一百五十九条）

（2）……符合下列情形的，受让人取得该不动产或者动产的所有权。（节选自第三百一十一条）

例（1）中"的"可作假设标记和自指标记理解。对于句子"当事人……成就的"，当"的"作假设标记理解时，相当于"如果当事人……成就"，当"的"作自指标记理解时，就相当于"当事人……成就的情形"，不管作何种标记理解，都不会影响该语篇所要表达的基本语义。例（2）也是如此，"符合下列情形的"既可以理解为"如果符合下列情形"，也可以理解为"符合下列情形的情况"。

"X的"只作为自指的情形多是出现在句子内部，有时虽单独出现也并不表示假设意义。例如：

（3）……应当共同行使代理权，但是当事人另有约定的除外。（节选自第一百六十六条）

（4）本编对合同的效力没有规定的，适用本法第一编第六章的有关规定。（节选自第五百零八条）

例（3）中"的"附加在句子形式之后，自指"当事人另有约定"的情形，虽然该情形也带有假设意味，但由于出现在标点句内部，并不具有句际衔接作用，无法与前后文形成假设关系，因此这类"的"不属于我们这里所讨论的表示充分条件关系的假设标记词。例（4）中"的"是自指标记，与前文结合自指一种既定的客观事实，即"本编对合同的效力没有规定的情形"，而如果将"的"作为假设标记理解，"本编对合同的效力没有规定的"相当于"如果本编对合同的效力没有规定"，显然不符合原意。因而本条款中的"的"只能作自指标记理解。

③"的"作假设标记或转指标记

在《民法典》语篇中，有时"的"既可作假设标记解释，也可作转指标记解释，它们所产生的语义或是基本一致，或是略有差别，并不会导致不同的法律后果。

例如：

（1）……依法不需要办理法人登记的，从成立之日起，具有事业单位法人资格。（节选自第八十八条）

（2）铁路、公路、电力设施、电信设施和油气管道等基础设施，依照法律规定为国家所有的，属于国家所有。（节选自第二百五十四条）

例（1）中"的"可以理解为其后省略了中心语，即该条文前面出现过的具体事物"事业单位"，此时"的"属于转指标记。此外，"依法……登记的"也可以解释为"如果事业单位依法不需要办理法人登记"，此时"的"属于假设标记。虽然两种解释并不会影响其基本语义的表达，也不会产生不同的法律后果，但是，将"的"视为自指标记只能表明其所叙述的行为主体是"事业单位"，而视为"假设标记"不仅不会影响读者对行为主体的判断，还同时能够显示出该句带有假设意义，因此，我们认为将例（1）中"的"视为假设标记能够更全面更准确地表达出法律制定者的立法原意。例（2）的情况略有不同，"的"作为转指标记与作为假设标记理解时所表示出来的基本意义有一定差别。"依照法律规定为国家所有的"中的"的"作为转指标记理解时，相当于"依照法律规定为国家所有的基础设施"，此时这里的"基础设施"似乎更侧重表示前文所提到的基础设施的一部分，而"的"作为假设标记理解时，该句相当于"如果依照法律规定为国家所有"，此时就指向了前文提到的所有基础设施。但对"的"做不同分析，并不会导致不同的法律后果。我们认为，例（2）中"的"应视为转指标记更为适宜，理由有二：一是结合客观事实，我们知道前文所提到基础设施，并不全都属于国家，有一部分是属于私有企业或个人的，因而不能一概而论；二是若要表达前文提到的所有基础设施都属于国家的含义，原条款直接表述为"依照法律规定铁路……基础设施为国家所有的，属于国家所有"更加适宜。

但有时从句子本身看"的"既可作转指标记也可做假设标记解释，但作不同分析时会产生完全不同的意义，甚至会导致不同的法律后果。这时，我们认为应当根据相关法律法规及司法解释，判断它作何种标记理解才符合立法原意，并进一步对立法语言予以修正，以避免人们在理解时产生歧义。例如：

> （3）分支机构以自己的名义从事民事活动，产生的民事责任由法人承担；也可以先以该分支机构管理的财产承担，不足以承担的，由法人承担。（节选自第七十四条）

例（3）中"的"从该条款本身看，既可作转指标记解释也可作假设标记解释。"的"作转指标记解释时，表示"的"后省略了前文提到的"民事责任"，本条款应解释为先由分支机构管理的财产承担民事责任，如果该民事责任还没有被完全承担，剩下的部分责任由法人继续承担。而"的"作假设标记解释时，该条款应解释为先看该分支机构管理的财产是否能够承担全部的民事责任，如果不能，就由法人承担全部的民事责任。可见，对"的"作不同的分析，会产生不同的意义，导致完全不同的法律后果。事实上，按照相关法律的规定及司法解释，该条款应当理解为"分支机构先以财产承担责任后果，其财产不足以承担的部分再由法人承担"，因而本条款"的"只能作转指标记解释。为避免人们理解该条款时产生歧义，应当在"的"后加上"部分"或"民事责任"更为适宜。

（二）必要条件关系

必要条件关系是指要想产生某种结果，就必须满足某种条件，并且这个条件是唯一的、不可替代的。《民法典》语篇中表示这种关系的连接成分只有"只有……才……"，且仅有一例。例如：

> （1）沉默只有在有法律规定、当事人约定或者符合当事人之间的交易习惯时，才可以视为意思表示。（节选自第一百四十条）

例（1）中"只有"连接假设性条件"在有法律规定……交易习惯时"，并表明该条件是唯一的、不可替代的条件，"才"则连接了在该假设性条件成立时所产生的结果"可以视为意思表示"。关联词搭配"只有……才……"既衔接了前后文，又表明了前后文之间所形成的必要条件关系。

（三）无条件的条件关系

有时，不管假设任何条件，都会产生同样的结果，结果的发生不因任何条件而改变，这样的关系就叫作无条件的条件关系。《民法典》语篇中表示这种关系的连接成分有"无论"和"不论"。例如：

（1）……无论合同是否成立，不得泄露或者不正当地使用。（节选自第五百零一条）
（2）……不论行为人有无过错，法律规定应当承担侵权责任的，依照其规定。（节选自第一千一百六十六条）

例（1）和例（2）中"无论"和"不论"都分别连接了无条件的条件成分，相当于两个具有互补关系的假设性条件，即"合同成立或者合同不成立"和"行为人有过错或者行为人没有过错"，不管哪种条件成立，都分别会产生相同的后果，即"不得泄露……使用"和"法律规定……规定"，连接词"无论"和"不论"在这里表明了前后句形成的一种无条件的条件关系。

下面我们将对《民法典》语篇因果逻辑衔接的使用频率进行统计，需要说明的是，对于虚词"的"，只要它作假设标记与自指标记或转指标记两解，产生的基本语义一致，且不会导致不同的法律后果时，就都纳入表示假设关系的统计范围内，见表3。

表3　《民法典》语篇因果逻辑衔接使用

分类	因果关系			目的关系	假设关系		
	表原因	表结果	表 原因与结果	表目的	充分条件关系	必要条件关系	无条件的条件关系
连接成分	因	导致/致使/造成/使	因……导致/致使/造成	为/为了/以	如果/的	只有……才	无论/不论
次数	9	2/18/30/3	1/6/3	6/4/4	3/1248	1	2/1
总计	72			14	1255		

由表 3 可知，《民法典》语篇因果逻辑衔接中表达假设关系的连接成分出现频率最高，占比约 94%，共有 1255 处，其中连接成分"的"就出现了 1248 次，在《民法典》语篇衔接中占据绝对优势。结合前文分析，我们认为虚词"的"高频使用的原因至少有以下几点：a. 由于法律条文经常需要规定民事主体在一定条件或一般情形下会产生某种法律后果，而虚词"的"有分类作用，具有一定的概括性；b. 它具有作结构助词和语气助词的双重语法功能，能够同时满足法律语言表达假设意义和自指意义的两种需求，在一定程度上提高了法律语言的一致性；c. 虚词"的"形式简单且表意丰富，以简洁的形式表达丰富的意义，符合法律语言表达简洁经济的特点；d. 与虚词"者"和连词"如果"等相比，"的"更具口语色彩，一定程度上满足了《民法典》广泛受众群体的需要；e. "的"前有时可能会以多个句子形式表明某种假设情况或并列的几种假设情况，此时"的"可以作为标示，使假设条件成分与相应的结果成分更加明确，从而帮助读者更迅速地从多而长的法律条文中识别出句子之间的逻辑语义联系。

第五节　时间类逻辑衔接

胡壮麟（1994）认为，在事件的发展过程中通常会存在着一些简单的或复杂的时间关系，以及事物在空间的位置，有意义的语篇一定会正确完整地反映这一过程，而不是将一些不相关的过程简单地堆砌在一起。[1] 时空逻辑衔接就是指通过表示时间或空间意义的连接成分将前后两个句子连接起来，这两个句子或者能够表现过程发展的时间关系，或者能够表明事物的空间位置关系。通过统计分析，我们发现在《民法典》语篇几乎不存在表示空间位置关系的逻辑衔接成分，因此我们结合连接成分的具体使用情况，主要分析《民法典》语篇中的时间逻辑

---

[1]　胡壮麟. 语篇的衔接与连贯 [M]. 上海：上海外语教育出版社,1994：103.

衔接。

《民法典》语篇中前后句子所表示的事件有时在时间上存在着先后顺序。而时间关系又有简单与复杂之分，简单的时间关系往往直接反映出两个事件或先后发生，或同时发生，而复杂的时间关系在反映简单的时间关系的基础上，还夹杂着间隔性、即时性和准时性等其他语义。下面我们从简单的时间关系和复杂的时间关系两个方面展开论述。

一、简单的时间关系

两个事件之间往往存在着先后发生或同时发生的关系，语篇中这种简单的时间关系常常会通过一定的时间连接成分表现出来。《民法典》语篇中出现的表达事件之间具有简单时间关系的时间连接成分主要有"前/后""之后""先""事先/后""同时"。其中时间连接成分"前/后""之后""先""事先/后"都表明事件的发生具有一先一后的关系。例如：

（1）动产物权设立和转让前，权利人已经占有该动产的……（节选自第二百二十六条）

（2）登记机构赔偿后，可以向造成登记错误的人追偿。（节选自第二百二十二条）

（3）出卖人不交付其中一批标的物或者交付不符合约定，致使之后其他各批标的物的交付不能实现合同目的的……（节选自第六百三十三条）

（4）……也可以先以该分支机构管理的财产承担，不足以承担的，由法人承担。（节选自第七十四条）

（5）业主装饰装修房屋的，应当事先告知物业服务人……（节选自第九百四十五条）

（6）……受托人应当妥善处理委托事务，但是事后应当将该情况及时报告委托人。（节选自第九百二十二条）

例（1）先谈到后发事件"动产……转让"，然后反叙前事"权利人……该动产"，两句由时间连接词"前"表明事件发生的先后顺序，并起到了衔接前后文的作用。

例（2）中"后"表示的是一种顺时的时间关系，"登记机构赔偿"的事件发生在先，"可以……追偿"的事件发生在后，两个事件具有顺时的先后发生顺序。在例（3）中，"之后"连接了具有因果关系的两个事件，其中"出卖人……不符合约定"的事件是引起"其他各批……合同目的"这一事件的原因，时间连接词"之后"同时表明了"因"在前"果"在后的时间顺序。在例（4）中，针对第七十四条前文所提到的民事责任，"先"表明了承担该责任的先后程序。先是"以该分支机构……承担"，如果之后该民事责任还未完全被承担，再是"不足以……法人承担"。例（5）中"事先"这一时间连接词表明了前后文所述事件按照法律规定所应当遵守的先后顺序，即业主应当先"告知物业服务人"，然后再"装饰装修房屋"。例（6）中"事后"与"事先"相反，"事先"是先谈应当后发生的事件，然后反叙应当在先发生的事件，而"事后"则是表明前后两个事件在时间上是先后接续发生的关系，在这里"事后"连接了"受托人……委托事务"和"应当……委托人"这两个在时间上先后接续发生的事件。

"同时"则表明前后句子所代表的事件没有先后发生顺序，而是同时发生的。例如：

（7）……视情况恢复其监护人资格，人民法院指定的监护人与被监护人的监护关系同时终止。（节选自第三十八条）

（8）需役地以及需役地上的土地承包经营权、建设用地使用权等部分转让时，转让部分涉及地役权的，受让人同时享有地役权。（节选自第三百八十二条）

例（7）中"同时"既连接了"恢复监护人资格"的行为与"人民法院……终止"的行为，又表明了两个行为的发生没有先后顺序，具有同时性。例（8）则在"同时"连接的两个事件之间插入了"转让部分涉及地役权"的条件，表明在该条件成立的情况下两个事件同时发生。

二、复杂的时间关系

有时，前后两个句子所表示的事件之间具有复杂的时间关系，也就是说，在表明两个事件在时间上具有简单的先后顺序的同时，还夹带表现了其他的时间语义特征。通过对《民法典》语篇的考察分析，我们发现具有复杂时间关系的前后句子间所夹杂的时间语义特征主要有"即时性""间隔性"和"准时性"三种。

（一）夹杂着时间的即时性

夹杂着时间的即时性表明前后句所代表的两事件之间具有先后顺序的同时，还带有事件发生联系的瞬时性。《民法典》语篇中表达这种复杂时间关系的连接成分有"即时""即行"和"立即"三个。例如：

（1）要约以对话方式作出的，应当即时作出承诺。（节选自第四百八十一条）

（2）收养关系解除后，养子女与养父母以及其他近亲属间的权利义务关系即行消除……（节选自第一千一百一十七条）

（3）……经医疗机构负责人或者授权的负责人批准，可以立即实施相应的医疗措施。（节选自第一千二百二十条）

例（1）先谈到"要约以对话方式作出"的事件，然后由"即时"连接应当立刻发生的第二个事件"作出承诺"，在表明第一事件和第二事件发生的先后顺序之外，还强调了前后事件发生联系的即时性。例（2）中时间连接词"即行"意为"立刻"，它已经同时表明了"收养关系解除"的事件与"养子女……关系消除"的事件之间存在的顺序性与即时性，还进一步与连接词"后"搭配使用，能够更加清晰地显示出两个事件发生的先后顺序，从而使前后句之间的逻辑语义关系更加鲜明。例（3）中"立即"也连接了具有即时关系的两个事件，即"经……批准"的事件和"实施……措施"的事件。

（二）夹杂着时间的间隔性

两个事件的发生除了存在时间的先后顺序之外，还有可能存在一定的时间间隔。《民法典》语篇中"在……之前"的连接形式就表达了这种复杂时间关系。例如：

（1）……当事人可以随时解除合同，但是应当在合理期限之前通知对方。（节选自第五百六十三条）

（2）合伙人可以随时解除不定期合伙合同，但是应当在合理期限之前通知其他合伙人。（节选自第九百七十六条）

例（1）和例（2）中"在合理期限之前"分别连接了前后两个事件，在表明后叙事件发生在先而前叙事件发生在后的同时，还表明了先后事件的发生具有一定的间隔时间。具体来说，例（1）表示"通知对方"的事件发生在先，而"当事人可以随时解除合同"的事件发生在后，两个事件的发生具有一定的间隔时间，只是间隔的时间并不明确，即"合理期限"。例（2）也是如此，表示先发事件"通知其他合伙人"与后发事件"合伙人……合伙合同"存在一个"合理期限"的时间间隔。

（三）夹杂着时间的准时性

有些复杂的时间连接成分在表明两个事件发生的同时性之外，还强调发生时间的精准性，也就是说，该连接成分能够表明两个事件同时发生在一个具体的时间点。《民法典》语篇中表现这种复杂时间关系的连接成分通常以一个独立的标点句出现。例如：

（1）有下列情形之一的，诉讼时效中断，从中断、有关程序终结时起，诉讼时效期间重新计算。（节选自第一百九十五条）

（2）……致使抵押财产被人民法院依法扣押的，自扣押之日起，抵押权人有权收取该抵押财产的天然孳息或者法定孳息……（节选自第四百一十二条）

例（1）用"从中断……起"作为连接成分，既表明了"诉讼时效中断"和"诉讼……重新计算"两个事件同时发生，又表明了它们发生的精确的时间点，也就是诉讼的时效中断、相关程序终结的那一刻。例（2）也是先提到"抵押财产……

扣押"的事件，然后通过连接成分"自扣押之日起"引出另一事件"抵押权人……孳息"，表明了两事件同时发生在"扣押之日"这一精确时间点上。通过这类复杂的时间连接成分的应用，表明了两个事件同时在某一个精确的时间点发生，更大程度地保证了法律法规的可操作性。

此外，时间关系不仅包括事件本身的先后顺序，还包括语篇内部各部分的相关关系，如"首先""其次"等，但它通常反映的是说话者的主观认知。立法语言讲求客观公正，因而《民法典》语篇中并没有使用这种主观性强烈的语言表达形式，所以本文不予讨论。

下面我们将《民法典》语篇时间逻辑衔接的使用频率进行统计见表4。

表4 《民法典》语篇时间逻辑衔接使用

分类	简单的时间关系					复杂的时间关系		
时间语义特征	先后性				同时性	即时性	间隔性	准时性
连接成分	前/后	事先/事后	先	之后	同时	即时/即行/立即	在……之前	从/自……起
次数	116	6	3	1	4	5	5	2
总计	130					12		

由表4可知，表示简单时间关系的连接成分的使用频率远高于表示复杂时间关系的连接成分，共有130处，占比约92%，而复杂的时间连接成分只存在12处，仅占约8%的比例。我们认为，这是因为法律法规通常探讨的是一般情况而不是具体的、个别的情况，因而在缺乏具体情境的情况下，简单直接的时间连接成分已经足够表达所述事件之间存在的时间关系。此外，从接受者的角度考虑，在时间语词的选择上，简单直接的时间成分比复杂多变的时间成分所表达出来的语义信息更利于人们快速获取并准确理解。但是偶尔使用复杂的时间连接成分也能使整个法律语篇富于一定的变化,且能够使涉及具体法律行为的实施更具可操作性。

小结

逻辑衔接作为《民法典》语篇另一重要的衔接方式，使用频率极高，下面我们对其总体使用情况进行统计，见表5。

表5　《民法典》语篇逻辑衔接的总体使用

添加	转折	因果	时间	总计
130	226	1341	142	1839

通过表5我们可以看到，《民法典》语篇逻辑衔接的使用频率极高，这与《民法典》语篇的性质密切相关。《民法典》作为一部成文法，它是人们行使民事行为所需遵循的法律规范，也是法律工作者在进行司法解释和司法实践时所需参考的依据，因而其语言表述应当符合用词准确、逻辑严密、条理清晰、语义连贯的立法要求。逻辑衔接手段的广泛应用能够使语篇中句子之间的逻辑语义关系更加鲜明，层次更加清晰，进而展现出《民法典》语篇语言表达逻辑严密、条理清晰的特点。具体来说，因果逻辑衔接的使用频率远高于其他三种衔接方式，其中表达假设关系的衔接类型占据绝对优势，以虚词"的"作为假设连接成分最为常见。这是因为法律条文经常需要规定民事主体在某类假设情况下会产生何种法律后果，所以需要频繁使用表示假设关系的连接成分来显示其中的逻辑语义关系。虚词"的"语言形式简洁，且能同时表示类指和假设的双重意义，既能节省篇幅，还能在一定程度上提高法律语言的一致性。此外，与虚词"者"和连词"如果"相比，更具口语色彩的虚词"的"在一定程度上更能满足《民法典》广泛受众群体的需求。最后，在句子较多较长的法律条文中"的"还能够起到标示作用，帮助读者更迅速地识别出语篇中句子之间的逻辑语义关系及其相应的语义内容。基于以上原因，以虚词"的"来表示这种假设条件关系已成为法律语体的惯例。其他三种衔接方式也具有各自的应用特点。添加逻辑衔接中表示选择关系的逻辑衔接成分使用频率最高，其中以表示未定选择的连接成分为主，连接可能导致某一法律后果的多种情形或某一民事行为可能导致的多种法律后果，以供民事主体处

理具体事宜时根据规定选择性适用。转折逻辑衔接中排除性转折占比较高，且整个语篇仅以"但是"和"但是……除外"两种连接形式表达这种排除性转折的逻辑关系，体现出立法语言具有系统性、程式化的特点。时间逻辑衔接主要选用表达简单时间关系的连接成分，既有利于人们快速获取并有效理解信息，也满足了叙述事件所需表达的时间关系的需要。

本专题作者：郭凤霞、张春泉

专题五

论类化字研究对大型字书编纂的意义
——以中古石刻文献为中心

　　文字学上所谓的"类化"，通常指"文字受自身形体或者相邻文字结构的影响，以及受使用环境中相关词汇语义的沾染，在思维类推作用下，产生的非理性形体类推，增加或者改变其中一个字的构件或偏旁"[1]。类化是古今汉字共同存在的字形类推现象，其作用和影响贯穿于整个汉字发展史的各个时期，不但古已有之，至今仍在社会用字层面表现活跃。张涌泉（2010）将"类化"归结为汉语俗字产生重要的途径之一。[2]经由类化途径产生的新字，一般称为"类化字"，它们与原字构成异体关系，具有临时性、无理性等特点。中古时期，由于汉字系统处于古今转型的调整阶段，类化字大量涌现，造成了汉字系统异体字总量的急剧增加，使汉字形义对应关系也相应地变得错综复杂。因此，针对汉字类化现象进行专题性、深入性考察研究，不仅有助于厘清汉字形体演变轨迹、总结汉字发展规律，也有助于更全面地描述汉字系统的整体面貌、梳理字际关系，这些无疑对大型字书的编纂、古籍文献的校勘释读及现行汉字的整理规范工作都具有十分重要的意义。

　　作为一种出土文献和文字载体，我国石刻总量巨大、资料可靠，蕴含着极为丰富的语言文字信息，既真实地载录了汉字的形体构造，也客观地呈现了汉字演

---

[1]　毛远明 . 汉魏六朝碑刻异体字研究 [M]. 北京：商务印书馆 ,2012：335.

[2]　张涌泉 . 汉语俗字研究（增订本）[M]. 北京：商务印书馆 ,2010：63.

变的大致脉络。历代石刻中的汉字类化现象十分普遍且类型丰富，几乎囊括了文献中所能见到的全部类化情形。但目前针对石刻类化字的汇集整理工作还存在着诸多不足，尤其在石刻类化字的字书释义方面，尚鲜有学者进行专题探讨。

有鉴于此，本文拟主要结合中古（东汉至隋唐）石刻中的隶楷书类化字例，以《汉语大字典》第二版（以下简称《大字典》）为例，探讨类化字研究对大型字书编纂的意义。

第一节　增补字头

在收字上，《大字典》以《康熙字典》为主要来源，囊括了《康熙字典》的全部字头；并以此为基础，兼收历代典籍文献用字。第二版较首版又增收单字5000余个。即便如此，仍有不少古今文献、典籍和重要工具书中的字被漏收。例如石刻中的一些类化字，字形虽然罕见，甚至仅见于单碑孤例而不见于历代字书，但依照《大字典》详博、全面的收字原则，似仍以收录为宜。

【洢】

北魏永安二年《丘哲墓志》："乾机运兆，迁鼎洢洛。"（《北图》5/132）北周宣政二年《寇峤妻薛氏墓志》："今帝隆平，洢洛清谧。"（《北图》8/173）

按："伊"，或指水名，位于今河南省西部，源出伏山，后入洛河。《尚书·禹贡》："伊、洛、瀍、涧，既入于河。"《水经注·伊水》："伊水出南阳鲁阳县西蔓渠山。"在这个意义上，或增"氵"符作"浳"。《集韵·脂韵》："浳，水名。在河南陆浑山，入河。通作伊。"

伊、洛二水汇流，故多连称，亦可指伊洛流域，或用为洛阳别名。上述二碑之"洢"据文意皆当为"伊"的异体，涉下字"洛"而换形符为"氵"，亦可视为"浳"之省体。《大字典·水部》（1725页）收"浳"而未收"洢"，宜据补。

【磄】

西魏大统十年《侯义墓志》："磄石铭记。"（《汉魏校注》8/183）北齐武平三年《晕禅师等五十人造像记》："是以刊金磄石，申兹胜心，以冀不朽。"（《北图》8/43）

按：二碑之"磄"皆为"鐫"的异体，涉下字"石"而换形符为"石"。该形不见于历代字典辞书，仅见上述石刻用例。《大字典·金部》（4585页）列"鐫"有三个义项：①破木器；②凿；③雕刻。"磄"据文意当释为"凿"义。可据补。

【藡】

北魏孝昌二年《元瑆墓志》："琨岭摧芳，瑶池奄藡。"（《北图》5/39）北周天和二年《华岳庙碑》："耸藡崿于紫微，挺高峯于天汉。"（《北图》8/135）

按：《说文·羽部》："翠，青羽雀也。"引申指青、绿、碧一类的颜色，多用于状草木之色，故或增"艹"符作"藡"。《大字典》失收"藡"，当补为"翠"的异体字。

【俯】

北齐武平五年《□乔墓志》："遂怀道养身，优俯终世。"（《汉魏校注》10/51）

按："优俯"，即优游，谓悠闲自得。碑字涉上字"优"而换形符为"亻"。此形不见于历代字书收录。《大字典》当据补。

第二节　增补音义

类化字有时恰与他字同形，于是造成一形多用的情况。《大字典》宜在该字头之下增补相应的音项条目。

【姟】

《大字典·女部》（1121页）"姟"：古代最大的数目名。

按："姟"兼为"孩"之异体。西晋元康九年《徐义墓志》："美人乳侍，在于婴姟。"（《北图》2/64）唐长寿三年《张怀寂墓志》："爵被姟童，以旌恩宠。"（《隋唐汇编》新疆卷 1/184）《说文·口部》："咳，小儿笑也。孩，古文咳从子。""孩"之本义为"婴儿笑"，引申指"孩童"，与"婴"同义且常连用，故或受"婴"之影响而换作"女"符。《大字典》当据补该条目。

【膮】

《大字典·月部》（2263 页）"膮"音 xiāo：①猪肉羹；②香。

按：隋大业十年《鲍宫人墓志》："玄夜难膮，何时复朝。"（《隋汇考》5/94）"朝"小篆从"舟"作，隶楷书讹从"月"。碑字据文意当为"晓"之异体，盖涉对文"朝"而改从"月"作。《大字典》当据补该条目。

【笒】

《大字典·竹部》（3147 页）"笒"：（一）cén 竹名。（二）jìn ①竹签；②笒簦。（三）hán "笒隋"字。

按："笒"兼为"琴"之异体。北魏永安二年《元恩墓志》："载笑载言，笒书逸响。"（《北图》5/131）"琴"，《说文·琴部》小篆作𤫒，像琴瑟之形，"珏"为弦柱，"𝛀"为中空的琴身。隶楷书通常作"琴"，"琴身"部分增笔改造为声符"今"，整字由象形字转变为形声字。上揭墓志则又改"弦柱"部分为"竹"，突出了"琴"的质料属性。《大字典》当据补该条目。

第三节　增补例证

一些类化字仅见字书收录及释义，而缺乏文献例证。我们可依据所见石刻文献用例进行增补。

【懍】

《大字典·心部》（2534 页）"懍"：同"樂"。《集韵·铎韵》："樂，娱也。或从心。"《正字通·心部》："㦬，俗樂字。"

按：隋大业八年《高紧墓志》："非临秋水，想游侠而成骦；不上春台，说英谋而自㦬。"（《隋汇考》4/251）碑字即"樂"的类化俗体，涉"心"义而增"忄"符。该碑字可补作《大字典》的例证。

【娸】

《大字典·女部》（1129页）"娸"：怒。《集韵·志韵》："娸，怒也。"

按：北魏延昌三年《孟敬训墓志》："性寡娾娸，多于容纳。"（《北图》4/16）娾娸，文献多作"妒忌"。碑字本当作"忌"，涉上字"娾"而增"女"符。《大字典》未收例证，且未沟通"忌""娸"的异体关系，宜据此增改。

【疕】

《大字典·疒部》（2851页）"疕"：同"札"。夭死。《释名·释天》："疕，截也，气伤人如有断截也。"毕沅疏证："今本札字加'疒'，俗也。《周礼·地官·均人》云：'凶札则无力政。'《左氏昭四年传》：'民不夭札。'皆止作札，不从疒。"

按："札"有"夭死"义，又引申指瘟疫，与疾病相关，故或增"疒"符。《周礼·天官·膳夫》："大丧则不举，大荒则不举，大札则不举。"郑玄注："大札，疫疠也。"《正字通·木部》："札，……又夭死、疫死曰札。俗作疕。"《大字典》收录"疕"字，但缺乏文献用例。东汉《赵菿残碑》："疕气□□。"（《汉碑全集》6/2014）碑字正作"疕"，可据补例证。

【惕】

《大字典·心部》（2512页）"惕"：①同"傷"。忧伤；哀痛。《说文·心部》："惕，忧也。"《广雅·释诂二》："惕，痛也。"《集韵·阳韵》："惕，通作傷。"②思念。《玉篇·心部》："惕，念也。"

按："傷"本指身体创伤，引申指精神层面的创伤，故或从"忄（心）"符作"惕"。"惕"可视为"傷"的换符分化字，专表忧伤、哀痛等义。文献作"惕"之处皆可作"傷"，故从字用的角度看，《说文》似不必别"傷""惕"为二字。《正字通·心部》："'傷'与'惕'通。《诗》'我心忧傷'，'傷'亦忧也。《说文》分为二，非。"由是观之，"惕"之"念"义，也是从"傷"引申而来的。

《诗经·周南·卷耳》："维以不永伤。"郑玄笺："伤，思也。""思""念"义同，故《大字典》应于"惕"的义项②下也注明"同'伤'"。

此外，《大字典》"惕"条仅见书证，而缺乏例证，可据石刻用例增补。如唐麟德元年《宋璋墓志》："奄随风烛，俄惕朝露。"（《隋唐汇编》4/164）

第四节　提前例证

一些类化字的出现较早，在中古石刻中已见其用例。《大字典》所举例证有时存在略迟或过迟的情况，可根据石刻材料提前例证。

【峪】

《大字典·山部》（801 页）"峪"：①山谷。《集韵·烛韵》："谷，《尔雅》：'水注溪曰谷'。或从山。"元李直夫《虎头牌》第二折："你可便久镇着南边，夹山的那峪前，统领着军健，相持的那地面。"《徐霞客游记·游太华山日记》："由峪口入，两崖壁立。"

按："峪"当为"谷"的加形分化字，《集韵》收为"谷"的异体。"谷"本指两山之间的水流，引申指两山之间狭长而有出口的地带。《诗经·小雅·十月之交》："高岸为谷，深谷为陵。"二义皆与"山"义相涉，故或增"山"符作"峪"。《大字典》首举元代例证，略迟。唐代墓志已见该形。中和二年《王府君墓志》："恐后桑田变海，嵊峪有移，刊勒贞石，用章不朽。"（《北图》34/10）"嵊"为"溪"的异体，"谷"涉上字"嵊"而增"山"符。综上，"谷"之作"峪"，兼受语境及义类的影响。

【憘】

《大字典·心部》（2519 页）"憘"：①同"喜"。《集韵·志韵》："憙，《说文》：'说也。'亦省。或作憘。"《北史·常景传》："柳下三黜，不愠其色；子文三陟，不憘其情。"

按：《说文·喜部》"喜""憙"兼收："喜，乐也。从壴从口。""憙，说也。从心从喜，喜亦声。"段玉裁"憙"下注："说者，今之悦字。乐者，无所箸之词；悦者，有所箸之词。《口部》'嗜'下曰：'憙，欲之也。'然则，憙与嗜义同，与喜乐义异。浅人不能分别，认为一字，喜行而憙废矣。"依段说，"喜""憙"本有所别，后世混用为一。

石刻二字皆用，以"喜"更为常见。又作"憘"，可视为"喜"的加形字，也可视为"憙"的构件换位异体字。北魏太昌元年《元恭墓志》："旷怀海纳，憘愠不见于言；雅量山容，得失不形于色。"（《北图》5/172）永熙二年《乞伏宝墓志》："愠憘无异于色，雷霆岂变其神。"（《北图》5/185）盖"喜（憙）"常与"愠"连用或对举，故受其影响而构形趋同。《北史》成书于唐代，《大字典》引例略迟。

【坵】

《大字典·土部》（464 页）"坵"：同"丘"。《集韵·尤韵》："北，或作丘，亦书作坵。"《徐霞客游记·黔游日记二》："（州署）门廊无一完者，皆安酋叛时，城破鞠为坵莽，至今未复也"。陈炜萍编《闽西歌谣》："无火不吸这筒烟，无秧不莳这坵田。"

按："坵"涉"土"义，故或增符作"坵"，北朝石刻中已见。西魏大统十二年《邓子询墓志》："坵墟横雾，松杨断烟。"（《汉魏校注》8/188）唐仪凤二年《赵臣墓志》："得坵则止安，静嘿而齐物。"（《北图》16/57）《大字典》引例过迟。

【噗 / 㗛】

《大字典·口部》（720 页）"噗"：同"笑"。《敦煌变文集·捉季布传文》："其时季布闻朱解，点头微噗两眉分。"明诸圣邻《大唐秦王词话》第三十一回："阵前瞧见是程咬金，大噗一声。"

《大字典·口部》（720 页）"㗛"：同"笑"。《李陵变文》："单于见管敢投来，大㗛呵呵。"

按："笑"字《说文》本阙。徐铉注："孙愐《唐韵》引《说文》云：'喜也。从竹从犬。'而不述其义。今俗皆从犬。又案：李阳冰刊定《说文》'从竹从夭'义云："'竹得风，其体夭屈如人之笑。'未知其审。""笑（笑）"与口部动作相关，故或增"口"符作"嗖（嗖）"。东魏兴和三年《李艳华墓志》："嗽嗖归美，点画见传。"（《北图》6/80）北齐乾明元年《高淯墓志》："瑰姿奇表，咳嗖如神。"（《北图》7/90）"嗖（嗖）"已见于北朝石刻，《大字典》所举例证均出自唐代敦煌变文，略迟。

此外，"嗖（嗖）"又作"嘆"，盖其右侧构件与"美"形近趋同之故。北魏神龟二年《寇凭墓志》："美谈嘆，善草隶。"（《北图》4/63）北周建德六年《张满泽妻郝氏墓志》："蓃物易覩，一嘆难期。"（《北图》8/166）"嘆"字《大字典》失收，当据补。

第五节　沟通异体

经由类化而产生的字，通常与原字构成异体关系。《大字典》有时对这种关系未加辨察，造成文字之间的有机联系的割裂或词义引申链条的断开。我们需要结合字书及石刻文献材料，对异体关系进行有效沟通。

【憿 / 憿】

《大字典·心部》（2528 页）"憿"：（一）jiǎo ①侥幸。《说文·心部》："憿，幸也。"段玉裁注："幸者，吉而免凶也。"朱骏声通训定声："经传皆以徼为之，俗作侥倖、傲倖。"②〔憿憭〕以诚相告。《集韵·筱韵》："憿，憿憭，以诚告也。"（二）jī 疾速。《集韵·锡韵》："憿，疾也。"

按：东汉光和四年《童子逢盛碑》："感憿三成，一列同义。"（《隶释》卷十）洪适跋："碑以憿为激。"又光和六年《李翊夫人碑》："愤然憿癒"。（《隶释》卷十二）二碑字据义意当是"激"的异体，沙上字"感"及下字"癒"而换符。"激"本指水势受阻而腾涌或飞溅，此处引申指"感触、激动"，形随义变，故换为"忄（心）"符，与表侥幸之"憿"恰好同形。

《大字典》音项（二）释"憿"为"疾速"，此义似亦从"激"之本义引申而来。"激"，据《广韵·啸韵》有"水急"义，有古吊切、古历切两读。（"吊"有多啸切、都历切两读，疑此处"吊"当读为都历切，则"激"之两读可合而为一也。）又《集韵·啸韵》："激，湍流皃。"由此，《集韵·锡韵》所释"憿"之"疾"义，亦当是"水急"义之引申。

《大字典·心部》（2525页）"憿"：①同"憿"。疾速。《玉篇·心部》："憿，疾也。"《集韵·锡部》："憿，疾也。或书作憿"。②定。《玉篇·心部》："憿，定也。"

释"疾"之"憿"是"激"的换形字，"憿"又是"憿"的构件换位异体字，故"憿"亦是"激"的异体。《说文·水部》："激，水碍衺疾波也。一曰半遮也。"从水流的角度，"激"引申有"疾速"义；从"石"的角度，"激"则引申有"遏制"义。如《三国志·蜀书·姜维传》："察其所以然者，非以激贪厉浊，抑情自割也，直谓如是为足，不在多求。"石刻亦见"激"从"石"作"礉"者，可证"激"与"石"义密切相关。东汉延熹三年《中常侍樊安碑》："慷慨礉愤，宦于王室。"（《隶释》卷六）洪适跋："礉即激字。"由此，《玉篇》所释"憿"之"定"义，当是"激"的"遏制"义之引申。

综上，《大字典》当沟通"憿"之音项（二）、"憿"之义项②与"激"之间的异体关系。

【崷】

《大字典·山部》（826页）"崷"：山岭名。《广韵·宥韵》："崷，山名，又岭名。"北魏郑道昭《与道俗□人出莱城东南九里登云峯山论经书》："谈对洙崷宾。"北齐佚名《刘碑造像铭》："四挟灵崷之显。"

按：北齐天保八年《刘碑造像铭》："四挟灵崷之显，西据王舍之阳。"（《北图》7/69）《金石文字辨异·宥韵》引注碑字："以崷为鹫"。灵鹫，山名，在古印度摩揭陀国王舍城之东北。梵名耆阇崛山。山中多鹫，或言山顶似鹫，故名。相传释迦牟尼曾在此居住及说法多年，因以代称佛地。此涉"山"义而变"鹫"为"崷"。或作"鹫岳""鹫山""鹫岭"等。东魏武定六年《志朗造像记》："鹫岳感竭，移影□林。"（《北图》6/149）北齐天保六年《报德像碑》："负土城坟之力，用于鹫山；傅兰鹰菊之财，施于鹿野。"（《北图》7/48）天保八年《高叡修定国寺塔铭碑》："是知无生无□，□有鹄林；不即不离，兹亦鹫岭。"（《北图》7/61）《广韵》释"崾"为"山名，又岭名"，盖本于此也。

又考《大字典》引北魏永平四年郑道昭诗："谈对洙崺宾，清赏妙无色。"（《北图》3/149）碑字作"崺"，是"崾"的构件换位异体字。揣摩文意，"洙崺"是"洙泗""灵崺（鹫）"的合称，本非一词。"洙泗"，即洙水和泗水，春秋时属鲁国地。孔子曾在洙泗之间聚徒讲学。后以之代指孔子及儒家。郑诗中"洙崾宾"即谓儒家、佛家之宾客，正与引言之"道俗"呼应。由此，《大字典》"洙崾宾"下施一个专名线，乃不解"洙崺"所造成的错误，当改作"洙崺宾"。

此外，杭州灵隐寺前飞来峰亦别称"灵鹫""鹫岭"。据《咸淳临安志》卷二十三载："晏元献公（臣按：即北宋晏殊）《舆地志》云：'晋咸和元年西天僧慧理登兹山，叹曰："此是中天竺国灵鹫山之小岭，不知何年飞来。佛在世日，多为仙灵所隐，今此亦复尔邪？"因挂锡造灵隐寺，号其峰曰飞来。'"

综上，"崾"即"鹫"之异体，《大字典》当沟通二者关系；"崺"也是"鹫"的异体，《大字典》当为"崺"设立字头，并引郑道昭诗为例证。

第六节　纠正谬误

《大字典》在利用古籍建项释义方面取得了显著的成绩，然白璧微瑕，有时由于取舍不慎，造成义项与例证之间的不对应，具体包括误设音义条目、引例不当、释义不确等问题。充分利用石刻中的类化字材料，可以匡补《大字典》在训释方面的一些失误。

一、删改误设音义

经由类化产生的字形，因为形体上较原字发生了改变，有时字书因形设训，误析新形为另外一字或别有一义，《大字典》不察而沿误，为新字形设置音项或义项。这些条目宜删除或修改。

【鷐】

《大字典·鸟部》（4956 页）"鷐"：①鸟群飞貌。《集韵·震韵》："鷐，鹭群飞也。"《正字通·鸟部》："鷐，《诗·周颂》：'振鹭于飞，于彼西雝。'注：'振，群飞貌。'《鲁颂》：'振振鹭，鹭于飞。'注：'舞者，振作鹭羽如飞也。'后人因振加鸟作鷐。"②鸟名。白鹭。《玉篇·鸟部》："鷐，白鹭也。"

按：《诗经·周颂·振鹭》："振鹭于飞，于彼西雝。"孔颖达疏："言有振振然絜白之鹭鸟往飞也……美威仪之人臣而助祭王庙亦得其宜也。"又《鲁颂·有駜》："振振鹭，鹭于飞。"毛传："鹭，白鸟也，以兴絜白之士。"郑玄笺："絜白之士群集于君之朝。""振"指鸟群飞之貌，修饰"鹭"，构成偏正短语。后粘合为偏正式复合词，用以比喻在朝的操行纯治的贤人。

石刻引典或作"鷐鹭"，"振"涉下字"鹭"而增"鸟"符。北魏建义元年《元谳墓志》："业茂群龙，心华鷐鹭。"（《汉魏校注》6/196）《正字通·鸟部》："《左思·蜀都赋》'鸿俦鹄侣，鷐鹭鹈鹕'，本借《诗·振鹭》，《文选》讹作'鷐'，非鹭一名鷐也。"由此，《玉篇》释"鷐"为"白鹭"，实属望形生训，文献不见脱"鹭"单用而训为"白鹭"之"鷐"也。

《大字典》沿《玉篇》之误而为"鷐"增设"鸟名"之义项，当删。

【恿/愑】

《大字典·心部》（2470 页）"恿"：③欢喜。《广韵·肿韵》："恿，心喜也。"《西狭颂》："四方无雍，行人懽恿。"

《大字典·心部》（2497 页）"愑"：同"恿"。《集韵·肿韵》："恿，或从勇。"

按：东汉建宁四年《西狭颂》："四方无雍，行人懽恿。"（《北图》1/140）洪适跋："碑以恿为踊。"（《隶释》卷四）"懽恿"本当作"欢踊"，指欢呼跳跃。"懽"为"欢"之或体，"踊"涉"懽"而换为"心（忄）"符。

"恿"又更换声符作"愑"，正如"踊"或作"踴"。东魏武定八年《杜文雍等十四人造像记》："懃辛建立，愑跃难任。"（《北图》6/162）"愑跃"即"踊跃",形容情绪高涨、热烈,争先恐后。此处"踊"涉词义而换为"忄(心)"符。

可见,"恬(愡)"是"踊(躃)"的类化变体,除了字形改变,自身并未产生新义。文献也未曾发现"恬(愡)"或"踊(躃)"单用表示"欢喜"的例证。《正字通·心部》释"恬"曰:"喜则踊跃从之,非作恬……旧注训'喜'……非。"殆为确解。

综上,《大字典》为"恬"设立表"欢喜"的义项有失允当,此条宜沟通"恬""踊"之异体关系。

此外,《大字典》"愡"下缺少例证,可据补《杜文雍等十四人造像记》例。

二、纠正不当引例

【憓】

《大字典·心部》(2519页)"憓":同"譓"。《集韵·霁韵》:"憓,通作譓。"《史记·司马相如列传》:"陛下仁育群生,义征不憓。"晋左思《魏都赋》:"荆南怀憓,朔北思愢。"

按:《说文·叀部》:"惠,仁也。"在这个意义上,或累增"忄(心)"符作"憓"。北魏正光二年《封魔奴墓志》:"嫡孤饮憓,氓俗怀仁。"(《北图》4/115)此处"憓""仁"同义对举。饮惠,指蒙受恩泽。

"惠"又引申有"柔顺"义。《尔雅·释言》:"惠,顺也。"《诗经·邶风·燕燕》:"终温且惠,淑慎其身。"毛传:"惠,顺也。"在这个义项上,或增"言"符作"譓"。《集韵·霁韵》:"譓,顺也。"

"不惠",谓不顺从。《尚书·康诰》:"惠不惠,懋不懋。"孔传:"当使不顺者顺,不勉者勉。"《诗经·小雅·节南山》:"昊天不惠,降此大戾。"朱熹集传:"昊天不顺而降此乖戾之变。"《汉书·艺文志》:"德胜不祥,义厌不惠。"颜师古注:"惠,顺也。"或作"不譓"。《北史·周纪下》:"方欲绥德未服,义征不譓。"唐太宗《克高丽辽东城诏》."意在以杀止杀,仁育被于群生;用刑清刑,义征戡于不譓。"又作"不憓",《文选·司马相如〈封禅文〉》《汉书·司马相如传》"义征不憓",《史记·司马相如列传》作"不懬"。盖俗以"惠""懬"同义，而致"懬"之字用扩展，可兼表顺义也。

综上，"譓"是"惠"在表"顺"义上的专字，无仁爱义。《魏都赋》之"怀懬"当即"怀惠"之异，谓感念长上的恩惠。《论语·里仁》："君子怀刑，小人怀惠。"

追本溯源，《大字典》训"懬，同'譓'"似不妥，训为"同'惠'"当更为准确。

三、纠正不确释义

【硺】

《大字典·石部》（2608 页）"硺"：同"琢"。《龙龛手鉴·石部》："硺，击也。"《广弘明集》第二十四卷："观下有石井，耸跱中涧，雕硺刻削，颇类人工。"《四明尊者教行录》卷七："大璞不硺。"

按：《说文·玉部》："琢，治玉也。"《尔雅·释器》："玉谓之琢，石谓之磨。""琢"之本义为"雕刻玉石"，因常与"磨"连用兼"玉""石"义近相通，故或换为"石"符作"硺"。从文献用例来看，"硺"皆表雕琢义。《大字典》所引两例均如此。又如唐仪凤三年《董力墓志》："友于兄弟，硺磨道德。"（《北图》16/74）天宝十三年《秦暕墓志》："硺石工文，凭为不朽。"（《北图》26/107）

"琢"又通"椓"有"击"义。《说文·木部》："椓，击也。"《文选·班昭〈东征赋〉》（六臣本）："谅不登巢而琢蠡兮，得不陈力而相追。"李善本"琢"作"椓"并注："郑玄《周礼》注曰：'椓，击也。'"然而除《龙龛手鉴》释义外，文献似乎缺乏"硺"可释义为"击"的例证。

综上，"硺"是"琢"在表"雕刻玉石"义上的类化字，文献可征。《大字典》承《龙龛手鉴》而释"硺"为"击"，其下所引例证之"硺"则皆表"雕刻玉石"义，与书证不合。宜改释"硺"为"雕刻玉石"。

以上基于石刻材料，大致从六个方面举例论述了类化字研究在大型字书编纂上的意义。张涌泉（1995）在谈及敦煌文书类化字研究时，曾指出："类化字的研究应该是汉语文字学研究的一个重要课题，它对探讨汉字形体演变的规律，对现行汉字的简化和规范，对传世文献的整理和校勘，都具有十分重要的意义。"[1]

本文不揣谫陋，就石刻类化字相关问题展开一些初步的探讨，期待今后这方面的研究能够走向深入。

附注：

本文所引石刻拓片字例均注明出处，斜线前的数字表示册数，后表页数。为求行文简洁，石刻拓本汇编资料采用简称：《北图》指《北京图书馆藏中国历代石刻拓本汇编》，《汉魏校注》指《汉魏六朝碑刻校注》，《隋汇考》指《隋代墓志铭汇考》，《隋唐汇编》指《隋唐五代墓志汇编》。以上著作详情见参考文献。

本专题作者：董宪臣，原载《古汉语研究》2020 年第 3 期

参考文献

北京图书馆金石组 . 北京图书馆藏中国历代石刻拓本汇编 [M]. 郑州：中州古籍出版社，1989.

汉语大字典编辑委员会 . 汉语大字典 (第二版·九卷本)[M]. 武汉：崇文书局，成都：四川辞书出版社，2010.

（宋）洪适 . 隶释·隶续 [M]. 北京：中华书局，1985.

毛远明 . 汉魏六朝碑刻校注 [M]. 北京：线装书局，2008.

毛远明 . 汉魏六朝碑刻异体字研究 [M]. 北京：商务印书馆，2012.

（宋）潜说友 . 咸淳临安志 [M]. 杭州：浙江古籍出版社，2012.

---

[1]　张涌泉 . 敦煌文书类化字研究 [J]. 敦煌研究 ,1995(4)：71-79.

隋唐五代墓志汇编总编辑委员会.隋唐五代墓志汇编 [M].天津：天津古籍出版社，1992.

王其祎，周晓薇.隋代墓志铭汇考 [M].北京：线装书局，2007.

徐玉立.汉碑全集 [M].郑州：河南美术出版社，2006.

张涌泉.敦煌文书类化字研究 [J].敦煌研究，1995(4)：71–79.

张涌泉.汉语俗字研究（增订本）[M].北京：商务印书馆，2010.

专题六

多媒体技术在现代汉语课程汉字教学中的应用研究

　　现代汉语是高等学校汉语言文学等专业的一门专业基础课，文字部分的教学是该课程不可或缺的一项重要内容。教师通过对汉字相关问题的讲解，使学生正确地掌握和使用汉字，为学生将来从事语言文字及其相关工作打好基础。[1]随着多媒体技术发展的日趋成熟，高校硬件设施的改善，以及教师计算机应用水平的提高，我们已经具备了将多媒体技术引入课堂以改革传统现代汉语教学模式的初步条件。本文拟结合笔者及教学团队的教学实践经验，以现代汉语课程文字部分的多媒体教学为切入点，探索现代教育技术和高校现代汉语教学的最佳结合方式，希望由此对整门课程教学手段的改进、教学过程的优化以及教学效果的提升有所裨益。

一、现代汉语课程的教学现状及成因探析

　　从目前来讲，高校现代汉语课程的教学普遍存在着效果不甚理想的状况，其中文字部分的教学现状更是堪忧。为了对这个问题有更深层次的了解，我们通过课后测试、问卷、个别访谈等形式对学院部分学生进行了调查。结果显示，学生对这门课程及文字部分的学习存在几个不容忽视的共性问题：首先，对课程知识的把握不够牢固。学生往往在学习过程中就表现出对某些知识的困惑不解；或是

---

[1]　现代汉语为西南大学文学院汉语言文学专业（包括免费师范生及非免费师范生）、对外汉语专业大一本科生基础必修课程，长期由本院汉语国际教育系的部分教师所组成的教学团队负责讲授。本课程也被列为西南大学师范类专业重点课程数字化平台课程。

在当时似乎是理解了，但经过一段时间的"搁置"，所学知识便已"回生"，甚至原封不动还给了教师。这一点在语法部分的学习中体现最为明显。其次，对课程知识的运用存在困难。学生如果对知识本身就存在"消化不良"的情况，遑论将其灵活运用于实践。拿文字部分来说，查阅大中型语文字典、词典是中文系学生的一项基本技能，通过对汉字的形体结构、偏旁部首、排序方法等相关知识的学习，更应对此轻车熟路。然而我们却发现，有些学生在检索独体字、部首不明显的合体字、知其形不知其音的汉字、难检字上仍频频遇到难题，无法从字词丛林中快速、有效地遴选出自己所需的内容。再者，对授课形式的接受度较差。现在通行的现代汉语教学模式，仍以传统讲授型为主流。教师负责讲解，学生被动听记，教学手段单一死板、教学内容琐碎繁多，导致课堂在趣味性、互动性方面大打折扣，以至于不少学生认为这门课程"面目可憎"，远不如文学类、艺术类课程那么生动鲜活。最后，对所学知识重要性的意识不强。教师往往在绪论部分就开始强调掌握现代汉语基本理论和知识的重要性、语言文字规范化在现代化建设工作中的重要性等，但在教学过程中却容易拘泥于教材，罕与鲜活的社会语言文字应用实际接轨。而学生则习惯性认为，他们从小就开始学习用现代汉语表达思想与进行交际，似乎没有专门学习这门课程的必要。这种比较含糊的学习动机，容易导致他们的学习积极性和主动性不强。

现代汉语本是中文系各专业的一门传统主干课程，学好这门课程是学生扎实专业基本功、完善自身知识体系的必要环节。然而，上述一些状况的存在，使这门课程频频遭到学生的"冷遇"，长期陷入"教学两难"的尴尬境地，这值得我们深刻反思。我们认为，这种局面有其更深层次的原因值得挖掘，结合文字部分的教学来看，主要包括以下几点。

（一）从学科角度看，现代汉语的性质与理工科近似

现代汉语是语言学的一个分支学科。与文学类、艺术类等课程相比，语言学方面的课程更侧重于逻辑的思辨性和知识的系统性、微观性，具体内容相对抽象、零散，研究方法与理工科近似。有人将语言学比作"社会科学中的自然科学"是不无道理的。现代汉语课程的很多授课内容，如词类的划分、层次分析、句法成

分、语言规范化等，都是学习重点和难点所在，但由于这些内容本身的趣味性就不强，在一定程度上限制了教师在现代汉语课堂上的发挥空间，导致授课过程不够生动有趣，学习过程相对枯燥、乏味。文字部分的教学内容包括汉字的性质和作用、汉字的结构和形体、汉字的造字法、汉字整理和规范化等，整体上偏重汉字基础理论方面的讲解，虽然各版现代汉语教材对汉字部分屡有增补和订正，但主体部分仍难以脱离传统文字学的藩篱。这些内容相对保守、滞后，缺乏鲜活的时代性特征，较难吸引学生主动学习。

（二）从课程设置看，现代汉语的授课时间被大幅压缩

随着高校课程教学改革的进行和教学政策的调整，现代汉语课程的教学课时被逐步压缩。目前来看，高校的现代汉语授课时数约为一学年 108 课时，平均每周 3 ~ 3.5 课时。在这样有限的教学时间内完成所有的授课内容难度较大，因此不少学校在讲授这门课程时对教材内容往往有所取舍。[1]惯常的做法是保留语音、词汇、语法、文字的教学，而彻底舍弃修辞部分。为了确保知识点的覆盖面，又往往多讲少练，许多内容只能泛泛而谈、无法深入。即便如此，整个学年的教学时间仍显得不够宽裕。而语音、词汇、语法作为语言的三个基本要素，其教学相对重要，一般不得减省。这种情况下，文字作为语言的辅助性交际工具，在教学中也被摆在了"辅助性"的位置，其教学时间被大量"克扣"。如此，在极其紧张的教学时间内，把高深、晦涩的文字学知识理论讲深、讲透，同时激发学生的学习兴趣，就成为摆在教师面前的一道棘手难题。

（三）从时代角度看，当今大学生的语文能力普遍下降

大学生是社会语言文字工作的生力军，尤其是师范院校的本科生毕业后一般都从事语文教学方面的工作，他们语文能力将对整个社会的语文生活质量起到主导性作用。但从目前来看，大学生的语文能力存在着普遍下滑的情况。根据一项

---

[1]　目前各大高校使用的主流现代汉语教材，如黄廖版、邢福义版、胡裕树版、北大版等，内容相对繁杂且屡有增补，这往往造成教学内容不断扩充与教学时间不断压缩之间的尖锐矛盾。为了解决这一矛盾，有些新出的教材，如黄李版，经过"瘦身"，把传统教材的不少重难点内容列入了"课程延伸内容"，实为迁就之举。

针对大学本科一、二年级学生的抽样调查结果显示，他们在常用字的认读、规范汉字的书写及书面语的使用上都存在着不同程度的问题。大学生语文基础薄弱，汉字基本功不扎实，在现代汉语的学习过程中就会遇到更多的难题，容易造成畏难和厌学情绪。

（四）从实际教学看，教学观念和教学方法比较陈旧

在传统的现代汉语教学中，教师往往扮演着知识灌输者与课堂主宰者的角色，学生则处于相对被动的地位，其学习的积极性、主动性容易受到压制。从课堂时间分配比重上看，教师传授知识的时间远大于学生主动学习操练的时间。重理论而轻技能、重知识而轻实践，是自古以来我国积淀的语文教学传统。在这种传统教学观念的影响和制约下，现代汉语教学方法和手段比较单一、死板，教师依靠"一支粉笔、一张嘴、一本书"进行教学，学生依靠"听、写、读、背、考"进行学习，课堂缺乏互动，教学效果较差。时至今日，社会发展需要的是掌握专业知识与技能的复合型人才，而不是只会读书不善应用的"两脚书橱"。传统的教学观念和教学方法积弊已久，亟待我们做出调整和转变。

二、多媒体技术在现代汉语课程汉字部分教学中的应用

21世纪全球进入了一个信息化的时代，传统的教学模式正受到现代教育技术的强烈冲击。这不仅体现在教学手段、教学方法、教学内容的更新上，更体现在教学模式、教育思想、教学理论的深层次变革上。传统的授课方式为教师口述和板书，在拥有多媒体技术支持后，教师的任务部分转向了如何设计制作高效的多媒体课件，如何有效地控制教学进程，以及如何更好地控制技术因素与人的因素相结合等问题上。多媒体课件在动态性、直观性、扩展性等方面都展示出传统纸本教材所难以比拟的优势，更能体现人的认知方式和学习习惯。如何将多媒体技术更好地应用于现代汉语的课堂教学之中，提高学生的学习兴趣，取得最佳的教学效果，是我们教学团队一直以来都在研究和思考的问题。我们以现代汉语课程汉字部分为主体教学内容，对本院汉语言文学专业和对外汉语专业的大一本科生开展了一系列多媒体教学实验，取得了较为良好的反馈，也从中发现了一些尚可

改进之处。现将我们在教学实验中所尝试采用的一些教学手段进行总结。

（一）利用动画展示汉字演变过程，增强动态性

汉字经历几千年的演变，历史上曾出现过甲骨文、金文、篆书、隶书、楷书等不同字体。现今我们使用的汉字经过隶变、简化等过程，往往丧失了原本的象形、会意和形声等方面的构形信息，符号性特征增强，造字理据丧失或变得隐晦，容易造成汉字识记的困难。我们利用 FLASH 动画等手段，可以突破纸本教材静态性的局限，动态地展示汉字从古到今的演化历程，使现代抽象的汉字符号与其古代的图画性形体相互挂钩，增强学生的形象记忆，帮助其在头脑中建立汉字形义之间的关联。例如"鱼"字本像一条鱼的形状，简体字已不大能看出其鱼形，我们可将其字形演变过程进行展示。又如"见"为会意字，义即"看见"。甲骨文字形，上为"目"，下为"人"。其字形演变过程亦可进行展示。

（二）利用软件展示汉字笔顺与结构，增强直观性

在对外汉语教学领域，我国学者在 20 世纪末已经开始尝试设计汉字教学软件，并将其应用于汉字教学，例如《多媒体汉字字典》等。虽然现代汉语课程的授课对象为说汉语、写汉字、文化层次相对较高的中国本科生，似乎没有必要专门开发此类高端的教学软件，但我们仍有必要借鉴对外汉语教学方面的经验，利用网络提供的汉字软件，来展示汉字的读音、笔顺、部件、构造等信息，从视觉上增强对学生的感官刺激，加深对笔画的写法及先后顺序、合体字的组合方式的理解。例如"凸""凹"的笔顺不易掌握，我们可以利用比较流行的汉字笔画查询工具来演示其书写顺序和笔画的运动轨迹，字内某些复杂笔画（如"凸"字的第四笔）可用其他颜色作重点标示。

在讲解合体字的结构时，我们也可以采用此类方法，将字内的不同部件标示为各异的颜色，并动态演示构件的先后组合次序，辅以说明其部件的各类组合方式。对于一些形近字，我们也可以将具有区别性作用的笔画作醒目标示，巩固学生的记忆。

（三）利用图片展示历代书法作品，增强拓展性

我国书法历史悠久，历代的书法作品浩如烟海，一直散发着独特的艺术魅力。展示优秀的书法作品，有利于激发学生学习汉字的兴趣、提高汉字识别能力、培养其良好的写字习惯。然而，传统纸质教材囿于篇幅，只能示例性地择取有限几幅作品进行展示，且一般为尺寸较小的黑白图片，清晰度也较差。利用多媒体设备（如PPT）则很容易突破这种限制。我们可以方便地在网上找到海量的书法图片，选取其中具有代表性的、高分辨率的图片进行课堂展示，如有必要还可以对图片进行细部放大，使学生领略不同时期名家书法的精妙之处，进而引导其对汉字结构安排、笔画书写要领等问题进行更深入的思考。

（四）补充汉字文化知识，增强趣味性

汉字是传承和弘扬中华文化的重要载体，也是中华文明的显著标志。汉字文化博大精深，很多与汉字相关的知识都充满了趣味性。在课堂教学环节，如果能够通过多媒体对这些知识进行适当的穿插展示，可以提高学生的学习兴趣，提升课堂活跃度，如汉字对联、汉字谜语、有趣的字形、汉字游戏、造字传说、河图洛书、伏羲八卦等。

（五）引介网络资源，增强学习自主性

随着信息时代的到来，网络正在改变着我们的生活方式和学习模式。作为"互联网的原住民"，当代大学生善于通过网络渠道获取所需要的信息和资料。教师如果将自己所了解的与汉字相关的网络资源进行归纳与整合，并引导学生正确使用这些资源，那么对提高学生自主学习能力、培养他们的学习积极性将大有帮助。根据资源网站的类别，可将其主要分为三类：一类是工具性网站，该类网站将各类字典辞书进行了电子化整合，具备强大的汉语字词查询功能，可以很方便地进行在线使用，如汉典、汉辞网等；一类是资源性网站，该类网站上的语言文学类资源十分丰富，可以通过下载的方式获取各类字书、文档的电子版，如国学数典、新浪爱问、爱如生论坛等；一类是学习性网站，该类网站提供各类与汉字有关的

信息和知识，学生可以通过浏览网页获取更为丰富的汉字知识，如汉字网、书同文汉字网等。在课堂教学时，教师可以有意识地介绍这些网络资源并说明下载或使用方式，学生往往会对此表现出比较浓厚的兴趣。

三、一些余论

教学方法手段的更新，要以教学理念的转变为先决条件。建构主义理论认为，学生是认知的主体，是知识的主动建构者。学生在认知过程中，根据自己已有的知识经验，通过对外部信息的加工、处理，主动建构知识的意义，以获取知识。所谓"授之以鱼不如授之以渔"，以建构主义理论为指导，改变传统的教学模式，以学生为中心，引导学生充分发挥认知主体作用，也是现代教育技术应用于课堂所负载的任务之一。

在转变现代汉语课堂教学模式的过程中，教师也要找准定位，完成自身角色的转换，从课堂的主导者变为教学的组织者。多媒体教学对教师提出了更高的要求，不仅要全面扎实地把握现代汉语教学的内容，具备过硬的专业素质，更要不断提高多媒体教学设备的使用能力，同时尽量详尽地了解网络教学资源的获取渠道，充分挖掘多媒体的潜力。

从课堂教学方面来说，我们要积极促进多媒体技术与教学环节的有效结合。当新的教学技术参与教学过程时，必然要经历一段相互协调和适应的过程。以多媒体为核心的现代化教学工具，为我们的教学提供了集声音、图像、文字于一体的多层面展示的便利，在增大信息输出量、增加练习时间、增强教学直观性等方面具有传统教学设备无法比拟的优势。因此，我们就更要充分利用有限的教学时间，在直观性、趣味性、互动性等方面做文章，弥补纸质教材的弱势和不足，增大课堂容量，将多媒体技术的应用与实际教学环节完美地结合在一起，使得技术运用与教学内容相互协调、衔接自然，充分调动学生自主学习的积极性，以取得更佳的教学效果。

本专题作者：董宪臣，原载《现代语文》（学术综合版），2013 年第 12 期

参考文献

[1] 黄伯荣，李炜.现代汉语 [M].北京：北京大学出版社，2012.

[2] 常月华.大学生语文能力现状调查与分析 [J].郑州大学学报（哲学社会科学版），2007，40（3）：153-156.

[3] 郑艳群，等.多媒体汉字字典（HSK·甲级·英文版）[M].北京：北京语言文化大学出版社，1999.

专题七

语言三要素与语文教学

第一节　语音与语文教学

一、《汉语拼音方案》的前世今生

1958 年 2 月 11 日第一届全国人民代表大会第五次会议通过了《关于汉语拼音方案的决议》，这标志着我国法定的汉语拼音方案正式发布并开始推行、普及。这是中国迈向现代化的重要成果，造福社会，影响深远。对于我们来说，汉语拼音太熟悉而又太陌生。没有汉语拼音，我们的生活几乎无法想象，可是关于它的"身世"却鲜为人知。有谁知道，这简单的字母竟然事关民族存亡。有谁知道，这简单的字母背后凝聚了多少语言学家的艰辛付出。《汉语拼音方案》至今已走过 66 年。中国的拼音注音识字，在经历了两千多年的历史，无数人前仆后继、呕心沥血后，最终解决了中国人"识字"这一难题。

（一）古代汉字注音法

从汉代开始，中国就开始探索如何给汉字注音，最早采用的是"直音法"。意思是，用一个你会念的音去给另一个字注音。比如：拾，音十；诞，音但。

东汉后期出现"反切（qiè）法"，不同于以前只用一个汉字来注音，反切法是用两个汉字来注音，为什么是两个呢？那是因为反切法已经把汉字的字音分成了声、韵两部分，声母用"反切上字"来表示，韵母和声调用"反切下字"来表示，声韵相拼，拼出读音。比如："喜"字就可以用"虚里"来反切注音，写作"虚里切"，虚字取且只取它的声母 x，里字取且只取它的韵母和声调 ǐ，然后把它们像拼音一样拼读，就拼出了喜的读音 xǐ。反切法的诞生，使注音的灵活性、科学性和准确性大大提高，是我国注音方法上一次质的飞跃，是一件了不起的事情。此后反切法逐步完善，渐臻成熟，成为古代注音的主要方法，流行使用了 1700 多年。

（二）明清西方传教士的奠基

明朝万历年间，意大利传教士利玛窦（Matteo Ricci）来到中国传播基督教。为了传教方便，他和罗明坚〔原名米凯莱·鲁吉里（意大利语：Michele Ruggieri）〕神父用拉丁字母给汉字注音，开启了字母拼音的序幕，之后利玛窦不断完善方案，并于 1605 年在北京出版了《西字奇迹》。后来在利玛窦方案的基础上，法国耶稣会传教士金尼阁（Trigault）对其进行了修改，进一步使用 5 个元音字母、20 个辅音字母与 5 个声调符号给汉字注音，并出版了《西儒耳目资》，用于帮助西方人学习汉语。

清代，在广州传教的英国传教士马礼逊（Morrison）在 1815—1823 年间编写了一部《华英字典》，这是第一部汉英词典。词典的本质是采用罗马字来拼写汉语的广东方言，创制了"方言教会罗马字"。之后，我国创制汉语拼音方案也从其中吸取了很多可贵的经验。

1867 年，威妥玛（Wade）时任英国大使馆秘书，他为了拼写中国人名、地名等，设计了一套用拉丁字母来拼写北京语音官话的方法，并整理出版了《语言自迩集》，这套拼写法叫作"威妥玛式"。后来翟理斯（Giles）在其《华英字典》（1912 年出版，*Chinese English Dictionary*）中，对威妥玛的标音系统又稍微进行了改良调整，形成了"威妥玛 – 翟理斯式"（Wade-Giles），此种拼音系统被称为"邮政式拼音（Postal Spelling System）"。此后在邮政电信、海外图书馆中文藏书编目、外交护照之中文人名及地名的译音等方面都使用威妥玛式拼音法。1958 年汉语拼音推行之后，威妥玛拼音法虽在大陆基本不再使用，但在几个领域依然发挥重要作用：其一为保证历史的延续性，少量享誉海内外的校名、商标至今仍旧使用威妥玛拼音法，如清华大学 Tsinghua University、北京大学 Peking University、茅台 Moutai、中华 Chunghwa、张裕葡萄酒 Changyu。其二有些使用威妥玛拼音的专有名词已被吸纳为英文的外来语，如功夫 Kungfu、太极 Taichi、易经 I Ching、清明节 Chingming Festival、宫保鸡丁 Kungpao Chicken 等。其三在西方学术界仍采用威妥玛拼音拼写某些历史名人，如孙中山 Sun Yat-sen、毛泽东 Mao Tse-tung、蒋介石 Chiang Kai-shek、宋庆龄 Soong Ching-ling、宋美龄 Soong May-Iing 等。

（三）清末的切音字运动

1840 年鸦片战争爆发，开民智成为知识分子的迫切需求。在这样的浪潮之下，一些爱国知识分子提出了教育救国的主张，他们认为汉字的繁难是教育不能普及的原因，因此为普及教育、开发民智、强国富民、挽救民族危亡，他们掀起了一场汉字拼音化运动，即"切音字运动"。卢戆章在百余年的汉字沉浮和拼音浪潮中掀起了最初的波涛，他打破了对汉字的灵物崇拜，将汉字作为工具来使用。1892 年卢戆章编写的《一目了然初阶》成为了第一部由中国人制定的汉语拼音方案。卢氏虽说"中国字或者是当今普天之下之至难者"，但他并不主张废除汉字，而是主张"切音字与汉字并列"，通过切音字"可无师自识汉文"。他的这种切音字与汉字并行的观点是切音字运动的一个普遍观点，也拉开了汉字拼音化运动的序幕。

在这场"切音字运动"中，根据倪海曙《清末汉语拼音运动编年史》所载，1892—1910 年，全国各地提出的切音字个人方案有 28 种，其主流是拼写官话音的双拼制汉字笔画式字母方案。如逃亡日本的王照在受到日本片假名影响下，写成了第一套汉字笔画式的拼音字母——《官话合声字母》，也是主张汉字与官话字母互为补充，它以北京官话为基准，是"切音字运动"中影响最大的一种方案。清末的"切音字运动"虽未获成功，但是中国的汉字拼音化运动始终承载着文化先驱们寻道图强的爱国使命，它所奔向的，必定是一个革故鼎新的新时代，必将推动中国汉语拼音的发展。

（四）中华民国拼音方案的失败

中华民国成立后，面对汉字繁难、方言繁杂的问题，国民教育始终无法普及。为普及教育，急需制定一个能推及全国的汉语拼音方案。1913 年 2 月，北洋政府在北平召开了教育部"读音统一会"，此次大会的宗旨明确：审定国音，采定字母。会议最终确定了"标准国音"并拟定了一套汉字笔画式的音字母为汉字注音。1918 年教育部正式公布汉字注音字母，并在小学推行。1930 年把注音字母改为注音符号。

五四运动后，"汉字革命"愈演愈烈，部分激进的学者提出制定国语罗马字代替汉字。面对"传统与现代"的冲突，汉语拼音的发展前途不明。在希望通过扩大对外交流让中国与国际接轨的现实背景下，1926 年，赵元任、黎锦熙等语言学家创立国语罗马字拼音法式。1928 年，教育部正式公布"国语罗马字拼音法式"，完全采用 26 个拉丁字母，声调用字母表示，比如 ā、á、ǎ、à 四个声调在国语罗马字中标注为：a、ar、aa、ah，陕西的"陕"是第三声，则对应"aa"，所以写作 shaanxi。这一方案在当时风行，尽管相较于之前，语言学科的科学性、文字体系的完整性、符号的国际性均有进步，但这一繁难的国语罗马字拼音法式始终难在百姓生活中普及。如何使这汉语拼音方案由"阳春白雪"变成"下里巴人"，实现雅俗共赏、普及大众，这个问题兜兜转转又绕回眼前。

"国语罗马字拼音法式"的推行走向低潮时，瞿秋白、吴玉章等共产党人向苏联学习，于 1931 年制定"拉丁化新文字"并在华侨工人中大力推行。1933 年"拉丁化新文字"传回国内，各地人民接连响应、积极学习，极大地方便了教育的普及和抗日救亡思想的传播。这是汉语拼音改革历史上非常辉煌的一页，但它在理论上不成熟，也终究在历史中蒙尘。

注音字母、国语罗马字和拉丁化新文字，它们在风云激荡的 20 世纪，伴随着国家的命运，留下了不可磨灭的印记，但是由于它们自身的局限性，都无法适应社会的需求。

（五）新中国汉语拼音方案的制订

1949 年新中国成立，中国经历了近百年的战乱、危机，人民生活非常贫苦，缺少接受教育的机会，文盲和半文盲约占全国总人口的 80%，这极大阻碍了国家进行现代化建设的进程。为普及文化教育、快速扫盲脱盲，党和国家需大力推动文字改革，制定汉语拼音方案。

此时的中国，并存着三种不同形式的拼音方案，它们分别是 1913 年制定的注音字母，1926 年制定的国语罗马字和 1931 年制定的拉丁化新文字。各类拼音法并存的混乱局面，引起了毛主席的关注。毛主席认为："文字必须改革，要走世界文字共同的拼音方向；形式应该是民族的、字母和方案都要根据现有汉字来制订。"[1] 1952 年设立了中国文字改革研究委员会，并指出汉语拼音字母形式应该采用民族形式。

1950 年到 1955 年，社会各界共有 633 人提交了 655 种汉语拼音方案。这些方案中各有千秋，有汉字笔画式，有外文字母式，有图案式，有数码式的，甚至还有速记符号等，但是都让人不甚满意，大家都在争论到底什么是民族形式的拼音方案，各家见解不同，意义不一。1954 年，周有光发表了一篇名为《什么是民族形式》的文章，提出自己的独到见解："民族形式的形成，要经过一个习惯培养的时期。经过培养，胡琴可以变成国乐，旗袍可以变成汉服，外来的字母可以变成民族字母。对于英语来说，拉丁字母也是外来的字母，用它来拼英语，便成了英国的民族形式了。汉字的形式不适合字母要求，世界上最通行的是拉丁字母。我们与其另起炉灶，还不如采用它。"[2]

吴玉章非常重视周有光这一观点，提出汉语拼音可以采用拉丁字母。毛主席最终也赞成这一提议，这使得甚嚣尘上的汉语拼音字母形式的争论最终尘埃落定。1956 年 2 月 12 日，中国文字改革研究委员会公布了汉语拼音的制定原则：汉语拼音采取拉丁字母的字母形式，以北京语音为标准音，是一种彻底采用音素化的拼音方案。周有光又从反面说它有三个不是：（1）它不是汉字的拼形方案，而是汉语的拼音方案；（2）它不是方言的拼音方案，而是普通话的拼音方案；（3）它

---

[1]　黄佳加 . 书同文（上）——50 年前的〈汉语拼音方案〉制订始末 [N]. 北京日报 ,2008-4-22.

[2]　同上。

不是文言的拼音方案，而是白话的拼音方案。这"三个不是"具有很重要的意义，为拼音方案的制订指明了方向。

1956 年 2 月 20 日，主张采用 26 个拉丁字母的《汉语拼音方案（草案）》出台。草案明确提出："拟定汉语拼音方案的目的，是要设计一套拼音字母和写法规则，来拼写以北京语音为标准音的普通话。"

在专家们认真分析、反复推敲、酌古斟今下，1958 年 2 月 11 日，第一届全国人民代表大会第五次会议正式批准通过了《汉语拼音方案》（以下简称《方案》），标志着我国法定的汉语拼音方案正式发布并开始推行、普及。《方案》采用国际通用的拉丁字母，实行音素化的拼音方法，能拼写普通话语音里所有的音节，它既不违背传统，又便于接受，可以说是更加完善的最佳方案。这在中国语言文字的发展史上影响深远，可谓功在当代、利在千秋。

（六）汉语拼音方案飞入寻常百姓家

汉语拼音方案的制定、推行，是中国迈向现代化的重要成果，造福社会、影响深远。如今，小到日常生活，大到国际交流，汉语拼音在其中都发挥着不可磨灭的作用。在人名拼写中，中国人大都习惯使用汉语拼音拼写本人姓名，且把"姓"放在"名"之前拼写，这与外国人拼写姓名恰恰相反，也突出了汉语拼音独有的中国特色；在教学中，汉语拼音是拼写和注音离不开的工具，它帮助学生在早期读写中能够更加轻松方便地学习普通话，促进孩童智力的发展和提升孩童识字、认字的阅读能力；在新闻出版方面，汉语拼音被用于拼写书名、刊名，按照汉语拼音字母表对工具书词条进行排序，极大提高了查找书目刊物的效率；在工业生产方面，汉语拼音被用于产品代号的编制和各种事物种类的表示，如铁路用 Z 表示直达特快列车、T 表示特快列车等，为大家出行以及生活的方方面面都带来了方便；在网络交流方面，我们需要用汉语拼音打字造句，键盘上的一个个独立字母经过敲打变成了一串串生动的话语，汉语拼音促进了人们之间的交流，使远在各地的人们之间的联系也变得密切；在民族交融方面，汉语拼音的统一推广和使用，打破了以往不同民族间交流的隔阂，使各民族间能友好往来，进行文化经济交流，不仅系紧了各民族间团结一致的纽带，更增强了民族自尊心、自信心，全面提升了我国的文化软实力。

随着中国综合国力的不断提升，汉语学习的热度不断升温，汉语拼音作为汉字注音的工具，也必然成为许多外国人学习汉语的前提。在他们学习汉语拼音的过程中，他们了解了汉语拼音的由来，领会了中国文化的博大精深，这也大大促进了中国文化走向世界的步伐，促进了中外文化的积极交流，彰显了汉语及汉语拼音在世界舞台上的重要地位。尽管汉语拼音仍存在局限和不足，但不能否认的是，汉语拼音从国家标准到国际标准，从扫盲工具发展为汉字信息输入的重要工具和中外文化交流的桥梁，它确确实实让古老的汉字插上了拼音的翅膀，飞向世界、飞向未来。

二、《汉语拼音方案》字母读音问题

（一）拼音字母的三种读音

《汉语拼音方案》采用的是国际通用的 26 个拉丁字母，一共包括 5 个部分：字母表（26 个字母）、声母表（21 个声母）、韵母表（35 个韵母）、声调符号（四个）、隔音符号（用于隔开两个界限发声混淆的音节）。关于这 26 个字母读音一直存在较大争议，我们先来梳理《汉语拼音方案》字母的读音。

1. 名称音

该方案的第一部分是字母表，规定了汉语拼音字母的形体、顺序和名称。名称音就是这些字母起的名字，给汉语拼音字母起一个名称也是出于国际惯例的考量，拉丁字母是一种世界性的字母，已为许多国家所借用，而借用的各国都依照本国语言对字母名称进行了重新规定。我国语言学家根据汉语普通话实际的语音，来给字母表中的 26 个拉丁字母规定名称并用注音符号给字母标示读音。我们用的国际音标标注如下：

A[A]	B[pɛ]	C[tsʰɛ]	D[tɛ]	E[ɣ]	F[ɛf]	G[kɛ]
H[xA]	I[i]	J[tɕiɛ]	K[kʰɛ]	L[ɛl]	M[ɛm]	N[nɛ]
O[o]	P[pʰɛ]	Q[tɕʰiou]	R[ar]	S[ɛs]	T[tʰɛ]	
U[u]	V[vɛ]	W[wA]	X[ɕi]	Y[jA]	Z[tsɛ]	

为了方便大家称说各个字母，也为了便于记忆和推广，把 26 个字母编成了两句七言句和两句六言句，每句后面都以 ê 为韵脚，朗朗上口，极富民族色彩：

A	bê	cê	dê	e	êf	gê
ha	yi	jiê	kê	êl	êm	nê
o	pê	qiu	ar	ês	tê	
wu	vê	wa	xi	ya	zê	

汉语拼音字母与注音符号、汉语拼音读音对照

字母	A	B	C	D	E	F	G
注音	Ｙ	ㄅㄝ	ㄘㄝ	ㄉㄝ	ㄜ	ㄝㄈ	ㄍㄝ
拼音	a	bê	cê	dê	e	êf	gê

字母	H	I	J	K	L	M	N
注音	ㄏㄚ	ㄧ	ㄐㄧㄝ	ㄎㄝ	ㄝㄌ	ㄝㄇ	ㄋㄝ
拼音	ha	yi	jie	kê	êl	êm	nê

字母	O	P	Q		R	S	T
注音	ㄛ	ㄆㄝ	ㄑㄧㄡ		ㄚㄦ	ㄝㄙ	ㄊㄝ
拼音	o	pê	qiu		ar	ês	tê

字母	U	V	W		X	Y	Z
注音	ㄨ	ㄛㄝ	ㄨㄚ		ㄒㄧ	ㄧㄚ	ㄗㄝ
拼音	wu	vê	wa		xi	ya	zê

注："ㄝ"读为ê [ɛ]，V 只用来拼写外来语、少数民族语言和方言。

5 个元音字母发音响亮，按汉语实际音值读，21 个辅音字母分别加上了元音，以便于呼读：b、c、d、g、p、t、v、z 后面加 [ɛ]，f、l、m、s 前加 [ɛ]，h 后加 [ʌ]，这些跟西方多数语言的名称相同。j、q、k、r 根据汉语的语值并考虑到跟 x、h、l 的区别，规定为 jiê，qiu，kê，ar 与拉丁字母名称比较接近；为了便于方言区人们称说，规定 l 为 êl，n 为 nê；为了跟 i、u 区别，规定 y、w 为 ia，wa；x 定名为 xi。

名称音是用来称呼这 26 个拉丁字母的，换句话说，就是给 26 个字母取得名字。不同的国家对这 26 个拉丁字母称呼有所不同，每个国家都根据本国的语言特点创制 26 个字母的名称音。

2. 呼读音

《汉语拼音方案》中的声母表有 21 个声母，平常念声母，一般是念它的呼

读音，声母的呼读音都是在声母的本音后面加上一个元音。[1]

由于汉语声母多为清辅音（除了鼻音 m、n，擦音 r），发音不响亮，为了声母辅音音素教学方便，在声母的后面加上一个响亮的元音来呼读，这就是声母的呼读音。21 个声母的呼读音依次为：

bo、po、mo、fo、de、te、ne、le

ge、ke、he、ji、qi、xi、

zhi、chi、shi、ri、zi、ci、si

b、p、m、f 加 o[o]，g、k、h 后面加 e[ɣ]，j、q、x 后面加 i[i]，zh、ch、sh、r 后面 –i[ʅ]，z、c、s 后面加 –i[ɿ]

《汉语拼音方案》中的声母表通常用呼读音来呼读。这套呼读音实际上根据注音字母传统的读音而来。

b p m f	d t n l
ㄅ ㄆ ㄇ ㄈ	ㄉ ㄊ ㄋ ㄌ
玻 坡 摸 佛	得 特 讷 勒
g k h	j q x
ㄍ ㄎ ㄏ	ㄐ ㄑ ㄒ
哥 科 喝	基 欺 希
zh ch sh r	z c s
ㄓ ㄔ ㄕ ㄖ	ㄗ ㄘ ㄙ
知 蚩 诗 日	资 雌 思

注音字母是为汉字注音而设定的符号，北洋政府教育部在 1918 年正式颁布执行，所以声母的呼读音是由老一代知识分子创制并沿袭保留下来的读音，有着广泛的群众基础。

3. 本音

声母不加元音就是本音，这是对汉语拼音音节中具体的音素音值而言的，它不响亮、听不清、不便于呼读。用声母拼音时，应该用它的本音。教学韵母，由

---

[1] 黄伯荣，廖序东 . 现代汉语（增订六版）上册 [M]. 北京：高等教育出版社，2017：75.

于韵母发音响亮，因而韵母的呼读音就是本音。

声母本音用国际音标标注如下：

b[p]　　p[pʰ]　　m[m]　　f[f]　　　　d[t]　　t[tʰ]　　n[n]　　l[l]

g[k]　　k[kʰ]　　h[x]　　　　　　　　j[tɕ]　　q[tɕʰ]　　x[ɕ]

zh[tʂ]　ch[tʂʰ]　sh[ʂ]　r[ʐ]　　　　z[ts]　　c[tsʰ]　　s[s]

以上给大家解锁了汉语拼音字母的三种读音，在汉语拼音方案中一个字母在不同的场景下有不同的读音，念字母的名称就使用名称音，念声母的时候就使用呼读音，声韵调拼合的时候就使用本音。

（二）字母名称读音的现状

《汉语拼音方案》中的《字母表》明确规定了 26 个字母的名称音，60 多年过去了，名称音已经在人们的生活中销声匿迹，人们对名称音不了解、不熟悉、不推广。在汉语的拼音教学中我们也不再教授名称音，我们在实际应用中也不再使用名称音对字母进行称读。我们到底应该如何称说汉语拼音中的这 26 个字母，就成了我们需要面对的问题。现实生活中关于字母的读音主要有以下几种情况：

（1）在小学拼音教学中，偶有老师教字母表中的名称音，一般是开始教《字母歌》，但是很多家长不了解名称音，误以为老师发音奇怪，误人子弟。在我们对小学低龄学段的拼音教学调研中发现，教材不再提及名称音，教学中不再涉及名称音，而是直接进行声母表、韵母表和声调的拼合教学。

（2）在使用汉语拼音方案字母表时，很多人会把拼音字母的名称音读成它的呼读音。如 a、b、c、d、e、f、g 读成 a[A]、b[po]、c[tsʰ]、d[tɤ]、e[ɤ]、f[fo]、g[kɤ]，人们习惯沿用传统注音符号的呼读音。汉语拼音字母辅音声母的名称音与呼读音在选用元音时有一些差别，但是人们更熟悉呼读音，把名称音和呼读音混为一谈了。

（3）当今社会，随着英语教学在中小学和大学的深入推广，中国人英语普及程度也随之增高，人们对英文字母的名称音非常熟悉，并在生活中广泛使用。大部分人总是借用英文字母名称音来称说汉语拼音字母，这是不争的事实。比如，聊天软件 QQ，人们不说 [qiuqiu]，而说成英文字母的读音 [kjuːkjuː]。

（三）字母名称读音的争论

关于《方案》字母名称读音的争议可以说自其颁布实施以来就没有停止过，时至今日，这个问题依然存在，至今没有解决。字母名称读音是个小问题，但关系重大。关于此问题学者观点主要分为三类。

1. 大力推广现有字母名称音

周有光（1959）年探讨了拼音字母名称的必要性及其命名原则，明确不沿用注音字母这一旧的名称音和不借用英文字母名称，倡议推广新的名称音。除了汉语拼音字母读名称音，当我们碰到字母词和科技符号的时候，都倡导读汉语拼音名称音。他提出："字母名称的作用主要不在作为拼音练习的手段，而在学会字母以后长期间和多方面的称说应用。……从整个作用来看，新名称比旧名称优越得多。两套名称长期并存只会造成混乱，增加困难。旧名称不破，新名称不立。……我们应当抛弃旧习惯，接受新事物，从旧名称过渡到新名称。"[1]

随后竺可桢（1961）[2]、季羡林（1961）[3]、傅懋勣（1961）[4]等也认为汉语拼音字母的读音比英语字母等更能反映自身的读音，应该迅速推广到科技领域，也坚持《方案》中字母读音应使用其最初设计的读音，直到现在这样声音依然存在，范可育（2005）吁请教育有关当局重视汉语拼音字母的教学，教好汉语拼音的字母名称，使每一个接受过义务教育的学生都能用汉语拼音字母名称说汉语拼音字母。[5]

2. 借用英文字母名称音

面对《字母表》名称音形同虚设、无人知晓、没有被大众接受这一事实，梁美灵、王则柯（1990）建议按照语言约定俗成的社会属性，结合广大民众的使用现状，

[1]　周有光. 字母名称和拼音教学——拼音字母教学法问题讨论之一[J]. 文字改革，1959(6)：10–13.

[2]　竺可桢. 用汉语拼音字母名称合乎历史发展规律[J]. 文字改革，1961(2)：3.

[3]　季羡林. 必须用汉语拼音字母的读法来读[J]. 文字改革，1961(2)：3–4.

[4]　傅懋勣. 应该在科技上迅速统一使用汉语拼音字母的名称[J]. 文字改革，1961(3)：22.

[5]　范可育. 可以按照英文称说汉语拼音字母吗？[N]. 语言文字周报，2005–1–26.

因势利导借用英文字母名称称呼汉语拼音字母。[1]之后，越来越多的学者都附议，张宇（2007）提出废除原有的汉语拼音字母名称音音值，借用英语字母的名称音音值，因为英语有广泛的社会基础，这样做能够得到大家的认同，符合现实情况，能够方便教学，不加重学生的学习负担，而且通用性强，可以与国际接轨，方便对外汉语教育，有助于汉语走向世界。[2]

3. 调整完善现有字母名称音

每个国家借用拉丁字母，都会制定符合本国发音习惯的字母名称。有一些学者认为我国拼音字母名称音的确定经过了三年的反复打磨和广泛的讨论研究，虽有一些小瑕疵，但总体来说科学合理，符合国际化与民族化的要求，在推广普通话上取得了巨大成就。现推广的拼音字母名称音有社会基础，具有强大的生命力，不能因小失大、轻易舍弃，而是应该两手抓，一方面完善和修订现有字母的名称，使之符合北京语音的方言习惯，便于大家记忆和称读，另一方面也要从语言文字政策上继续大力推广汉语拼音方案字母表的读音，使更多的人认识了解名称音。张鹤泉（1993）提出，现有方案在设计字母名称时抛弃了传统，使得一半以上的字母名称背离了北京音系，应该对其进行修订。[3]

马庆株、马燕（2004）提出对汉语拼音方案字母名称国教标准（1982）版做审慎改动，将他认为问题最大的辅音后带 [ɛ] 音的字母宜改成 [e]，变成 b[be]、c[tse]、d[de]、g [ke]、k[ke]、n[ne]、p[pe]、t[te]、v[ve]、z[ze]，而 f[ɛf]、l[ɛl]、m[ɛm]、s[ɛs] 仍保持不变。马庆株、马燕说道："这样的处理并没有改变整个字母名称体系，只是对国家标准进行了微调而已，相信会有利于字母名称的称读和推广。"[4]王立（2006）也认为《方案》为大多数辅音字母选配的元音 [ɛ] 与汉语传统的发音习惯不合，这个音在汉语音韵系统中不多用，额外增加了人们学习

[1]　梁美灵、王则柯.关于汉语拼音字母借用英文字母名称的建议 [J].中山大学学报（哲学社会科学版）,1990(4)：118-121.

[2]　张宇.关于汉语拼音字母名称音教学改革的探索 [J].陕西广播电视大学学报,2007,9(4)：75-77,82.

[3]　张鹤泉.关于字母名称的优化问题 [J].语文建设,1993(11)：28-29.

[4]　马庆株,高燕.汉语拼音字母名称的完善与推行 [J].吉林师范大学学报（人文社会科学版）,2004,32(4)：6-12.

和使用的负担，普及起来自然困难重重。[1]专家建议依据汉语声韵调系统的传统读音，对某些辅音后的元音进行微调，这样既便利于称读，又与《方案》的规定出入不大，既满足了全球一体化的需要，也尊重和保留民族特征之精髓。

4. 用呼读音代替名称音

1958 年《汉语拼音方案》正式公布，字母名称并未沿用旧的注音字母名称，而是采用了新名称。张鸿魁（1987）分析总结这套新名称的应用情况及其得失，认为沿用注音字母读音符合汉语的特点。[2]王玫君（2000）也认为声母呼读音有着广泛的群众基础，符合《汉语拼音方案》制定原则中遵循本国传统的原则，好教易学，与拼音方法一致，用声母呼读音代替相应的辅音字母名称音是可行的，也将是必然的。不应让辅音字母呼读一套，称说一套形成内耗，而应让它们合二为一，形成抵御英语称说的强大力量。[3]

（四）汉语拼音方案字母名称对策

1. 拼字字母名称的必要性

（1）便于称说

拼音字母分为元音字母和辅音字母。在 26 个字母中，元音字母只有 5 个，就是 ɑ、e、i、o、u，其余都是辅音字母。元音字母发音时不受阻碍，音值响亮，所以元音字母一般都以它本来的音值为名称，音值和名称是合二为一的。辅音字母发音时受阻，音值不响亮，听起来不清楚。辅音字母必须要加一个元音，构成一个名称，才便于称说。对于儿童和初学者，应该在认识字母之初就教字母名称，因为离开名称是无法称说字母的。周有光（1959）说道："拼音字母的名称是绝对必要的，不是多余的、可有可无的。"[4]

---

[1]　王立 .《汉语拼音方案》字母名称音的呼读问题 [J]. 江汉大学学报（人文科学版），2006,25(4)：66-67.

[2]　张鸿魁 . 汉语拼音字母名称再议 [J]. 东岳论丛，1987(2)：16-19,100.

[3]　王玫君 .《汉语拼音方案》中辅音字母名称音由声母呼读音取代的必要性和可行性 [J]. 铜仁师专学报（综合版），2000(1)：17-21.

[4]　周有光 . 字母名称和拼音教学——拼音字母教学法问题讨论之一 [J]. 文字改革，1959(6)：10-13.

（2）各国惯例

各国采用拉丁字母拼写本国语言，都会依据本国语言特点创制26个字母的本国名称音。拉丁字母是目前世界上最通用的字母。拉丁字母最初是用于书写古拉丁文，源于希腊，罗马帝国用来书写拉丁文，所以也称为罗马字母。拉丁字母构形简洁，书写便捷，使用范围广泛，许多民族长期使用拉丁字母，现在欧洲绝大多数国家都在采用拉丁字母。在美洲，全部国家都用拉丁字母，其中南美洲和中美洲连本土语言也使用拉丁字母，形成了拉丁美洲。"二战"以后，大洋洲也全部拉丁化。在非洲，撒哈拉沙漠以南地区全部拉丁化。在亚洲，土耳其、印度尼西亚、马来西亚、菲律宾、越南也是用拉丁字母。现在非拉丁字母文字的国家也都制定了拉丁字母的拼写法作为辅助性文字或拼音符号。中国的《汉语拼音方案》也是采用的拉丁字母，该方案于1982年成为汉语罗马字的国际标准。世界上以拉丁字母为正式文字的国家现在有200余个，占世界总数的四分之三。这些文字在进行语音对应的同时，也都依据一定的原则和本土语音的特点对拉丁字母的名称进行了创制。也就是即使都使用拉丁字母，但各国字母的名称却不尽相同。比如字母 W，英文读 [dʌblju:]，法语读 [dubləve]，德语读 [ve:]，可见这些拉丁字母经过一种语言的长期使用，就成了各国的"民族文字"，每个国家都为拉丁字母创制了符合本民族语言特点的名称音，以方便称说。

2. 汉语拼音字母名称读音的建议

拼音方案字母名称读音是个小问题，但关系重大。名称音自公布以来已经过去60多年了，依旧没有得到很好的推广和普及，大家对《汉语拼音方案》字母表中的名称音不熟悉、不了解。字母的名称音是小学拼音教学的基石，关乎基础教育的质量；名称音的误读和错读，也让我们丢掉了字母的民族化进程，有损汉语的尊严。名称音的问题应该也必须提上日程，这一问题我们不能熟视无睹。我们认为《汉语拼音方案》是最佳方案，但是不等于说毫无瑕疵、尽善尽美，应该根据现有的实际情况对字母表的名称音进行修订，使之更便于教师教和学生学，从而得到推广和普及。

（1）用声母呼读音来代替名称音中的辅音音值

名称音就是给拼音26个字母起的名字，辅音字母加上元音，显得更加清晰、便于称说，既然是这样我们建议用声母呼读音来代替名称音中辅音字母名称。呼读音其实就是给声母（注音字母）起的名称，它有广泛的群众基础。虽然 1958 年颁布实施的《汉语拼音方案》规定了新的字母名称，旧的名称（bo po mo fo）就应当淘汰，但是时间给了我们回答，60 多年过去了，新的名称音已经名存实亡，人们不再使用，反倒是旧名称呼读音，人们依然沿袭这一传统旧名称。这是有目共睹的事实，我们应该因势利导、约定俗成，对字母名称进行修改，从俗从众，采用大家习惯的注音字母的呼读音为名称音。这是时间给出的答案，我们应选择遵循。

（2）字母词的读音可以采用英文字母音值称说

我们不建议拼音方案的名称音借用英文字母的名称，是因为拉丁字母虽是国际通用的，但是字母的名称音应该具有民族性，且符合本民族语音特点。每个国家都有符合本国语言特点的字母名称音，英文字母名称音也没有一统天下，我们也应该创制本国的字母名称音，在小学拼音教学中方便称说字母，而不应该用跟我们汉语读音大相径庭的英文名称音去称说汉语拼音的字母，它们分属两个不同的语音系统，二者截然不同。拼音教学中应该有符合本民族语音特点的名称音，这样才能方便拼音教学，方便按音序查字典，所以创制符合本民族语言特点的名称音十分必要。

但是现在语言生活中我们都是按英文字母名称音来称说字母词，不管这些字母词来自汉语拼音的缩写，比如 GB（国际标准）、PSC（普通话水平测试）、RMB（人民币）等，还是来自非英语国家的字母词，比如卡拉 OK 来自日语、salon（沙龙）来自法语，其实不管这些词借自何种语言，大众都选择用英文字母名称音来进行称说。这种乱象已造成，现阶段我们只能接受用英文字母名称音来称说汉语中的字母词。如果要规避这一乱象，只能在加大字母表推广和普及后才能进一步规范。

（3）强化国际汉语和小学语文教学中名称音的认读

字母表的读音乱象告诉我们应该在小学拼音教学中加强字母名称音的认读教学，让符合本国语言特点的名称音得到普及和推广，才可以根治这一问题。

1982 年，国际标准化组织经审议决定，采用《汉语拼音方案》作为罗马字母拼写汉语的国际标准，中国的人名、地名、书名及其他专用名词将用汉语拼音拼写，撰写者按中文普通话读法记录其读音。

如今，无论是国外还是国内，汉语拼音已经渗透到人们生活的方方面面，如教育教学、对外汉语、奥运宣传、网络信息化、电信传输、股票代码、电脑手机的中文输入、图书馆编目索引等。

这些汉语拼音字母都应该按照我们本国字母名称音来称说，才符合汉语发音特点。而这些字母使用英文名称来称说的根本原因还是在于汉语拼音字母读音的教学上，所以我们建议对拼音字母读音进行修订，采用有广泛基础的呼读音代替现有名称音，同时借助教学的推广，真正发挥名称音的称说功能。

无论汉语拼音字母读音如何，如需发挥其重要作用，目前我们最需要的是确定一种方案并在教学中广泛推广。

1958 年 2 月 11 日革故鼎新的《汉语拼音方案》甫一公布，便传至四海，声播寰宇，功耀千秋，为"语同音"的千年梦想打通了"最后一公里"。虽其字母表的读音至今仍有争议，但语言的本质是约定俗成的，语音的变与不变无关对错。我们对读音选择并不是以个人的意志为转移，当民众的意愿成为一种无法抗拒的趋势时，我们学界、教育界和国家语委等政府部门应当听听民众的声音，不可闭门造车，要从俗从众、因势利导，修订汉语拼音方案的标准，让拼音方案日趋完善，最终实现书同文、语同音、人同心。

第二节　词汇与语文教学

一、词汇的前世今生

（一）词汇是什么

词汇，也称作语汇，是一种语言里所有的词汇成分——语素、词和固定短语的总汇。如"汉语词汇""英语词汇""日语词汇"等，就是指汉语、英语、日语等语言中所有词汇成分的总合。另外，在某个局部范围内词汇成分的总合，也可以叫作词汇。例如："古代汉语语汇""现代汉语词汇"分别指古代汉语、现代汉语里词汇成分的总合；"北京话词汇""重庆话词汇"等，是指某种方言中词汇成分的总合；"鲁迅的语汇""《茅盾文集》的词汇"等，是指某个人或某部著作所使用的词汇成分的总合；根据某种标准划分的词汇成分的集合也可以称词汇，如"基本词汇""非基本词汇""行业词汇"等。总之，词汇是一个集合概念，单个的语素，单个的词，或者单个的固定短语都不能称作词汇。"词汇"一词单用时，一般是指一种语言的词汇。

词汇是语言的建筑材料，是构成语言的要素之一。词汇反映语言的状态，词汇越丰富、越纷繁，那么语言也就越丰富、越发达。汉语是世界上最发达的语言之一，汉语的词汇是丰富多彩的。

（二）词汇成分间的联系

一种语言中有成千上万个语素、词和固定短语，它们相互之间具有错综复杂的联系。这种联系使它们形成网络，构成系统。词汇成分之间的联系多种多样，常见的有以下五种。

1. 意义方面的联系

例如"暗藏—潜伏""榜样—模范—表率"等具有同义联系，"本—末""富贵—贫贱""怨天尤人—自怨自艾"等具有反义联系，"水果—香蕉""汽车—卡车""家具—柜子"等具有上下义联系，"助教—讲师—副教授—教授"等具有类义联系。

2. 音形方面的联系

例如"术—树—竖—恕""攻势—公式—公事—官室"等具有同音联系，"行（xíng）—行（háng）""劲（jìn）—劲（jìng）"等具有同形联系。

3. 结构方面的联系

例如"上辈—上宾—上等""故事—事故""蜜蜂—蜂蜜"等具有一个或几个相同语素的同素联系，"裁缝—艰难""充满—推广"等具有相同语法结构的同构联系。

4. 功能方面的联系

例如"看—走""高兴—丰富""吗—呢"等具有相同造句功能的联系。

5. 同源方面的联系

例如"广—旷""坚—紧""空—孔"等具有同源关系的同源语素之间的联系。除此以外，外来词语之间、方言词语之间、口头词语之间、书面词语之间、基本词语之间等，也都以各自的特殊方式发生联系。

我们需要注意的是，其一，一组词语之间可能只有一个方面的联系，也可能具有多个方面的联系。例如"小学—中学—大学"这组词，都含有"学"，是部分语素相同的同素词；内部构造一样，是同构词；都是学校，是类义词。其二，一个词语可能会跟很多词语发生多方面的联系。如"喜爱"这个词，同"恨、讨厌"等发生反义联系，同"喜欢、爱好"等发生同义联系，同"喜庆、母爱"等发生同素联系，同"道路、迅速"等发生同构联系。词汇系统的每种联系方式，都可以把一些词汇成分聚成一个组系。由于这些联系方式错综交叉，使词汇网络呈现出非常复杂的面貌。

（三）词汇系统的性质

词汇系统具有三种主要性质。

1. 体系性

词汇是一个有序的集合，这个集合中的各种秩序显示了词汇系统的体系性。词汇网络的联系虽然错综复杂，但并不混乱，相反，是井然有序的。词汇网络的每一个网结发生变化，就会带来有关网眼的相应变化。比如"臭"本指感知于鼻的气味，"味"本指感知于舌的味道，后来"臭"的语义范围缩小，专指坏的气味，与之关系密切的"味"的语义范围扩大，泛指可嗅可尝的一切气味和味道。

该特点还表现为各词汇成分都要受到词汇总体规律的制约。比如汉语的词在音节数目、结构方式上都有自己的特点，外来词进入汉语都必须经过民族化的改造，以适应这些特点。比如英语的 jacket 译为汉语成了"夹克"，语音形式有了变化，带上了声调，去掉了收尾的辅音 t；意义上也有了变化，jacket 在英语中指一般的"短上衣、坎肩"之类，但在汉语中只指"一种长及腰部，下口束紧的短外套"，因为汉语中已有了"短袖衫、坎肩"之类的词语。对外来词语的民族化改造，是词汇系统体系性的典型反映。

2. 层级性

词汇成分并不是处在同一个平面上，而是处在不同的层级上。词汇成分大致可以分为语素、词、固定短语三个层级。语素是词汇的基础层级，是构词的材料。词是高于语素的一个层级，是词汇的主体层级，数量最大。固定短语又是高于词的一个层级，它是以词为基础构成的。这三个层级互有联系又各有特点。

3. 开放性

词汇是一个开放的集合，其成员是难以枚举的。语素依据一定的构词法能够自由地生成新词，词依据一定的语法规则和语义关系也能较自由地生成固定短语。人们根据现实交际的需要可以较自由地创造新词语，淘汰旧词语，吸收古代词语和外来词语。由于词汇成员经常有进有出，因而词汇系统比语音系统、语法系统具有更大的开放性。

（四）词义的性质和类别

词义，即词的意义，是词的声音形式所负载的信息内容，表现为词的各种用法。词义是人的主观世界和客观世界相互作用的产物，同时又与语言世界（词语的形式结构、词语的系统联系及词语的使用功能）密切相关。词义的性质和类型就体现在各种复杂的关系之中。我们常说的"词语的意义"，多指它的词汇意义，主要表现为以下三种。

1. 词的概念意义

概念意义，又称为理性意义、指称意义等，它是客观事物的区别性特征在人脑中的概括反映。如"花"的概念意义是"种子植物有性繁殖器官。由花瓣、花萼、花蕊、花托组成，有各种颜色，有的长得很艳丽，有香味。"概念意义又可以分为通俗意义和专门意义两种，它是词义的核心内容，一般实词都有，只有连词、助词等虚词没有。

2. 词的色彩意义

词的色彩意义是指词语概念意义以外的主要同交际环境有关的意义。色彩意义的产生与客观事物自身的属性、功能以及语言使用者的价值评判有密切关系。词的色彩意义类别比较多，包括情感色彩意义、形象色彩意义、语体色彩意义等。

（1）情感色彩意义，是指由词体现出来的反映说话人对所指对象或有关现象的主观态度及各种感情的意义。情感色彩意义主要包括褒义和贬义两大类，凡是表示说话人对有关事物现象的肯定、喜爱、赞扬等感情态度的词义就是褒义；凡是表示说话人对有关事物现象的否定、厌恶、贬斥等感情态度的词义就是贬义。

（2）形象色彩意义，是指词义本身包含的人们对所指对象某种形象的想象成分。词的形象色彩往往由词的某些构成成分体现出来，主要分为据形的、据状的、据色的、据声的、据味的。它们都是借助于某些形象色彩的构词成分表示某种引申比喻义。带形象色彩的词语用在语言中，使得词句表意形象、生动，易于取得良好的表达效果。

（3）语体色彩意义，是指词具有的适应某种特定语体的意义。语体可以分为口头语体和书面语体两大类。它是词义的重要部分，是词义的基本构成成分，具有时间的稳定性和接受的社会性。

3. 词的含蓄意义

含蓄意义，又称内涵意义，是指说话人对所指对象委婉含蓄的评价，它反映人们对事物非本质的偶有性质的主观认识。例如"男子汉"的概念意义是男性成年人，但也含有坚强、健壮、有气度的意味。它不具有时间的稳定性和接受的社会性，而往往表现为时有时无、时强时弱。其产生的一方面与说话人的感情态度有关，另一方面与事物、现象本身的偶然性质有关，这与接受者的生活阅历、文化素养有关，因此它也往往具有不定性。

二、词汇的家族门类

词汇的家族庞大，依照不同的标准可以将其分为不同的类别。在语文教学中，我们常会按照"构成语素的关系""构成词义的性质""词语的使用范围"等对词语进行分类。

（一）依据构成语素的关系分类

1. 单纯词

指由一个语素构成的词。单纯词可以是一个单音节语素，也可以是一个多音节语素（包括双音节语素）。按音节的多少，单纯词可以分为单音节单纯词和多音节单纯词。

（1）单音节单纯词。由一个单音节语素构成的词，如人、牛、猪等。

（2）多音节单纯词。由一个多音节语素构成的词，也就是多音节连缀成义不能拆开的词。多音节单纯词有联绵词、叠音词、象声词和音译词。

①联绵词。由两个不同音节连缀成一个语素构成的词。据音节之间的结构关系，联绵词可以分为双声联绵词、叠韵联绵词和非双声叠韵联绵词。

A. 双声联绵词。两个音节的声母相同，如玻璃、枇杷等。

B. 叠韵联绵词。两个音节的韵母或韵腹和韵尾相同，如葫芦、唠叨等。

C. 非双声叠韵联绵词。两个音节的声母、韵母都不相同，如蝴蝶、芙蓉等。

②叠音词。由两个相同的音节连缀成一个语素构成的词，如茫茫、太太等。

③象声词。模拟声音的词，如砰砰、哎呀呀等。

④音译词。按外族词的发音用同音近音汉字转写的词，如沙发、休克等。

2. 合成词

指由两个或两个以上的语素按照一定的结构方式和语义关系组合而成的词。在合成词中，有的语素义有实在意义，能体现词义的主要意思；有的语素义不那么实在，只能附在词根上，表示某种附加意义。

（1）复合式合成词。由两个或两个以上词根组合而成的词是复合式合成词，也叫复合词。按照结构关系的不同，可以把复合词分为联合式、偏正式、补充式、动宾式、主谓式等。

（2）附加式合成词。以实语素为词根加上词缀构成的词叫附加式合成词，也称派生词。可分为前加式和后加式两类。

3. 短语词

指构成词的几个语素的凝固程度比词松一点，又比短语（词组）紧一点，介乎词和短语之间的一种语言单位。如来得及、不祥、转瞬之间等。

4. 离合词

指结构比较松散、可以拆开使用的词。构成词的语素结合在一起时是词，拆开使用、插入别的语言成分时便是短语。离合词主要是指具有可分离性的动宾式合成词。如理发→理过一次发。

5. 缩略词

指有的缩略形式形成了紧密结构，凝固成为一个能自由运用的语言单位，这就是缩略词。汉语中，缩略词不少，如"军属"（军人家属）、文娱（文体娱乐）等。它们缩略结构紧密，不能拆换或插入其他成分，跟语言里的词几乎是完全一样的。该类型词在现在使用中呈现出迅速增长的趋势。

（二）依据构成词义的性质分类

1. 多义词

指一个词如果有两个或两个以上互相有关联的义位（指语义系统中能独立存

在的基本语义单位）的词是多义词。如"扑"有以下几个义项：①用力向前冲，使全身突然伏在物体上（孩子扑在妈妈怀里）；②把全部心力用到工作、事业上面（他一心扑在事业上）；③扑打，进攻（直扑敌人巢穴）；④拍打、拍（海鸥扑着翅膀，直冲天空）。

2. 同音词

指语音形式完全相同而意义没有联系的一组词。如"是、事、市"等，都读shì。它们必须是声、韵、调完全相同。

3. 同形词

指书写形式相同而意义没有联系的一组词。同形词包括读音相同（同音同形词）和读音不同（异音同形词）两种情况。

4. 同义词

指义位相同或相近的一组词。同义词有宽严两种情况。严格的同义词是指概念意义完全相同的一组词，即所谓的等义词，如"西红柿—番茄"。较宽的同义词是指概念意义基本相同但又有细微差异的一组词，即所谓的近义词，如"时代—时期"。有时候，本来不同义的词，在特定语境中也可以产生同义关系。

5. 反义词

指意义相反或相对，同时又属于相同意义范畴的一组词。反义词是客观事物的矛盾对立在词汇中的反映。如"古"和"今"同属"时间范畴"，不同在于前者指"过去"，后者指"现在"，它们意义对立，因此构成反义词。

6. 类义词

指反映同类概念、表示同类意义的词。如同义词和反义词，如果从表示的意义范畴来看，它们又属于类义词。类义词有广义和狭义之分。一般类义词典上所收的"类义词"是广义的类义词。狭义的类义词指属于同一语义范畴、表示同类概念，而没有上下义、同义或反义关系的一组词，如：夏朝、商朝、周朝等。

（三）按照词语的使用范围分类

1. 基本词汇

这是全民使用最多的、日常交际最必需的、意义最明确、为人们共同理解的词汇成分的总和。构成基本词汇的单个词是基本词。它具有全民性、常用性、稳固性、能产性等特点。

2. 非基本词汇

这又称一般词汇，是指全民性和稳固性较差，不常用的词和绝大部分固定短语。在词汇系统中，除去基本词汇就是非基本词汇。它们可以来自古代词汇、方言词汇、行业词汇、外来词汇、秘密词汇以及新造词汇，固定短语的绝大多数也都属于非基本词汇。它一般具有可变性，但不具有全民性和全面性。基本词汇和非基本词汇是互相依存的，在历史发展中又是可以相互转换的。

（1）古代词汇。指带有明显的古代社会生活印记的词汇。它包括历史词汇和文言词汇。古代词汇是现代汉语中继承了古代汉语中的词汇，常用于文学作品和历史著作，也用于政论文和公文。运用古语词汇，可以起到特殊的表达作用。

（2）历史词汇。指记录古代社会的人物、事物和特有现象等的词汇。历史词汇所反映的人物、事物和现象在现代社会已经不复存在了，因此只有在谈论古人生活、论述古代历史时才会用到它们，如"皇上、大臣、太后"等。

（3）文言词汇。指在古代书面语和口语中运用的词汇。它所反映的事物或现象在现实生活中仍然存在，但它们已由现代汉语中别的词所代替，很少被人使用，如"首、履"等。它们有的现在不用了，如"履"；有的仍在使用，但意义有了变化，如"走"；有的不再单独使用，而只用来构词，如"首"构成"首都"；有的也被沿用，主要是文言虚词"之、其、而"等。

（4）方言词汇。指某个地区使用的带有地方色彩的词汇。比如，武汉话把大哥称作"拐子"，福州话把袖子称作"手腕"，等等。方言语汇缺乏全民性。它与普通话词汇之间、不同的方言词汇之间，存在着种种不同的差异。方言词汇会给不同方言区人们之间的交际带来一定障碍。

（5）外来词汇。指从外族词汇中吸收进来的词汇，也称作借词或外来词。借词进入现代汉语的词汇系统，其形、音要发生变化，外族的词语用同音近音汉字转写，其读音变成汉语有声调的音节。有的借词本有多个义项，但汉语中的借词只有一个义项，而且意义或许还会变化。外来词语的借用方式主要有译音、译音兼译义、半译音半译义、译音加类名、借形、字母词。

（6）仿译词汇。指用汉语的语素逐一翻译外语原词的各个部分，即连同原词的意义和结构形式一起翻译过来。它是意译词，不看作是外来词。如 icebox—冰箱；football—足球。

（7）行业语。指某个专门学科和某个行业内通行的词汇。它包括各个学科的专业术语和各个行业的行业用语。专业术语如数学中的正数、负数；哲学中的唯物、唯心、物质等。随着科学技术的不断发展，学科门类也不断增多，因此反映新兴学科的专业术语也在不断涌现。社会上的行业各种各样，反映行业生活的行业用语也十分丰富。随着科技知识的普及，有些行业用语已逐渐为人们所熟悉，如果为全民所使用，就有可能成为通用语，有的还可能意义泛化。行业语的引申义泛化，由单义到多义，并最终进入到全民语言生活，使语言的词汇不断得到丰富和发展。

（8）隐语。这是个别社会集团或秘密组织的内部成员使用的对外保密的特殊词汇。它往往是为了掩饰某种不能公开的特殊活动而使用的。它一般是夹用在话语当中，多用于对话接头、考查识别。

三、词汇的发展动态

（一）词汇意义发展的表现

1. 词义的扩大

即扩大了原有词所概括的对象范围，由扩大部分形成新义，构成新词。现在使用的词义往往是扩大部分的意义。如"客串"，原为戏剧术语，指非专业演员临时参加专业剧团演出，现在词义扩大了，指非本行人员临时参加本行工作，使用范围比原来要广。

2. 词义的缩小

即指词概括的对象范围缩小了。缩小后，原来的词义一般不用了，或只在特定的场合中使用。如"强人"，原义有：a.反动事变的英雄好汉；b.能干、有本事的人；c.强盗。现在只用b义，但多见于"女强人"的说法中，适用对象缩小了。

3. 词义的转移

即原用来指甲类事物，后通过某种联系，转用来指乙类事物。这样，因指称对象的转移而使词义发生变化，构成新词。如"牵头"，原指男女关系的牵线人，多指撮合不正当的两性关系，含贬义。现在指领头、负责组织或临时出面主持某项工作。

（二）词汇发展的原因

词汇的发展是适应社会需要的必然结果。由于社会的发展，社会各领域自然会涌现大量的新事物，形成许多新思想和新观念，这就需要创造新的词语来表示。

（1）新事物的出现，需要创造新的词语来指称。我国改革开放以来，在体制改革、科技进步以及日常生活等方面，都发生了深刻的变革，出现了许多新鲜事物，因而许多新的词语也就应运而生，也诱发一些词语生出新义。

（2）社会的发展，使得人们的某些思想观念也发生了变化，某些词语也因此而产生出新的意义，如窗口、工程；还有的词语在感情色彩上发生了变化，如原带有贬义的"拍卖"一词，现在一般用作中性词，有时甚至还带有一定的褒义；还有一些过去很少使用或已经废弃不用的旧词，随着社会的需要而恢复生机，或"死而复活"，重新起用，如"太太、小姐"等。

（3）社会生活节奏的加快，促成了词语内部结构的变化。一个突出的表现是，产生了大量的简缩词，如"环保、环卫"。现代汉语词汇以双音节词占优势，一般不超过四音节，多音节词往往通过简缩的形式回到双音节的模式。

（三）新词产生的特点

现代社会的每个历史阶段都要产生一批新词，它们既有共同的特点，也有各自的特点。自中国改革开放以来，新词创生的特点大致表现如下：

（1）在社会生活活跃的领域，创生的新词语多，而且推行快、影响大。改革开放以后，我国率先活跃起来的是经济生活领域和科技生活领域，由此而影响到日常生活领域，因此这些领域的新词语十分突出，如合资企业、网上购物、关系户等。

（2）根据某个新词或原有旧词的格式，以"仿拟"的方式造出新词，形成系列性的新词语"词族"，如现在常用的"酒吧、网吧、茶吧、书吧"等。

（3）缩略词非常多，表现也十分活跃。一个短语形式的新词语出现以后，很快就形成缩略性词语，其词化过程非常快，如"知识青年—知青"，"公共关系—公关"等。

（4）新的"西文字母词"也十分活跃，有的直接用字母组成，如"CT、CD、WTO"等，有的用字母加上汉字组成，如"BP机、B超、卡拉OK"等。

（四）新词产生的方式

新词的创生方式主要表现在新造和引进两个方面。

1. 新造

指按照已有的构词方式，运用已有的语言材料创造新词，现有以下几个特征。

（1）近20年来的新词语，从总体上看，仍然是双音节词占优势，三音节词稍有增加的趋势。

（2）从结构方式上看，主要还是复合型的，其中以偏正式居多，如"车霸"等；联合式、动宾式、主谓式、连动式的较少。

（3）有的是通过短语的缩略构成的，这种缩略而成的新词尤以双音节的居多，如"彩电、彩照"。

（4）还有的是利用词缀构成的。词缀造词非常活跃，好些新词是由新词缀构成的，如前缀"阿"，后缀"热"，还有"性""化""制"等。

2. 引进

指借进外族词语，即借词。我国改革开放以来，借词相当多，有些是原来就已经吸收了的，现在普遍使用，如"拜拜、巴士"等；有的是新引进的音译词、半音译半意译的、音译加类名的、中西文字合用的混合词，以及西文字母词。

（五）旧词衰亡的原因

（1）随着某一历史阶段、历史事件的结束，反映这一历史时期、历史事件的词语也就成为"历史"，在现实生活中不被使用，退出了历史舞台，如"大字报、知青"等。

（2）有的事物已经消失，不复存在了，指称这些事物的词语也就随之消亡，如"粮票、油票"等。

（3）社会的发展，必然引起人们思想观念的变化，反映旧的思想观念的词语也就随着人们思想观念的改变而消亡，不再被人使用了，如"大老粗"等。

（4）事物更名，新的说法替代了旧的说法。这也跟人们思想观念的变化有关，如以前的"老妈子、厨子"被现在的"保姆、厨师"所替代了。

四、词汇与中学语文教学

在小学到高中的语文教学中，我们都或多或少地在进行汉语词汇教学，只是不同的阶段有不同的教学任务。在义务教育的第一学段（1—2年级）要求认识常用汉字1600个左右，其中800个左右会写；第二学段（3—4年级）要求累计认识常用汉字2500个左右，其中1600个左右会写；第三学段（5—6年级）要求累计认识常用汉字3000个左右，其中2500个左右会写；第四学段（7—9年级）要求累计认识常用汉字3500个左右。而高中阶段，则要求学生积累较为丰富的语言材料和言语活动经验，形成良好的语感，在已经积累的语言材料间建立起有机的联系，在探究中理解、掌握祖国语言文字运用的基本规律。

词汇教学的内容与方法应该随着学生学段特点、学习内容、学习目标等因素而变化，我们以人民教育出版社普通高中教科书《语文》高一（上）第八单元"词义的辨析和词语的使用"为例，谈谈词汇教学的参考方法。

导入

吕叔湘先生在《语文漫谈》中提到："语言，也就是说话，好像是极其稀松平常的事儿。可是仔细想想，实在是一件了不起的大事。"词语，是我们言语交际中最活跃的语言单位，有时相同的意图，用不同的词语表达，就可能会有不同的效果。

例：高考结束后，小乔同学取得了不错的成绩，其家长给班主任李老师写了一封信以谢师恩。请你阅读下面这封感谢信，找出其中用词不恰当的地方。

尊敬的李老师：
您好！
多年来承蒙您的雅教，令郎才能在今年高考中取得优异的成绩。您教给他的方法非常有效，他的朋友们也纷纷效尤。三年来，您对小乔同学的帮助，我们没齿难忘。赶明儿您有空，欢迎到我们的家乡旅游。
祝您：
桃李满天下！

小乔妈妈

[明确] 在这封感谢信中，"令郎""效尤""赶明儿"这三个词语使用不恰当。

"令郎"的意思是"对方的儿子"，在此处，小乔妈妈用错了对象，她应该用"犬子"来指称"自己的儿子"；"效尤"是贬义词，其意思是"明知别人的行为是错误的而照样去做"，依据语境，我们可以将该词改为"学习"；"赶明儿"是口语，用在书信中不合适，我们可以将该词改为"日后"。

教师总结：准确理解词语的意思，并根据交际需求选择恰当的词语，不仅可以很好地实现交际意图，还能够让我们在言语交际中感受祖国语言文字的魅力。

项目一　识得庐山真面目：查阅词典，知晓词义

词语的概念义，又叫词语的理性意义或主要意义，是指词义中同表达概念有关的意义部分。

例如

腾空：向天空上升。

捐助：拿出财物来帮助。

分割：把整体或有联系的东西分开。

贡品：古代臣民或属国献给帝王的物品。

启程：上路；行程开始（多用于较正式的场合）。

任务一：建立"生词明白卡"

请大家阅读补充材料《让青春在奋斗中闪光》，摘选出不熟悉词义的词语，并查阅《现代汉语词典（第7版）》，建立"生词明白卡"。

学习建议：

（1）用不同颜色的笔摘录词条和词义。

（2）两个词条间留出适当的空白，方便补充完善。

（3）摘录时可以参照"词条""词性""释义""常见搭配""经典例句"等内容整理。

作业示例：

1. 模范

①[名]值得学习的、作为榜样的人。

常见搭配：劳动模范、选模范

经典例句：青年人要做艰苦奋斗、无私奉献的模范。

②[形]可以作为榜样的；值得学习的。

常见搭配：模范人物、模范事迹

经典例句：他是爱岗敬业的模范人物。

2. 厚植

[动]深厚地培植

常见搭配：厚植基础

经典例句：新时代广大青年要从内心深处厚植对党的信赖。

项目二　片言褒贬贤愚分：追本溯源，区分感情

词语的感情色彩义，是指由词语体现出来的反映说话人对所指对象或有关现象的主观态度及各种感情的意义。

1. 褒义词的定义及示例

有些词语表明说话人对有关事物的赞许、褒扬的感情，这就是词义中的褒义色彩，这样的词称作"褒义词"。

例如

英勇：勇敢出众。

奉献：①恭敬地交付；②呈现。

慷慨：①充满正气，情绪激昂；②大方，不吝惜。

公正：公平正直，没有偏私。

善良：心地纯洁，没有恶意。

2. 贬义词的定义及示例

有些词语表明说话人对有关事物的厌恶、贬斥的感情，这就是词义中的贬义色彩，这样的词称作"贬义词"。

例如

盗用：非法使用（公家的或别人的名义、财物等）。

卑污：品质恶劣，心地肮脏。

勾结：为了进行不正当的活动暗中互相串通、结合。

吝啬：过分爱惜自己的财物，当用不用或当给的舍不得给。

3. 中性词的定义及示例

词既没有褒义色彩，也没有贬义色彩，这样的词称作"中性词"。

例如

睽别：分别，离别。

酒肆：酒馆。

秘籍：珍贵罕见的书籍。

潸然：流泪的样子。

无故：没有缘故。

4.词语褒贬色彩的动态性

（1）词语的褒贬义随语境变化而变化

言语交际是一个动态的过程，词语的褒贬，也并非是一成不变的，有一些词语在特定的语境中，与其他词语搭配会临时改变其本身的感情色彩。

例如

聪明，本指"智力发达，记忆和理解能力强"，是一个褒义词；但在下面的语境里，就临时变成了贬义词。

　　小英在解简单题时总喜欢随意合并步骤，算出的答案总数有误，他的妈妈对他说："你真聪明！"

朋友，本指"①彼此有交情的人；②指恋爱对象"，是一个中性词，但在下面的语境里，就临时变成了褒义词。

　　小木对他的同学很仗义，大家提起他都说："他很够朋友。"

年轻，本指"①年纪不大（多指十几岁至二十几岁）；②年纪比相比较的对象小"，是一个中性词，但在下面的语境里，就临时变成了贬义词。

　　这项工作很重要，他还是年轻了点。

（2）词语的褒贬义随语言的发展而变化

随着语言的发展变化，词语的感情色彩也会变化，有些词语在古代汉语和现代汉语中，感情色彩就明显不同。

例如

爪牙，在古代汉语中，它是褒义词，译为"得力的助手"。

　　然谋臣与爪牙之士，不可不养而择也。《国语·越语》

　　将军者，国之爪牙也。《汉书·李广传》

但在现代汉语中，它就变成了贬义词，意思是"坏人的帮凶"。

　　李景汉在回国前，就立下了一不做官、二不经商、三不给军阀当爪牙的"三不"戒条。

锻炼，在古代汉语中，它是贬义词，译为"玩弄法律，诬陷别人"。

　　锻炼之吏，持心近薄。《后汉书·韦彪传》

但在现代汉语中，它就成了褒义词，意思是"从不断实践中增强体质或提高思想"。

我们应该把乡村振兴作为锻炼干部的广阔舞台。

教师总结：由此可见，有些词语虽然在静态的环境下，具有某种感情色彩义，但这并非是固定的，这些感情义会随着语言的发展和语境的变化而发生改变。我们既需要多积累具有特定感情义的词语，也需要结合交际语境的特点灵活使用。

任务二：绘制"主题褒贬词"思维导图

请各位同学围绕"品质""动作""口才""仪态"等主题词，寻找与之有关的褒义词或贬义词，并绘制"主题褒贬词"思维导图。

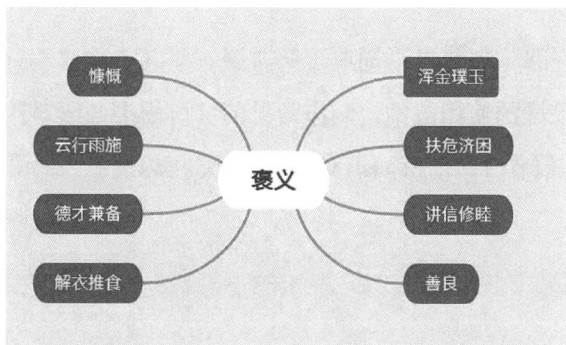

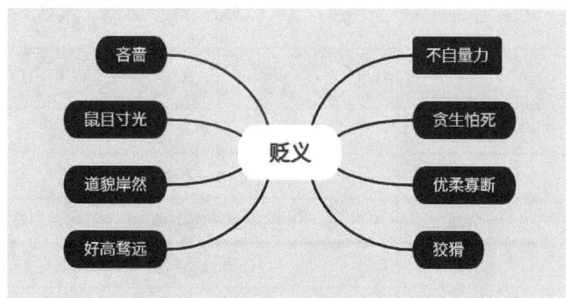

项目三 察言观境词达意：辨析差异，明确场合

词语的语体色彩又叫文体色彩。有些词语由于经常用在某种语体中，便带上了该语体所特有的色彩。

（1）具有书面语色彩。

例如

投入　机遇　挑战　凝聚　信念

振兴　文献　浩瀚　骇怪　废止

（2）具有口语色彩。

例如

明儿　数落　白搭　聊天　开锅

身子骨　巴不得　半中腰　动窝儿　姐们儿

教师小结：如果我们在选用词语时忽略了词语的语体色彩，不仅会破坏交际语境的氛围，还会影响表述内容的精准度。

任务三：制作常见的"口语书面语对照表"

请各位同学查阅《现代汉语词典（第7版）》《古代汉语词典（第2版）》等相关工具书和该词的使用范例，制作常见的"口语书面语对照表"。

学习建议：在制作"口语书面语对照表"时，可以囊括"口语""书面语""词语释义"等条目。

作业示例：

常见的"口语书面语对照表"

序号	口语	书面语	释义
1	八成	大概	表示不很准确的估计
2	够本	值得	价钱相当，合算
3	挤兑	为难	感到难以应付；作对或刁难
4	琢磨	考虑	思索问题，以便做出决定
5	娄子	失误	由于疏忽或水平不高而造成差错
6	一准儿	一定	表示坚决或确定
7	遛弯儿	散步	随便走走（是一种休息或锻炼身体的方式）
8	头儿	领导	担任领导工作的人
9	丢掉	遗失	由于疏忽而失掉东西
10	打算	计划	做计划；工作或行动以前预先拟定的具体内容和步骤

教师总结：

希望大家能够在真实的语言运用情境中，通过各类语言实践活动，积累言语经验，把握祖国语言文字的特点和运用规律，加深对祖国语言文字的理解与热爱，提高语言运用能力，在言语交际中做到"选词精准，表达准确"。

第三节　语法与语文教学

一、语法的内涵与外延

（一）语法的内涵

语法，是语言的结构规则，一方面规定着人们怎样组织句子；另一方面指示着人们如何领会句子。它是语言要素之一，是组成语素、词、短语、句子等语言单位的结构规律。它有两个含义：一个是指语法结构规律本身，另一个是指语法学。

（二）语法的性质

（1）抽象性。从与具体词语、句子的关系看，语法具有抽象性。语法不是研究某个具体的词语或者句子的含义，而是研究某类词语或者某类句子所反映出来的共同的结构规律。任何一种语言的语法都是从许许多多具体的词语和句子里面抽象出来的。

（2）稳固性。从语言现象的历史演变看，语法具有稳固性。在语言的三要素中，语法虽然在变，但是跟词汇、语音比起来，其变化要缓慢得多，许多语法规则可以千百年沿用而不改。如汉语古今"主动宾"结构，从古代继承下来，一直很稳固。

（3）递归性。从语言规则的使用看，语法具有递归性。语言的结构规则是有限的，但是可以重复使用，不断地进行同功能单位的替换。比如现代汉语里，有主谓、动宾、偏正、正补、联合等句法结构，这些结构中的每一部分都可以用同功能的短语去替换。所以，句法结构里的构成项就可以扩展成非常复杂的结构。

（4）民族性。从与外族语言比较看，语法具有民族性。世界上各种民族语言都有自己的语法系统，彼此之间有同有异，有的差异很大。如定中结构语序，汉语的定语成分用在中心语前面，属于不同语系的英语则定语成分可用在中心语后。

（三）语法对言语行为的约束力

一种语言里有成千上万的词，这些词只不过是一大堆零散的材料，只有按照一定的规则把这些材料有机组合起来，才能成为句子，表达一定的意思。比如，有这样一些词"学生 | 教室 | 非常 | 布置 | 把 | 得 | 漂亮"，这些词如果就这样杂乱无章地放在一起，那么它们除了自身的词义外，再也不能表达什么其他的意思。但是，如果按照一定的规则，把它们搭配排列起来，那么它们就可以成为一个表达一定意思、人们可以理解的句子。如"学生把教室打扫得非常漂亮"这个句子，无论是从词语的搭配看，还是从词语的排列看，都反映了一定的规则。

一方面，从表达上讲，语法规定着人们怎样组织句子。用词组句，是受到语法规则约束的。如"我 | 踢 | 球"三个词，允许组合成"我踢球"的形式，不允许组成"球踢我 | 踢我球 | 踢球我"等形式；虽然可以组合成"球我踢"的形式，但这是有条件的。所谓允许和不允许，也就是语法规则在起约束作用。

另一方面，从理解上讲，语法指示着人们如何领会句子。句子的组织是根据一定的规则，并通过一定的手段来实现的。因此，句意的领会也需要依靠一定的规则和手段来完成。句子的意思并不等于词语意思的简单相加，而是词语按照一定的规则组合起来所表达的意思。人们要对句意作出准确无误的理解，同样也不能脱离对语法规则的把握。

二、语法中的语法单位

（一）语法单位

1. 五种语法单位

语法单位，是指有意义的语言单位。汉语的语法单位包括语素、词、短语、句子、句群。它们是不同级别或不同性质的五种语法单位。

语素，是语言中最小的音义结合体，它既是词汇单位，又是最小的语法单位。包括实语素和虚语素，它们是构词语法单位。一个词可以由一个语素构成，也可以由两个或两个以上语素构成。

词，是最小的能独立运用的语法单位。它既是语法单位，又是词汇单位。一个词是一个凝固的整体，即使是合成词，也不能再分解。多数合成词分解后，至少有一个语素不能自由运用。有的合成词分解之后，虽然其构成语素都可以自由运用，但自由运用时意思上有所不同。一部分词可以加上句调成为句子。

短语，又叫词组，是两个以上的词按照一定的规则组合而成的比词大的语法单位。大多数短语可以加上句调成为句子。

句子，是由短语或词构成的，能够表达一个完整意思、体现说话人一种特定意图的语法单位。它都带有一个特定的语调，句子前后都有较长的语音停顿。一个短语或词，如果带上一个特定的语调，就可以成为一个句子。从结构上看，句子可以划分出单句和复句、主谓句和非主谓句等类型；从作用上看，句子可以划分出陈述句、疑问句、祈使句、感叹句等类别。

句群，是由两个以上的句子构成的语法单位。有的只包含两个句子，结构层次比较简单；有的包含多个句子，结构层次比较复杂。

2. 汉语语法单位之间的关系

语素、词、短语、句子、句群，这五种语法单位可以分成三级。第一级是语素。它是构词单位，也是最小的一级语法单位。第二级是词和短语，它们是构句单位，或者叫构件单位；词和短语不同的是，短语比词大，词是最小的构句单位。第三级是句子和句群，它们都是表述单位；句子和句群的不同是，句群比句子大，句子是最小的表述单位。这五种三级语法单位之间的关系可以用下列图式：

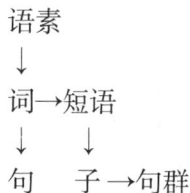

语素
↓
词→短语
↓　　↓
句　子 →句群

图式说明：语素构成词，词构成短语，词和短语构成句子，句子构成句群。

（二）词的分类

词，可以从不同的角度、依据不同的标准加以分类。我们常见的是依据词的语法特征分为实词和虚词两大类。

1. 实词

实词又名成分词，是表示意义实在，能够充当句子基干成分的词，如名词、动词、形容词、数词、量词、代词等。

（1）名词，是表示人物、时间或地点，如"老师、教材、武汉"等。它一般能被表示物量的数量短语修饰，不能被副词修饰；能直接用在介词后面，一起组成介词短语。根据其内部语法特征的差异，可以分为人物名词、时地名词、方位名词。

（2）动词，是表示动作行为或变化，如"读、写、想"等。许多动词可以带上动态助词"着、了、过"；一般可以使用"X 不 X"的格式，并且大多数能带宾语；某些动词可以按照 AA 式或 ABAB 式重叠，重叠后表示动量，表示"一次"或者"反复多次"的意思。它可以分为行为他动词、行为自动词、心理活动动词、行止动词、使令动词、有无动词、比拟动词、判断动词、能愿动词、趋向动词等。

（3）形容词，是表示性质状态。如"好、坏、美、丑"等。一般能被程度副词修饰，一般不能带宾语；许多形容词可以按照 AA 或 AABB 的方式重叠，重叠后强调量度，表示"很"或者"相当"的意思。如：好——好好，长——长长。根据其内部语法特征的差异，可以分为普通形容词和非谓形容词。

（4）数词，是表示数目，如：一、二、十五等。它能够同量词组合，而且一般跟量词结合使用，如：一本（书）、一支（笔）。它可以分为基数词和序数词两类。

（5）量词，是表示计算数量时所用的单位。如"尺、寸、斤"，它们分别用于计算长度、重量。它能同数词组合，并且一般跟数词结合使用；单音量词可以重叠，重叠后表示"每"，或者强调"多"。重叠后的量词独立充当句子成分。

它可以分为物量词、动量词和复合量词。

（6）代词，是指代某种对象，如"我、你、这"等。它是一类特殊的实词，在语法上没有共同的突出的语法特征。但是，它在跟指代对象的联系上具有极大的不定性。它可以分为人称代词、指示代词、疑问代词。代词可以活用，如人称代词有时变换使用，或变换人称，或变换单复数；疑问代词有时候不表示询问，而表示任指、虚指、不定指或反问。

2. 虚词

虚词是意义比较虚灵，不能充当句子基干成分的词。其数量不多，但是有着非常重要的作用。它们能够配合实词造句，协助实词表达意义，帮助句子成分或分句表达关系，是汉语里一种重要的语法手段。主要分为：副词、介词、连词、助词、拟音词等。

（1）副词，经常修饰动词或形容词，表示程度、范围、时间等意义，如"很、都、还"。它能修饰动词或形容词，一般不能修饰名词；能充当状语，且绝大多数只能充当状语，只有极少数除了充当状语之外，还可以充当补语，被认为具有纯状语性。它可以分为程度副词、范围副词、时间副词、频率副词、否定副词、语气副词、关联副词等。

（2）介词，用在名词或别的词语前面时，一起组成"介宾短语"；作动词或形容词的附加成分时，表示时间、处所、方式、范围、对象、被动等意义。组成的介宾短语一般不能充当谓语，介词不能成为谓语中心。它大体上可以分为涉动介词和涉形介词。

（3）连词，用来连接两个或两个以上的语言单位，帮助表达某种关系。如"或"连接两个词，表示选择关系；"和"连接两个短语，表示并列关系；"不仅……而且……"连接两个分句，表示递进关系；"既然……就……"连接两个分句，表示因果关系。除了连接词与词、短语与短语和分句与分句外，有些连词还可以用来连接句子与句子、句群与句群和段落与段落。它具有纯连接性、双向性或多向性，连接分句时，可以出现在主语前面等特点。大体上可以分为词语连词和句间连词。

（4）助词，附着在词语或句子上面，表示某种语法意义。如"的、得、着、似的"等。它具有高度附着性，帮助词语或句子表示某种附加的语法意义。常见的助词有：结构助词、动态助词、语气助词、复数助词、比况助词等。

①结构助词，是用来表明词语之间的结构关系。典型的结构助词是"的"和"得"。"的"用在定语与中心语或状语与中心语之间，是定语和状语的标记，表明前后词语之间是"定心"或"状心"关系；"得"用在中心语与补语之间，是补语的标记，表明前后词语之间是"正补"关系。

②动态助词，是用来表示动作变化的时态。典型的动态助词是"着、了、过"。"着"表示持续时态，即表示动作的进行或持续，如"说着"；"了"表示实现时态，即表示动作的实现或完成，如"说了"；"过"表示过去时态，即表示动作已经成为过去或经验，如"说过"。它们还可以用在形容词后面，表示不同的时态。

③语气助词，是附着在句子末尾或用在句中，表示某种语气。如"啊、的"分别表示感叹、陈述。某些语气助词，只能用在句末，如"吗、罢了"。某些语气助词，既可以用在句末，也可以用在句中，如"吧、呢、啊"。它们用在句中时，既可以作为停顿的标记，也可以表示某种语气。

④复数助词，是用来表示人物的多数。典型的复数助词是"们"，通常附着于一般的表人名词和人称代词后，如"老师们、它们"；专用的表人名词后面一般不用"们"，有时带上"们"是为了强调突出以人为代表的某一类；表物名词后面一般也不能用"们"，有时带上"们"是修辞的用法；一般的表人名词加上"们"后不再被一般数量词修饰，但是可以被"诸位""一帮"等修饰。

⑤比况助词，是用来表明比况的状态。典型的比况助词是"似的"，除此以外还有"一样、一般"，它们总是附着在词或短语的后面，一起组成比况短语，如"火一样红"等。

（5）拟音词，是模拟感叹声、呼应声或某种声响。如"唉、哎呀、哈哈"。它们经常独立使用，不和任何词发生结构关系；有时候也可以进入句子，跟别的词发生结构关系，临时用作名词、动词或形容词。当用作别类词时，通常加上引号。可以分为叹词和虚词两类，是一类特殊的虚词。

（三）短语的分类

1. 分类

短语，是介于词和句子之间的一种语法单位。从构成上看，它是由词组合而成的；从作用上看，短语是造句材料，是构件单位，它既可以独立成句，也可以充当句子中的一个成分。它具有组装性、从属性的特征。短语最基本的功能类有三种，即名词性短语、动词性短语、形容词性短语。

名词性短语，又名体词性短语，性质上是名词性的，功能上跟名词相当，经常充当主语、宾语。这类短语有同位短语、"的"字短语、方位短语、定心式偏正短语、名量词构成的量词短语和由名词构成的联合短语等。

动词性短语，其整体功能相当于动词，主要充当谓语。这类短语有动宾短语、连动短语、兼语短语、能愿短语、由动词构成的联合短语、以动词为中心的偏正短语和正补短语等。

形容词性短语，其整体功能相当于形容词，经常充当定语和谓语。这类短语有比况短语、由形容词构成的联合短语、以形容词为中心的偏正短语和正补短语等。

2. 短语和词的联系与区别

短语和词，既有一致性，又有差异性。这可以从结构和功能两个方面来观察。

结构。短语和词的基本结构是一致的，结构成分之间都具有联合、偏正、动宾、正补、主谓等关系。但由于短语比词大，结构层次比词复杂，因而，短语和词也有明显的差异。其一，短语结构不紧密，可以扩展，而词一般不能扩展。其二，短语内部词的组合有语序和虚词两种手段，词内部语素的组合则只有语序一种手段。其三，词绝大多数是由两个语素构成，只有一个层次；短语大多不只包含两个词、两个层次。

功能。短语和词都有名词性的、动词性的和形容词性的，它们在性质上是相同的，功能上也相当，可以在同一句法位置上出现，充当同一句子成分。但词和短语毕竟是两种不同的语法单位，因而在功能上必然存在着差异。其一，词虽然也能单独成句，但主要功能是组成短语，而短语的功能就是构成句子。其二，词有实词和虚词之分，而短语则只有相当于实词功能的语类，没有相当于虚词功能的语类。

3. 多义短语

（1）形成原因

多义短语有的是因为词语的多义而形成的。如"张三借李四一本书"，动词"借"有表示取得意义的"借进"和表示给予意义的"借出"这样两个对立的义项，因而造成了这一短语的多义。

有的是由于短语内部可以作不同的层次切分，或具有不同的结构关系，因而形成多义。如"参考资料"既可以是动宾关系，也可以是偏正关系。

多义短语通常是包含两种意义，但也有的不止两种意义。如"不适当地批评孩子的家长"可以有以下四种理解方式：

a. 不｜适当地‖批评孩子的家长

b. 不适当地｜批评‖孩子的家长

c. 不｜适当地批评孩子的‖家长

d. 不适当地｜批评孩子的‖家长

（2）类型

结构层次不同，结构关系相同。如：

a. 五个医院的学生。（五个｜医院的‖学生）——偏正关系

b. 五个医院的学生。（五个‖医院的｜学生）——偏正关系

结构层次不同，结构关系不同。如：

a. 没有做不好的事。（没有｜做‖不好的‖事）——动宾；偏正；正补

b. 没有做不好的事（没有‖做｜不‖好的‖事）——动宾；偏正；偏正

结构层次相同，结构关系不同。如：

出租｜汽车——动宾；偏正

结构层次相同，结构关系相同。如：

反对的是少数人。（反对的｜是‖少数‖人）——主谓；动宾；偏正。该句

只有一种划分结构，只有一种结构层次关系，但有两种语义关系："反对的"是施事，是指持反对意见的人；另一种是指"反对的"是受事，指被反对的人。

（3）如何处理多义短语的多义

可以通过层次切分或关系确定来加以分解。如：

a. 五个医院的学生。（五个 | 医院的 ‖ 学生）——偏正关系

b. 五个医院的学生。（五个 ‖ 医院的 | 学生）——偏正关系

可以通过调整语序、增换词语、变换句式等手段来加以消除。如：

五个医学院的学生

——五所医学院的学生（改换词语）

——医学院的五个学生（调整语序）

（四）句子的分类

我们常见的句子，可以分为单句、复句、句群。

1. 单句

单句是句子，具有表意上的完整性和结构上的独立性，能够体现说话人的某种特定意图：或者说明一件事，或者提出一个问题，或者表达一种请求，或者抒发一种情感。它不被别的句子所包含，是表述单位。具体分为四类：

（1）陈述句，是诉说一件事情的句子。语调平均，句尾一般稍微下降，书面上常用句号来表示。如"学生明白了。他不会说的。他不会不来的。"一件事情，可以从肯定方面来陈述，也可以从否定方面来陈述，还可以用双重否定的方式来表达肯定的意思。

（2）疑问句，是指用来提出问题的句子。句尾语调往上升，书面上常用问号来表示。如"下雪了吗？你这话是真的还是假的？这是谁的书包？"根据提问和回答的方式，疑问句可以分为是非问、选择问和特指问。

（3）祈使句，是指表示请求或命令的句子。语调逐渐下降，书面上句末一般用感叹号来表示。"不准去！你去吧！"表示祈使，语气上有的比较直率，常用"不准、不许"之类的词语；有的比较委婉，常用"请、千万、别"之类的词

语和语气助词"吧"。语气直率的是命令或禁止,委婉的是请求或劝阻。

（4）感叹句,是指抒发某种强烈感情的句子。语调先上升后下降,书面上句末常用叹号来表示。如"多美呀!太好了!"感叹句中常用"多、多么、好"等具有感叹作用的词语,句末常用语气助词"啊"。

2.复句

复句是包含两个或两个以上分句的句子。从构成成分看,复句由两个或两个以上的分句构成;从组合手段上看,构成复句的甲分句和乙分句往往由特定的关系词语来联结;从构成成分之间的联系看,复句中各分句之间都存在一定的关系:或是因果关系,或是并列关系,或是转折关系,等等;从语气上看,构成复句的各个分句可以用相同的语气,也可以用不同的语气。它有因果类复句、并列类复句、转折类复句,还可以分为单纯复句和多重复句。

（1）因果类复句,是表示广义因果关系的各类复句的总称,具体包括因果句、目的句、假设句、条件句。它反映着各种各样的因果关系:因果句重在说明或推断事物之间的因果关系;目的句中表示的所要达到的目的,实际上也是需要采取某种行动的原因;假设句和条件句中的假设和条件,实际上都是一种有待实现的原因。

（2）并列类复句,是指表示广义并列关系的各种复句的总称,具体包括并列句、连贯句、递进句、选择句。反映各种各样的"并列聚合":并列句是并列两个或两个以上具有平列、对照或解注等关系的分句;连贯句是并列两个或两个以上具有先后相继关系的分句;递进句是并列两个或两个以上具有层递关系的分句;选择句是并列两个或两个以上具有选择关系的分句。

（3）转折类复句,是表示广义转折关系的各类复句的总称,具体包括转折句、让步句、假转句。它是反映各种各样的"转折聚合":转折句表示直截了当的转折关系,让步句表示先作让步关系的转折,假转句表示假言否定性的转折关系。

3.句群

句群又叫句组或语段,是指由两个或两个以上在结构上有密切联系的句子组合而成的表述一层意思的语法单位。它有三个特点:句群由两个或两个以上句子构成；构成句群的句子在结构上有密切联系；句群要表达一层意思，在语义上有一个明晰的中心。

（1）因果句群，是其句子之间具有某种实际联系的因果关系。有的是说明性因果关系，形式上，可以用"因果、由于"等关系词语来标明原因，或用"所以、因此"等关系词语来标明结果；也可以不用特定词语，而是通过意合的方式直接组合。有的是推断性因果关系，形式上，常常可以用"可见、可知"等关系词语。

（2）目的句群，是其句子之间具有行为和目的的关系。形式上，常常使用"为此、为的是"等关系词语。有时，也可以使用"好、省得"等常用于复句的关系词语。

（3）假设句群，是其句子之间具有假设和结果关系。形式上，常常使用"那么"，也可以使用"如果、假设"等关系词语。

（4）条件句群，是其句子之间具有条件和结果关系。形式上，常常使用"这样、这样才"等关系词语。

（5）并列句群，是其句子之间具有平行、并举关系。主要包括三种：平列关系句群（形式上常用"同时、与此同时、此外"等特定词语，有时也可以通过意合方式直接组合）、对照关系句群（形式上常用"反之、相反"等关系词语，有时也可以不用关系词语）、注解关系句群（可分为例证关系、换言关系、总分关系三种）。

（6）连贯句群，是其句子之间具有先后相继关系。形式上，常常使用"最初、开始、以前"等词语，有的不用特定词语，而借助语序手段，或运用顶真方式。

（7）递进句群，是其句子之间具有层递关系。形式上，常常使用"而且、并且、况且、尤其是"等关系词语，有时可以不用关系词语。

（8）选择句群，是其句子之间具有选择关系。形式上，可以单独使用"或者、要么、还是"等关系词语，也可以成对使用"或者……或者……、是……还是……"等关系词语，有时还可以连续多次使用"或者、要么"等。

（9）转折句群，是其句子之间具有单纯的直接转折关系。有的转折句群表示的是一种意外性的转折，即转折部分说明的是一种出乎意料的情况。形式上，常常使用"谁知、没想到、不想"之类的词语。有的转折句表示的是一般性的转折。形式上，常常使用"但是、可是、但"等关系词语。

（10）让步句群，是其句子之间具有让步转折关系。通常情况是，转折部分在前，让步部分在后。形式上，后句中使用"虽然、诚然"等关系词语。让步句群有时也可以是让步部分在前，转折部分在后。形式上，让步部分常用"诚然、不错"之类的让步词，转折部分使用"但是、可是"之类的转折词。

（11）假设句群，是指其句子之间具有假言否定性转折关系。形式上，常常使用"否则、不然"等关系词语。

三、语法的规范与发展

语法失误，是指违背普通话语法规则的现象。有语法失误现象的句子就是病句。判定语法失误时要遵循三个原则：客观性原则、动态性原则、研讨性原则。

语法规范中需要注意什么？

（1）属于外族语言的说法，是不符合规范的。语法具有民族性，如果用了外族语言有而本族语言没有的说法，这种说法就是不规范的。比如，英语里说"two teachers"，"teacher"后加了"s"表示多数；汉语里，"们"也表示多数，但不能仿照英语，说成"两位老师们"。

（2）属于古汉语的现在已经消失的说法，也是不符合规范的。比如，古汉语可以说"比之如父"，但这种格式在现代汉语里已经消失。按照现在的说法，应该说成"把他比作父亲"。

（3）属于方言的说法，是不符合普通话语法规范的。方言的说法反映方言的特点，它只使用于局部甚至很小局部的方言地区，并不为现代汉民族的全体成员所共同使用，方言区以外的人也不大能够理解。

（4）个别人的个别用法，也是不符合规范的。

判定语法失误现象时要遵循哪些原则？

（1）客观性原则。对语误的判定，应尊重客观事实。某个说法如果不能被社会所认同，不能为人们所接受，就是语误；但如果能被社会人群认同和接受，就不能判定为语误。

（2）动态性原则。话语是受语境限制的，因此，对语误的判定应结合该语境，要放到动态语境中去观察。某个说法，孤立地看也许不能成立，但在特定的语境中却是可以成立的；某个说法在甲语境中能够成立，但是在乙语境中却不一定能够成立。

（3）研讨性原则。判定语误时，要进行思辨，思辨的过程也就是研究的过程。通过思辨，对问题作全面考察和深入探讨，以寻求合理的解释和正确的结论，避免误判现象的出现。

四、语法与中学语文教学

语法，是语言的结构规则，一方面规定着人们怎样组织句子；另一方面指示着人们如何领会句子。在中学语文教学中，语法教学在语文教学中处于既明晰又模糊的地步。具体来说，大多数一线教师认为只有教授"主谓宾"等语法知识或病句等考点时，才在进行语法教学。但是，他们忽略了我们在解读文本、言语交际时也在进行隐性的语法教学。

我们以初中阶段的病句教学片段为例，和大家谈谈在中学语文课堂上，可以如何将语法教学与语文教学相结合。

常见病句类型：

1. 成分残缺

（1）主语残缺

示例：（2021·天津）在阅读中，使我们的视野更加宽广，精神更加丰盈。

解析：在该误例中，"在……中"与"使"共同出现，使得整个句子缺少主语，可将"在……中"或"使"任删一处，这就使整个句子成分完整了。

（2）谓语残缺

示例：一个人民教师必须忠诚教育事业的好思想。

解析：在该误例中，只有主语"教师"和宾语"好思想"，其间缺少谓语，可在"教师"后增添"具有"或"拥有"，这就使整个句子通顺完整了。

（3）宾语残缺

示例：（2021·江西）近百年来，很多大学的校训经历了曲折的变化，折射了中国教育。

解析：在该误例中，谓语"折射"后缺少谓语，使得该句不通顺，可在"中国教育"后增添"的百年历程"，这样一来，整个句子就通顺完整了。

2. 语序不当

（1）谓语位置不当

示例：自从我国第一颗人造地球卫星"东方红一号"成功发射，成为世界上第五个把卫星送上天的国家以来，我国的航天事业取得了巨大的突破。

解析：在该误例中，第一个分句里的谓语"成功发射"位置不对，应将其置于"我国"后，这样一来，"自从我国成功发射……，成为……以来"就是全句的状语，"我国的航天事业"成了全句的主语，这就使前后主语保持一致了。

（2）定语位置不当

示例：（2021·新疆）贯彻落实中央文化润疆精神，就要努力创作展现兵团精神的更多新时代文艺作品。

解析：在该误例中，定语"更多"位置不当，可将其移至"创作"后，以此作为"展现兵团精神的新时代文艺作品"的定语。

[方法总结] 多项定语的排列次序：

多项定语在排列时，跟核心名词关系越亲密的定语越靠近核心名词，具体顺序如下：（表领属性的或时间、处所的词或短语）[表指代或数量（多少）][表动词性词语、主谓短语（怎样的）][表形容词性短语（描述什么样的）][表性质、类别或范围（什么）]+中心语。

（3）状语位置不当

示例：为了培养学生关心他人的美德，我们学校决定组织开展义工服务活动，三个月内要求每名学生完成20个小时的义工服务。

解析：在该误例中，第三个分句里的状语"三个月内"位置不对，应将其置于"每名学生"后，该分句变为"要求每名学生三个月内完成20个小时的义工服务"，因为"三个月内"是对"完成"的限定，而不是对"要求"的限定。

（4）介词位置不当

示例：（2021·东营）长征五号 B 运载火箭自从首次飞行任务展开以来，各参研参试单位和全体同志团结拼搏，经历严峻考验，克服重重困难，获得了最后的胜利。

解析：在该误例中，介词"自从"语序不当，可将其移至"长征五号"前，这就可以使"自从长征五号……展开以来"作为全句的状语。

（5）关联词语位置不当

示例：（2014年全国卷Ⅰ）由此可见，当时的设计者们不仅希望该过程中艺术活动是富有创造性的，而且技术活动也是富有创造性的。

解析：在该误例中，关联词语"不仅"位置不对，应将其置于"艺术活动"前，变为"不仅艺术活动是富有创造性的"，因为该句中是"艺术活动"与"科技活动"构成并列关系，所以它们应该分别受"不仅"和"而且"的管控。

（6）词语（短语）排列不当

示例：（2021·江西）第七次全国人口普查，在各地区各有关部门协同推进、精心组织、周密计划下，顺利开展。

解析：在该误例中，三个并列短语（协同推进、精心组织、周密计划）的语序不当，可按照事件发展的先后顺序将其改为"周密计划、精心组织、协同推进"。

3. 搭配不当

（1）主谓搭配不当

示例：（2016年全国卷Ⅰ）近日刚刚建成的西红门创业大街和青年创业大赛同步启动，绿色设计和"互联网＋农业"设计是本次赛事的两大主题。

解析：在该误例中，前分句的主语"西红门创业大街"和谓语"启动"搭配不当，因为"启动"只能与"青年创业大赛"搭配，而不能与"西红门创业大街"搭配。

（2）动宾搭配不当

示例：（2021·大庆）中央策划的《全国大学生党史知识竞答大会》极大地激化了广大青年的爱国热情。

解析：在该误例中，动词"激化"与宾语"热情"搭配不当，可将"激化"

改为"激发"。

（3）主宾搭配不当

示例：（2021·东营）最新的一项调查表明，超过60%的初中学生将集中体现吃苦耐劳、敬业奋斗精神的医生、工程师、军人、教师、警察、科研等作为未来的理想职业。

解析：在该误例中，主语"科研"和宾语"职业"搭配不当，可将"科研"改为"科学家"。

示例：（2021·十堰）4月的重庆，鲜花盛开，绿树成荫，充满了生机，是适合游玩的好季节。

解析：在该误例中，主语"重庆"和宾语"季节"搭配不当，可将"4月的重庆"改为"重庆的4月"。

（4）定中搭配不当

示例：（2016年山东卷）央视《大国工匠》系列节目反响巨大，工匠们精益求精、无私奉献的精神引发了人们广泛而热烈的讨论和思考。

解析：在该误例中，第二个分句里的定语"广泛而热烈"与中心语"思考"搭配不当，因为"思考"一般与"深刻的"搭配，而不能与"广泛"搭配。

（5）一面与两面搭配不当

示例：（2021·青海）能否帮助孩子树立正确的财富观，是他们形成良好人生观的关键。

解析：在该误例中，"能否……财富观"是两种情况，"形成良好人生观"是一种结果，两种情况与一种结果相搭配，造成该句表意不明，可将前一分句改为"帮助孩子树立正确的财富观"这类肯定的表述，由此与后一分句"形成良好人生观"相符。

4.成分赘余

示例：（2021·衡阳）在践行"尊老爱幼"传统美德活动中，我们所缺乏的，一是执行力不足，二是方法不当。

解析：在该误例中，"我们所缺乏的"与"执行力不足""方法不当"都是表达同样的意思，语义重复，可将其改为"我们所缺乏的，一是执行力，二是方法"。

示例：（2021·大庆）人的一生约有一半左右的时间都在思考，只不过成功者总在思考有意义的事情。

解析：在该误例中，"约"和"左右"都表示概数，语义重复，可以任意删除其中一个。

5. 句式杂糅

示例：（2021·衡阳）网购之所以让那么多网友着迷的重要原因，是因为他们在下单后输入账号密码时基本没有感觉到是在花钱。

解析：在该误例中，说话人将"网购之所以……，是因为……"与"网购让那么多网友着迷的重要原因是他们在下单后……"这两个句子杂糅到了同一个句子中，使得整个句子表述混乱。

示例：（2021·烟台）截至去年年底，全国已经至少建成了60万个以上的"农家书屋"，这些书屋已经成为慰藉农民心灵的精神家园。

解析：在该误例中，说话人将"全国已经至少建成60万个'农家书屋'"与"全国已经建成了60万个以上的'农家书屋'"这两个句子杂糅到了一个句子中，使得整个句子表述混乱。

示例：（2021·成都）据调查，青少年近视的原因主要是户外运动时间偏少，不科学使用电子产品造成的。

解析：在该误例中，说话人将"青少年近视的原因是……电子产品"与"青少年近视是户外运动时间偏少……造成的"这两个句子杂糅到了一个句子中，使得整个句子表述混乱。

6. 表意不明

示例：（2021·青海）许多学校的学生都积极参加了"世界读书日·书香校园"系列活动。

解析：在该误例中，"许多"既可以修饰"学校"，也可以修饰"学生"，还可以同时修饰"学校"和"学生"，由此使得本句表意不清。

7. 不合逻辑

（1）主客关系不当

示例：（2015年全国卷Ⅰ）这部小说中的"边缘人"是一个玩世不恭、富有破坏性却真实坦白的群体，人们面对这类形象时会引起深深的思索。

解析：在该误例中，"人们"与"这类形象"主客关系不当，应该是"这类形象引起人们深深的思索"，而非"人们引起深深的思索"。

（2）逻辑关系不当

示例：（2021·达州）中国提出的"绿水青山就是金山银山"理念，不仅在全球应对气候方面具有建设性意义，也有利于中国自身可持续发展。

解析：在该误例中，"在全球应对气候方面具有建设性意义"与"有利于中国自身可持续发展"的递进关系有误，应当是该理念不仅利于中国，也利于全球。

本专题作者：毛志萍、王涛

专题八

语言的国际传播

第一节　汉语听说课教学

一、听说课的性质

（一）语言教学

语言教学包括语言要素、语言技能和言语交际技能三个方面的教学。语言要素包括语音、词汇、语法和汉字。语言的四项技能就是听、说、读、写。言语交际技能是指用语言进行交际的技能。这三个方面在教学中紧密结合、不可分割，但是我们必须厘清三者之间的概念和关系。

1. 语言要素是基础

汉语语音、词汇、语法和汉字这四个语言要素，属于语言知识。教授汉语，需要教授汉语语言的语音、词汇和语法等基础知识，严格训练学习者的语音、词汇、语法、汉字等方面的基本功，这是汉语教学的主要内容。语音教学旨在让学习者掌握汉语语音的基本知识和汉语普通话正确、流利的发音，为用口语进行交际夯实基础。词汇教学应该在有关词汇知识的指导下，掌握一定数量词汇的音义形和基本用法，培养在语言交际中对词汇的正确理解和表达能力。语法教学是对汉语的遣词造句的规律进行掌握，用以指导言语技能训练并培养正确运用汉语进行交际的能力。汉字教学的任务是以汉字形、音、义的构成特点和规律为教学内容，帮助学习者获得认读和书写汉字的技能。

总的来说，语言要素的教学就在教学过程中让学生对汉语的语音、词汇、语法和汉字的规律进行总结，并用来指导技能训练。语言知识的教学必须结合语言技能和言语交际技能的训练，并在训练中将知识转化为技能，这是语言要素教学的总原则。

2. 语言技能要训练

语言技能包括"听、说、读、写"四种能力。语言技能必须以语言要素为基础，但是语言要素不等于语言技能，语言要素可以传授，而语言技能是不能传授的，语言技能必须要经过专门的训练才能获得。语言技能的教学与语言要素的教学是紧密结合在一起的，语言要素的学习必须要在听、说、读、写训练的过程中才得以巩固；同时，听、说、读、写是提高语音、词汇、语法和汉字这四个语言要素教学质量的可靠保证。由此可见，从语言要素到语言技能有一个转化的过程，语言要素等知识要通过练习和训练转化成学习者的听说读写的语言技能。

3. 以培养言语交际技能为目的

言语交际技能是用言语进行交际的技能。在汉语教学中，仍存在着语言技能就是语言交际能力的误解，认为学会了听、说、读、写，就是学会了交际。由于认识上的误区，也就使得教学停留在语言要素和言语技能的水平上。功能法认为，"教学的基本单位不是以往各外语教学法流派中的单词、词组或孤立的句子或一、二句对话及其组成的课文——文段（text），而是话语（discourse)。文段单纯呈现语言形式，而话语才是为实现交际目的服务的"。[1] 功能法还认为，"理解语言的用法和机械地操练句型，只能培养听、说、读、写技能，不能培养交际能力"。[2] 语言技能与语言交际能力不能等同，语言交际技能必须以语言技能为

[1] 章兼中 . 国外外语教学法主要流派 [M] . 上海：华东师范大学出版社，1985：226.

[2] 同上。

基础。交际能力要通过听、说、读、写的训练，才能获得。

人们用语言进行交际，不但要求言语的正确性，而且要求言语的得体性。语言技能受到语言规则的制约，保证言语的正确性。言语交际技能除了要受语言规则的制约，保证言语的正确性以外，还要受语用规则制约，保证言语的得体性。因此，一个人要习得言语交际技能，除了要掌握语言技能之外，还必须懂得语用规则。语言规则是语言的内部规则，语用规则是语言的外部规则。言语交际能力是一种外在的能力，是体现一个人掌握的语言知识、语用知识和相关文化知识能力的外化。由此可见，从语言技能到言语交际技能也有一个外化的过程。

（二）听和说的关系

人们在日常生活中无时无刻不在用听和说进行交际，特别是对第二语言学习者，第二语言学习者学习语言的主要目的是用所学语言实现交际，是为了满足交际的需要。人类最初的语言是在"口耳相传"中开始并发展的，听和说也因此成为在交际活动中最主要的一种方式。每个人，每一天，在学习、生活和工作中，或只要是与人沟通，都与语言的听和说密不可分。听与说是相辅相成、相对独立又相互配合的两个部分。

1. 听和说都是口语交际行为

语言技能包括的听、说、读、写四项技能中，听、说属于口语交际行为，是直接的交际活动，读、写属于书面交际行为，是间接交际活动。听与说这种直接交际活动，它们互为因果，互为条件，互相影响，互相促进，它们二者之间的关系最为密切。

人类自从有了语言以后，听和说便成为交际活动最主要的方式。这一点，每个人都有切身体会。一年 365 天，工作、学习、生活，只要和人接触，就离不开听和说。特别是进入现代社会，声音的保留和传播技术获得极大发展，听说活动的进行范围比以前更为广泛了。录音技术可以把人说的话长期保留下来，并再现出去，听和说不再受时间的限制，电话可以把人说的话传送到任何地方。地面和地面可以通话，地面和天上可以通话，地面和海底可以通话，听和说的活动不再受空间的限制。实践证明，通过听和说交流信息是最经济、最直接、最有效的。

听和说都对语言的声音信号进行处理。听是听其声悟其义，说是用其声表其义。听和说的能力就是处理语言声音信号的能力，这两种能力互相影响，互相促进。二者在口语交际活动中紧密联系，互为影响，保持同步，不可分割。

2. 听和说是两个相反的运动过程

听和说的运作机制正好是相反的。一个人要说话，首先要从原来储存在大脑中已有的语言信息里，找到合适的词语，按照一定的规律进行组合，在语音、语法、语义三个层面生成和控制话语，形成内部言语，然后发出信号，通过言语运动神经传给发音器官——喉头、声带、舌头、嘴唇等，引起运动，发出振动气流，成为有声语言，向听话人传播。这就是说话的运动过程，即编码和传递的过程。听话活动的起点是人的听觉器官。当说话人发出的声波传到听话人的耳朵里时，引起鼓膜振动，接着听觉神经把声音信号传到听觉语言中枢，引起这一区域的思维活动，理解言语信号所表示的意义。这就是听话活动的运动过程，即接收和解码的过程。听话是输入言语信息，说话属于输出言语信息，二者相辅相成。

3. 听是说的基础

听力是口语的基础，有输入才会有输出。听力是习得一种语言的关键，多听能让学习者产生相应的语感，在此基础上对理解句意和组织语言都能起到事半功倍的效果，那就是能听懂才能说出。所以听话应该先于说话，而且听要多于说，听不是目的，听是为了说，听是说的基础和前提。

口语和听力不可分割，听力扮演了基础能力的角色，听的能力制约着理解能力和说的能力的发展。只有言语信息的输入积累到融会贯通的程度，学生才能自由表达思想。语言学习是一个漫长的量的积累过程，没有足够量的积累，就不可能完成从语言理解到语言运用的转化。这是典型的从量变到质变的过程。学生只有听读大量的语言材料，才能积累足够多的语言知识，掌握足够多的语言技能，形成很强的语感，最后达到一定的语言运用能力。

4. 说是听的延续

从根本上，听是为了说，输入是为了输出。没有大量的输入就不可能有输出。但是即使通过大量输入大脑并储存了语言信息，也不一定会说、会表达，如何利用这些信息进行编码，如何表达输出，还需要进一步进行专业的说话训练，把输入和输出有机结合起来。从输入语言信息的过程走向言语信息的输出过程，这是一个连续统一的过程。

在说话训练中，学生也有听力活动，但先听后说，听为说提供话题、资料和谈话方式，学生以听的内容为基础和前提，在记忆库中调用适当的表达方法进行说话训练，促进语言能力的提高，最终形成一种听说能力互相促进的良性循环。

综上所述，听与说是口语交际行为的两方面，听是主动理解、吸收信息的过程，说是主动表达、传递信息的过程。二者是相互联系、相辅相成、相互制约、相互促进的整体。听与说之所以成为统一的、不可分割的整体，是由其内部规律决定的。从教学的角度来理解，听与说训练同样重要，要以听力训练为基础，以听带动说，用说促进听，使学生的听说能力协调发展。

（三）听说课的性质

汉语听说课是将听力训练和口语训练相结合的双项语言技能，是语言交际技能训练的一门课程，是训练学习者听和说的能力，同时培养他们的语言沟通能力，具有很强的实践性。不仅与单线技能训练课程（如听力课和口语课）不同，而且也与综合课不同。

听说课教学是一门以"听"和"说"为教学目标，把"听"和"说"的语言技能合为一体的教学实践课程。在汉语教学当中，尤其是对于汉语二语学习者而言，初级汉语听说课在汉语语言教学中占据着重要的位置，旨在培养和提高学生的听说能力。通过该课程，可以提高学生的汉语听说理解能力，以及提高学生听力和说话的速度，从而适应基本的初级汉语的听说交流。

二、听说课的重点

（一）训练学生听力理解技能

听力理解是一种接受性技能，也是一个复杂、积极、多层次的思维过程。听力理解是汉语学习中非常重要的一项技能，是语言学习的重要一环。它不仅是学习语音、听力的过程，更是必须掌握的技能。因此，要做好听力理解，必须训练以下一些基本技能。

1. 听音辨音技能

汉语在语音上的基本感知单位是音节。音节是"由音素构成的语音片段，是听话时自然感到的最小的语音单位"。[1]一般来说，一个汉字的读音就是一个带调的音节，包括声母、韵母和声调。其中任何一个方面的差异都可能形成不同的词汇，表达不同的意义。听音辨音就是听清和辨别汉语的每一个音节的声韵调以及音节与音节的组合并且理解它所代表的词的意思。学生要通过训练学会解析一串音节中的一个个的词。对外国学生来说，大量同音词、近音词的存在给听辨意义造成很大的麻烦。汉语声韵调语音系统中要注意听辨送气音和不送气音、边音和鼻音、平舌音和翘舌音、前鼻韵和后鼻韵以及四个声调等方面。另外，在汉语语流中停顿、重音、语气、语调都有区别意义的作用，也需要在听力训练中进行听辨分析的训练。

2. 记忆储存技能

听是为了理解，理解是为了记忆，记忆就是把输入的言语信息储存在大脑中。听力训练以听为主，学生通过反复听语料输入词汇、语法规则和文化知识等语言信息，形成大脑中的储备，即记忆，为以后的听力理解打下坚实基础。将来在领会的基础上，通过听把尽可能多的音义结合体组成的新信息语，将早就储备在大脑中的信息联系起来形成新的理解，这样听力理解材料经过再现和重复转化为长时记忆储存在大脑中，使之再参与解码和编码的活动，循环反复，螺旋上升，以

---

[1]　黄伯荣，廖序东. 现代汉语（增订六版）上册 [M]. 北京：高等教育出版社，2017：20.

此促进听力理解能力的提升。所以在听力理解技能训练中要大量反复练习，达到呼之即出的程度，形成长时记忆。

3. 捕捉关键信息技能

听话过程中，语言信息转瞬即逝，这就要求听话人在听力理解时要有的放矢，把注意力集中捕捉关键信息、核心内容，过滤掉多余信息，从而从整体上对话语的意义进行理解。

在进行听力活动时，不要纠结没听懂的词，不要因小失大，重在把握整个语段的感情色彩和逻辑关系。利用预判建立起语篇信息框架，从而快速而准确地获得核心内容。同时还要注意说话人的语气语调，重读和说话的口吻。只有把握说话人的真正意图，才能获得关键信息。听话过程需听清、听懂，并汇总与话题中心相关的关键信息，准确理解具体细节，如时间、地点、人物、价钱、数量、目的、原因、结果等。同时，还要求我们对所听到的信息进行简单的处理，比如数字运算、时间顺序、比较筛选、同义转换、因果关系等。理解具体信息有助于把握话题内容，领会说话者意图，这是听力理解的关键。

4. 联想猜测技能

联想猜测是人类共有的心理活动，听者可以根据已知信息和以往的知识积累对未出现的信息进行猜想、推测和估计，从而尽可能多地获取未知信息。培养学生的联想猜测技能，是提高他们听力水平不可或缺的方面。

在日常交际中，由于听说双方处在同一个情境中，使用共同的代码，他们之间展开的对话内容，听话者根据自身知识经验，积极思维，在特定的情景中有效地预测联想所要听的内容，有时说话者表达的话语可能很简单或者不完整，听话者也可以通过情景进行补充完整。可见交际双方共同参与了编码解码的活动，听者不是完全消极被动地接受。听时活动是学生把预测、联想的内容与所听言语相吻合而进行的思维活动，利用预测、联想机制积极思维言语，获取情景线索、词语结构、词义线索、声音线索及副语言特征（通过声音、面部表情和体态语言识别喜怒哀乐、肯定、否定等），进一步辅助听力理解。

5. 快速反应技能

语言是音义结合的符号系统，我们把听到的声音传入大脑，大脑理解声音所表达的意义，也就是解码的过程。我们需要训练学生快速解码的技能，因为声音语言转瞬即逝，听者需要瞬间把声音和意义相联系，也就需要高速解码。为此，我们必须训练听觉器官的敏感度，提高解码操作的熟练程度，也就是用听觉器官对语音和它所代表的意义形成条件反射，提高对有声语音的快速反应速度。

语言是连续的，语音是连贯的，语流是快速。学生除了具有听力反应能力以外，还要求这个反应能力是快速、灵敏、不假思索的。这样，听力理解才能在极短的时间内完成。初级阶段听力语速一般为每分钟120～140字，通过听力材料的大量重现、反复出现，对大脑进行大量、反复刺激，最终提高解码的熟练程度。然后循序渐进地提高听力语速，最终达到每分钟200～250字的人类交际自然语速。

（二）训练学生说话表达技能

说话技能是在实际生活中运用汉语进行口头交际能力的一种技能，包括准确发音、选词造句、成段表达、恰当表达等技能。说话训练是由浅入深，循序渐进的过程，可以从以下四个方面进行技能训练，从而提高说话者的表达能力。

1. 准确发音技能

语音是用于传递信息的。发音准确是声音最基础的要求。语音最根本的目的是用来传递信息的，做好了信息的传递，我们才能够传递感情、态度，甚至是传达一种美感，但是后面的一切都要建立在发音准确、清楚这个基础之上。所以需要训练说话者声韵调准确清楚，还必须使之掌握好说话的音变、重音、停顿、语速、语气、语调的发音技巧，这样才不会造成误解，从而达到顺利交流的目的。语音训练要贯穿教学的全过程，从初级阶段到高级阶段，都需要对语音的准确度进行严格训练，直到准确为止，避免洋腔洋调，克服母语的干扰，掌握汉语语音的特点和发音方法。

2. 正确选词造句技能

说话者需要掌握遣词造句的规则，也就是语法。语法规则是有限的，但是有限的语法规则可以生成无限的句子，这是语法的递归性。这使我们可以用有限规则进行无限表达。

正确选词造句的技能训练需要进行由字到词、由词到句的层层组合训练，也就是要掌握由小的音义结合体组合成大的音义结合体的规则，并进行反复训练，使这些语法规则具有可使用性，也就是在少量讲解和适当机械操练的基础上采用语料输入的方法。其重点不应该放在句子结构的分析上，而是要掌握每一个基本句法句型表达何种功能。语法句型的操练不应简单采用替换法来进行，而必须结合其功能来进行。

3. 合理组句成段的技能

人们用语言进行交际，并不是每次只说一句话，因此语言教学决不能停留在句子教学上，说话者的说话表达技能不能只满足遣词造句的层面。我们常常发现这样的情况：汉语学习者说话时表达的句子孤立地看都是对的，但是从整体上看，在句与句、段与段的连接上错误很多。这说明成段表达技能的训练是完全必要的。

成段表达练习的着眼点是培养学生组句成段和组段成篇的技能。把句子组织成语段涉及句与句的连接问题，把语段组织成篇章涉及段与段的连接问题。成段表达训练的重点是指导学生掌握构成语段和语篇的语法手段和词汇手段，正确地安排语段、语篇的结构，使语段、语篇中的各个句子按照合理的逻辑关系进行组合。如何正确安排语序、正确运用虚词，通过词汇的重现使语篇中的句子相互衔接，注意运用逻辑关系词语来表明句与句、段与段之间的因果关系、并列关系、转折关系等。逐步掌握通过替代、省略等手段实现语段、语篇的连贯。

4. 恰当选取表达方式的技能

灵活得体的交际需要根据交际对象、交际场合、交际内容、交际目的等选取恰当的表达方式，这涉及语用规则和跨文化交际知识。这跟功能法的原则是一致的，也是提高交际能力的切入点。

采用什么样的表达方式，需要根据不同的情况进行选择。在真实交际中，说话是为了实现一定的交际目的，因此表达方式必须服从交际目的，同时还要针对不同的对象和对象的不同情况，选取不同的表达方式。另外说话不但要看对象，还要符合自己的身份，此外还要顾及场合。关于表达方式选择的范围主要有语体的选择、语音形式的选择、词汇的选择、句式的选择、应对方式的选择等。

三、听说课教学策略

（一）听说先行

对大多数留学生来说，培养语言交际能力，用汉语和中国人交流是他们学习的主要目的和动机。因此，对外汉语课堂教学应该以听说技能训练为中心。对外汉语教学离不开听说能力的训练和培养，因而听说课在对外汉语教学中占有重要位置。听说是先行课，特别是对汉语初级学习者，应该遵循"听说先行，读写跟上"的原则。

在汉语教学中不可只进行词汇教学和语法分析，学习一些书面的表达句式，强化阅读技能，这种重读写而轻听说的教学，是对语言最重要的交际功能进行了忽略。语言不是用来分析的，是用来交流应用的。随着时代的进步，传统的教学方法已经无法满足现实需要。新世纪需要新的汉语教学模式来促进汉语的推广。"听说先行"教学策略尊重科学学习规律，符合现实发展需要，也有利于发挥学生的学习主动性。

（二）听多于说

听力课是训练学生听力理解技能，属于接受领会的范畴，说属于表达和应用的范畴。在语言交际中，接受理解是表达应用的基础和前提。学习语言是从听到说，只有听得懂，才能说得好。所以杨惠元（2009）主张："初级班不但开设听力课，而且要增加听力课的课时，这样才能增加学生听的活动和听的练习，使输入多于输出。"[1] 我们也赞成学生听的活动要多于说的活动，这样才可以形成语感，使输入的语料成为可感应和可使用的材料，成为大脑储存的经验成分。大

---

[1] 杨惠元. 对外汉语听说教学十四讲 [M]. 北京：北京大学出版社，2009：11.

脑储存的经验成分越多，越有利于编码和解码，提升语言交际能力。

从总体上说，听力训练第一，说话训练第二；提高聆听理解能力第一，提高说话表达能力第二。在听说课中要做到输入多于输出，学生听的活动要多于说的活动，听的练习要多于说的练习。

（三）以听促说

听说课应以培养学生成段口头表达能力为重点。开始阶段，以听为主，说为辅。随着可懂输入的增加，学习者有了处理听觉输入的能力，输出量不断增大，说的比例也随之加大。语言习得经验告诉我们，只有说出来的话是靠头脑想出来的，才是真正习得的东西。说就是从解码到编码的转换；从语言技能到言语交际技能的转换；从思想代码到言语代码的转换；从语言学习到语言习得的转换。听说课的现状是听说分离，以读代说，我们提出将听力内容转换为语言输出，激发学生思维，让学生将听力材料的语言点、将规划的内容输出。只有听说匹配完成，才能通过以听促说提升学生的思维品质。

第二节　跨文化交际与国际中文教育

一、跨文化交际相关概念

胡文仲（1999）在《跨文化交际学概论》中将跨文化交际定义为"具有不同文化背景的人从事交际的过程。"[1] 这一定义具有高度的概括性。想要准确判断某个行为是否属于跨文化交际行为，我们还需要继续弄明白两个概念，一个是"文化"，另一个是"交际"。

"文化"一词司空见惯，但却几乎没有学者能对"文化"下一个精确的定义。

---

[1]　胡文仲. 跨文化交际学概论 [M]. 北京：外语教学与研究出版社，1999：1.

甚至不同的学派对"文化"一词的词性理解也不一致。

持本质主义文化观的学者将文化看作某种产品，他们认为"文化"一词应是名词。秉持本质主义文化观学者对文化最具代表性的定义是人类学家泰勒（Tylor）（1871）在其著作《原始文化：神话、哲学、宗教、艺术和习俗发展之研究》中所提出的"所谓文化和文明，是包含知识、信仰、艺术、道德、法律、习俗和作为社会成员的个人所获得的其他任何能力以及习惯在内的一种综合体。"[1]

随着研究的深入，越来越多的学者开始意识到生命是复杂的，社会习俗会受到政治的影响，文化并不是静态的、统一的、一成不变的产品，文化始终处在变化中。在这些学者眼中，文化是一个动词而不是名词。认为文化非静态的观点被称为非本质主义文化观。持非本质主义文化观的主要是建构主义和解构主义学派的学者。这两派学者都认为文化是动态变化的，有所不同的是解构主义的文化概念加入了"杂糅、个体间性、身份认同、权力、差异、话语、主观能动性、抵抗和争议"等因素。[2]

文化应该既包括静态的产品，也包括这些产品随着时间推移而发生变化的过程。

那何为"交际"呢？两个人面对面聊天是交际，两个人用电子邮件谈生意也是交际。如果是一个人阅读国外的小说，或者看国外的电影，听国外的广播，这类活动可以算是交际吗？

我们先来看看《现代汉语词典》中对"交际"一词的定义——交际是人与人之间的往来接触。一个人阅读另外一个人或一群人所生产的作品，是一种不见面的接触，因此，上面的问题答案是肯定的。

这一点从"跨文化交际"的翻译中也能看出端倪。"跨文化交际"一词对应的英文是"intercultural communication"，除了被译为跨文化交际之外，还被译为"跨文化沟通，跨文化交流或跨文化传播"。不同的汉译有不同的侧重点，"跨

---

[1]　TYLOR E B,PRIMITIVE CULTURE.Researches into the Development of Mythology, Philosophy, Religion, Art, and Custom [M].London：John Murray,1871：1.

[2]　孙有中，廖鸿婧，郑萱，等.跨文化外语教学研究 [M].北京：外语教学与研究出版社，2021：34-38.

文化交际"和"跨文化沟通"这两种翻译侧重强调分属不同文化背景的个体间的接触，"跨文化交流"侧重分属不同文化背景的机构团体间的接触，"跨文化传播"则侧重人与文化产品的接触。

二、跨文化交际与国际中文教育

20世纪以来，全球一体化逐步加强。以1959年美国人类学家爱德华·霍尔《无声的语言》的出版为标志，跨文化交际学已经成为一门独立的学科。跨文化交际学是一门融合了文化语言学、社会语言学、言语交际学等当代社会科学研究成果的综合性的学科，其围绕语言符号与非语言符号的"语用"核心，凸显出跨文化交际学的"文化""社会"和"交际"三个侧面。其核心概念为"跨文化交际能力""跨文化适应""跨文化意识""跨文化敏感度""跨文化效力""跨文化交际中的言语交际""跨文化交际中的非言语交际"等。在现代通信技术飞速发展的形势下，利用网络平台、信息技术、微课、幕课、翻转课堂等创新模式，提高跨文化交际能力的培养效果，使学生成为具有国际视野的人才是当今国际中文教育领域的重要课题。从2005年开始，涌现出大量相关研究，特别是2011年后，呈井喷式发展。

（一）已有的跨文化交际视野下对国际中文教育的理论研究和探讨主要包括以下五个方面

1. 对"汉语跨文化交际能力"的界定研究和探讨

白朝霞（2006）认为可以把汉语作为第二语言教学视作一种"特殊"的跨文化交际活动，教学课堂本质上也是一个跨文化交际的场所。[1]亓华（2016）从教学实际出发，对国际中文教育中的跨文化交际进行了理论探讨等。[2]

[1]　白朝霞．试论对外汉语教学中的跨文化交际观［J］．德州学院学报，2006，22(2)：47-49.

[2]　亓华．汉语国际教育跨文化交流理论与实践［M］．北京：北京师范大学出版社，2016.

2. 对跨文化交际能力在国际中文教育中所占地位的研究和探讨

周小兵（1996）提出应注重提高"外国留学生的跨文化交际能力"。[1]毕继万（2005）提出培养跨文化交际能力作为第二语言教学目标。[2]崔永华（2020）提出对外汉语教学的目标是培养汉语跨文化交际能力。[3]郭风岚（2007）把国际中文教育定位为"培养将汉语作为第二语言的学习者的跨文化交际能力"等。[4]

3. 对在国际中文教育事业中树立正确的跨文化交际观的研究和探讨

白朝霞（2006）提出在国际中文教学中应树立互相尊重、求同存异的跨文化交际观。[5]黄炎（2009）认为在教学中应该强调多元共生、平等对话和求同存异意识。[6]赵金铭（2014）提出学习一种语言就是掌握一种文化；领悟和体味中国文化是一个渐进的过程；对汉语和中国文化的基本认识是跨文化交际的前提；相宜的话语体系是跨文化交际的保障；对自己文化的自信是跨文化交际的动力，等等。[7]

4. 对在国际中文课堂教育中的跨文化交际问题的研究和探讨

研究者们就教学中出现的语言和非语言的跨文化交际现象进行分析，提供教学方法和应对策略。

彭增安（2007）探讨了文化与语用以及课堂教学中的各类跨文化交际问题。[8]李维（2019）在跨文化交际视野下研究了汉语国际教育教学的学习者、教师及心理学因素，对教学设计、教学模式与方法、教学资源与评估、词汇、句子、成语知识、文化沟通等教学要素进行了解读。[9]李晓琪（2019）对跨文化交际能力、

[1]　周小兵.对外汉语教学中的跨文化交际[J].中山大学学报（社会科学版）,1996(6)：119-125.

[2]　毕继万.第二语言教学的主要任务是培养学生的跨文化交际能力[J].中国外语,2005(1)：66-70.

[3]　崔永华.对外汉语教学的目标是培养汉语跨文化交际能力[J].语言教学与研究,2020(4)：25-36.

[4]　郭风岚.对外汉语教学目标的定位、分层与陈述[J].汉语学习,2007(5)：71-77.

[5]　白朝霞.试论对外汉语教学中的跨文化交际观[J].德州学院学报,2006,22(2)：47-49.

[6]　黄炎.对外汉语教学中跨文化交际研究述评[J].海外华文教育,2009(4)：71-75.

[7]　赵金铭.国际汉语教育中的跨文化思考[J].语言教学与研究,2014(6)：1-10.

[8]　彭增安.跨文化的语言传通——汉语二语习得与教学[M].上海：学林出版社,2007.

[9]　李维.跨文化交际视野下汉语国际教育教学实践研究[M].延边：延边大学出版社,2019.

语言或非言语行为中的跨文化交际、跨文化交际语用、跨文化适应性及心理因素等方面的研究进行了梳理。[1]江淑青（2021）结合自己在教学中遇到的问题和案例，对国际中文教学中的跨文化交际问题进行了论述，并给出了建议。[2]

5.对师生跨文化交际意识培养问题的研究和探讨

袁新（2003）提出要重视教师的跨文化交际能力，首先必须培养对外汉语教师的跨文化的交际能力，只有让他们获得这种能力，才能成功地组织教学，有效地给学生传授这种能力。[3]高剑华（2007）指出要注意教师的教学策略，在文化导入的教学过程中，教师应具有正确的态度，冷静客观，实事求是。应以科学的标准去把握中国传统文化和现代文化，清醒地认识中国文化中何为精华，何为糟粕。[4]姬建国（2011）使用了一系列新颖的原理和模式，展示并阐释了"跨文化的语言教学意识和施教能力""文化内容与语言形式在教学中的分层结合""跨文化认知需求的应对策略"等概念及其在国际中文师资培训中的应用模式。[5]任晓霏等（2019）以汉语国际教育专业硕士生跨文化交际能力实证研究和案例分析为支撑，探索建立汉语国际教育硕士跨文化交际能力培养体系。[6]

（二）现有研究的成就与不足

1.现有研究的成就

国际中文教育中的跨文化交际研究虽然起步较晚，但已经取得了一些显著的成就。主要表现在：

（1）对跨文化交际能力在国际中文教育中的重要地位和作用有了深入的认识，其研究内涵和范围得到拓展。

[1] 李晓琪.汉语作为第二语言教学的跨文化交际研究［M］.北京：商务印书馆,2019.

[2] 江淑青.跨文化背景下对外汉语教育教学研究［M］.北京：北京工业大学出版社,2021.

[3] 袁新.跨文化交际与对外汉语教学［J］.云南师范大学学报(对外汉语研究与教学版),2003,1(2): 27-31.

[4] 高剑华.对外汉语教学中的跨文化意识［J］.教育科学,2007,23(5): 29-32.

[5] 姬建国.跨文化教学意识与国际汉语师资培训［M］.北京：北京师范大学出版社,2011.

[6] 任晓霏,等.跨文化交际与国际中文教育［M］.南京：东南大学出版社,2019.

（2）研究内容多元化，将心理学、人类学、社会学等学科的研究成果借用到国际中文教学的跨文化交际研究中，开辟了新的视角。

（3）研究方法进一步完善，提升了国际中文教育中跨文化交际研究的系统性和实证性。

2. 现有研究的不足

（1）现有的研究多为宏观层面的论述，缺乏微观层面对具体问题严谨深入的实证分析。

（2）现有研究多集中于教学中的跨文化交际问题，对于国际中文活动组织、宣传等方面所产生的跨文化交际问题研究涉及较少。

（3）鲜有专门针对短期活动中跨文化交际问题的研究。

（4）对于在线活动中的跨文化交际问题涉及较少。

（5）较少专门针对低龄中文学习者产生的跨文化交际问题的分析和低龄中文学习者跨文化交际意识和能力培养的研究。

三、社会交际中的跨文化交际

（一）语言的跨文化交际

语言既是我们进行跨文化交际的工具，也是我们进行跨文化交际的内容。这要从语言和文化的关系说起。语言和文化关系密切，语言既是文化得以传承的载体，也是影响文化的因素之一。

1. 语言是文化的载体

文化的差异不仅反映在服饰建筑等人类文明的产品上，也反映在语言中。最容易找到文化差异的地方是词汇。例如，在亲属称谓上，中文、英文和韩语就有所不同。

中文中妈妈的父母叫外公和外婆，爸爸的父母叫爷爷和奶奶；在英文中不管是妈妈的父母还是爸爸的父母都叫作"gramdpa"和"gramdma"；在韩语中，

妈妈的父母叫作"외할아버지"和"외할머니"，爸爸的父母叫作"할아버지"和"할머니"，两者之间的区别在妈妈的父母称谓前多了一个"외"，这个词翻译成汉语就是"外"的意思。中文、英文和韩语在祖辈称呼上的区别反映了三个国家不同的婚姻家庭观念。中国以及受中国传统文化影响深刻的韩国在古代都有女子出嫁从夫，从此之后是夫家的人，和自己的娘家脱离了关系的习俗。因此，女子的原生家庭在女子出嫁之后反而成为"外家"，所以妈妈的父母才会被称为"外公外婆"。

词汇中还有一种情况是代表某一种文化事物的词汇在不同的文化中找不到含义一致的词语翻译。例如"龙"和"凤"这两个词语，在英文中对应的翻译是"dragon"和"phoenix"，然而对说中文和说英文的人来说，这两个词语的文化意象却大相径庭。从古至今，龙在中国文化中都是皇权的象征，提到龙，中国人就会觉得高贵神圣。龙在中文里是一个吉祥的词汇，中文里还有"望子成龙"这样的成语来表达中国人对龙的喜爱。在英文中"dragon"却是一种邪恶凶残的怪物，危害人类，需要被消灭。"凤"在中国文化中代表后妃，同时凤也是百鸟之王，是吉祥的动物，中文里同样有"望女成凤"的成语来表达对女儿的祝福。在西方文化中"phoenix"虽然也是一种吉祥的动物，但是代表的却是复活和再生。西方人认为凤在死亡之后会将自己烧成灰烬，在灰烬中又会诞生一只新的凤。虽然都代表了吉祥，但具体的文化含义却有所区别。

在语音中，也能找到文化差异的痕迹。中国人特别喜欢数字8，这是因为在中文中8的发音和"发财"的"发"相近。中国人不喜欢4也是因为4和"死"的发音相近。而中国人这种喜欢和吉祥话发音相近的词语，讨厌和不吉祥的话发音相近的词语的现象又和中国文化中讨口彩的习俗有关。而认为"死"不吉利，则是受中国文化中对死亡的忌讳的影响。

文化差异在语法中同样也有体现。韩国长幼尊卑的秩序特别严谨，对关系远近亲疏区分严格。年龄小的人要对年龄大的人有绝对的尊重，对年龄大的人的命令要绝对服从；对关系不同的人也要有不同的态度，越是陌生人说话越需要客气和尊重。这一点在韩语的语法中体现明显。韩语分格式体终结语尾和非格式体终结语尾。格式体终结语尾是用在正式场合的终结语尾，非格式体终结语尾是用在日常交流中的终结语尾。而格式体终结语尾和非格式体终结语尾又分别有对应的敬语形式和非敬语形式。敬语格式体终结语尾用在正式场合与长辈或上级的交流中，非敬语格式体终结语尾用在正式场合与晚辈或下级的交流中；敬语非格式体终结语尾用在日常与长辈或上级的交流中，非敬语非格式体终结语尾用在日常与晚辈、同辈或下级的交流中。在韩语中终结语尾的形式选择错误是一种非常失礼的行为。但在中文和英文中，就没有用语法规则来区分敬语和非敬语以及场合的正式性的现象，这与中国文化和英语国家文化中对长幼尊卑，远近亲疏没有特别严格的区分有关。

在语用中，文化差异依旧存在。一个日常生活中的常见例子，在打招呼上，中国人、韩国人、英国人的方式就有所不同。中国人打招呼常用"吃了吗？""去哪儿呀？"来打招呼；韩国人则用"안녕하세요.（安宁吗？）"来打招呼；而英国人用简单的"hello"来打招呼。打招呼用语的不同体现了文化的不同，中国文化注重亲切感，打招呼时对对方情况的询问能体现出对对方的关心；韩国人重视健康，打招呼时询问对方（身体）安宁吗表达对对方的关心；而英国人注重个人隐私，吃了吗，去哪儿，身体状况这些都是个人隐私的范畴，因此在招呼中不会询问。

在书面表达中也能看见文化导致的语用差异。中国人在书面表达中倾向用成语、俗语、古语这类流传已久的固定搭配，用这些固定搭配是文化高雅的表现。但在英文写作时，却倾向于不使用流传了较长时间的固定搭配，如果使用这些较老的固定搭配，会被认为是没有创意、爱讲陈词滥调的表现。

2.语言是影响文化的因素

人类学家萨丕尔和沃尔夫（Sapir & Whorf）（1952）提出了"萨丕尔—沃尔夫假说"，该假说认为每一种语言系统不仅仅起到了表达思想使之再现的功能，同时，语言也塑造思想，是人们进行思维、分析、综合的程序和行动指南，我们对世界的感觉和映像是由我们头脑中的语言来组织的。[1]

---

[1]　BENJAMIN WHORF.Collected Papers on Metalinguistics [M] .Washington D. C.：Department of State. Foreign Service Institute,1952：5.

沃尔夫以霍皮语（美国印第安部落所使用的一种印第安语）为例说明了不同语言对思维方式的影响。在英语句子中，一切事物都需要用"主体（agent）"和"动作（action）"来进行表达，但霍皮语中动词可以脱离主语存在。如"A light flashed.""light（亮光）"是主体，"flashed（闪）"是"light"这一主体的动作。而霍皮语中则可以用动词"rehpi"来表达英文中"A light flashed."同样的意思。从这个例子中我们可以看到，讲英文的人在观察世界的时候看到的是动作，需要区分发出动作的主体；讲霍皮语的人在观察世界的时候看到的是整个的事态，不需要分离主体和动作。

虽然"萨丕尔—沃尔夫假说"并未完全得到证实，但语言和思维的关系问题类似于"先有鸡还是先有蛋"的问题，我们也并不能完全否定"萨丕尔—沃尔夫假说"。

在进行跨文化交际活动过程中，我们既应该看到文化在语言中的表现，也应该注意到语言对文化的影响。不要让跨文化交际仅仅局限在对不同习俗的了解上，还应该将跨文化交际深入到看待世界的方式上。

（二）非言语的跨文化交际

霍尔（Hall）（1991）曾指出："文化存在于两个层次中：公开的文化和隐蔽的文化，跨文化交际中的文化障碍来源于文化差异。"[1]在社会交际中，人们不仅使用语言交际，而且调用各种非语言交际充分传达信息。在跨文化交际中，当语言交际的通道不那么顺畅时，非言语交际的作用就显得更为重要。正如陈原（1983）所说："人类进行交际活动最重要的交际工具当然是语言，但是交际工具绝不只是语言，例如还依靠许多非语言的符号。……实际上，社会交际常常混合了语言与非语言这两种工具。"[2]李杰群（2002）在《非言语交际概论》一书中指出，在人们相互沟通的过程中，言语交际和非言语交际是如影随形，密不可分的。[3]美国宾夕法尼亚大学人类学家伯德惠斯特尔（Birdwhistell）在他的

---

[1]　爱德华·霍尔.无声的语言[M].刘建荣，译.上海：上海人民出版社，1991：65.

[2]　陈原.社会语言学[M].上海：学林出版社，1983：177.

[3]　李杰群.非言语交际概论[M].北京：北京大学出版社，2002：6.

《体语学导论》一书中曾对同一文化的讲话人在对话中的语言行为和非语言行为做了一个量化分析，他提出两人交际时有 65% 的"社会意义"是用非语言符号传递的。在中文的国际传播中，跨文化的非言语交际也十分重要。了解中外非言语交际的跨文化差异，中文教师在教学及生活中应注意避免各种非言语交际差异带来的跨文化冲突，这关系着语言传播及语言教学的成败。特别是一些外派的中文教师或志愿者，因非言语交际带来的跨文化冲突所引起的麻烦或误解屡见不鲜。

非言语交际包括说话时双方的身体姿态、手势、面部表情、眼神、交谈距离、服饰等。不同国家和民族的非言语交际文化存在着很大的差异。

1. 身体姿态

坐姿在不同国家、民族中代表不同含义。欧美人坐着时喜欢跷着二郎腿，但在一些国家，这样的坐姿被认为是非常随意和不礼貌的。一位英国教授在埃及开罗上课时，就因为随意跷起二郎腿而激怒了当地学生，甚至引发了学生们的游行示威，要求将该教授遣送出境。

合十礼在泰国是最常见的礼仪。但行合十礼时的一些身体姿态的细节却是有些中文教师或志愿者不太了解的。比如行合十礼时，双手的高度代表着对他人的尊重程度，双手举得越高，表示越尊重对方；一般晚辈需将双手举至前额；平辈间只需双手举至鼻尖；长辈双手的高度一般不要超过胸部。长辈不能先向小辈行礼。有一些年轻的中文教师或志愿者可能会遇见比自己年龄大的学生，但这种情况也是不需要向学生行礼的。合十礼还必须双手行礼，如果手中正拿着物品，必须要先把物品放下。单手行礼是非常不礼貌的。如果在公共场所或集会上，要从众人前面经过时，需要一边行合十礼一边两腿微屈、躬身经过。

2. 手势

同一手势在不同文化中代表着不同的意义。用大拇指和食指做成一个圆圈在美国表示 OK，在日本代表钱，在法国表示数字 0，在泰国表示数字 3。中国表示 7 的手势，在意大利却表示询问对方在说什么、无语、困惑等意思。中国表示数字 8 的手势（拇指和食指分开）在意大利却表示数字 2。有一些不了解情况的汉语老师在课堂上教中国数数的手势时，就引发了学生的哄堂大笑。还有一位初到意大利的汉语老师在与同事交谈时，常常用拇指和食指做出捋下巴的动作，被同事们认为很没有礼貌，因为这个动作在意大利象征着厌烦与不耐烦。[1]

3. 面部表情

西方人比亚洲人面部表情更为丰富，而在亚洲，日本人的面部表情相对于中国人更少。日本人在公共场合笑的时候，一般是抿嘴微笑，不出声音，女性还会用手挡住自己的嘴。这是日本人认为的表现自己礼貌的一种方式。

4. 眼神

在英美文化中，交谈时注视着对方的眼睛是一种有教养的体现。可在地中海沿岸的一些国家，人们在交谈时应尽量避免长时间注视对方，尤其是在希腊，因为他们认为呆滞的目光会给人带来灾祸。日本人在交谈时会避免眼神接触，因为日本人比较注重个人的隐私，对目光非常敏感，会认为别人直视自己是在探寻自己的隐私。中国人避免直接的眼神交流来表示尊重或服从，特别在长者或上级面前目光下垂是一种谦逊、遵从或恭敬的表现。

5. 交谈距离

不同的文化交际双方的交谈距离也存在差异。泰国人交际时通常会保持一定的距离，尽量避免身体接触。美国人会在交际过程中慢慢扩大身体之间的距离，可阿拉伯人看到美国人退后就会向前跟进，缩小两者之间的距离。美国人会认为阿拉伯人在交际过程中过于热情，而阿拉伯人则认为美国人在交际过程中过于冷漠。

6. 服饰

一些国家服饰也有严格的文化内涵。例如在泰国校园中，男女老师都必须穿

---

[1]　姜元雪．中、意跨文化交际中的手势语比较及交际策略［C］// 第十二届东亚汉语教学研究生论坛暨第十五届对外汉语教学研究生学术论坛论文集．北京：北京大学对外汉语教育学院，2022．

有领有袖的上衣，男老师一般搭配深色西裤，女老师搭配长度在膝盖以下的裙装，不能穿露脚趾的凉鞋或拖鞋。笔者前往泰国担任汉语教师时，就曾因为天气炎热，穿着无袖上衣和露趾凉鞋而受到了学校领导的批评。一些泰国学校或政府机关单位对服装的颜色也有严格的要求，按照星期"一日一色"，依次为黄、粉红、绿、橙黄、蓝、紫、红。每一种颜色在泰国文化中都有特殊的含义。笔者曾任教的泰国西北大学就规定教职员工星期一必须穿着黄色绣有国王徽章的 Polo 衫；星期二必须穿粉色印有王后徽章的 Polo 衫；星期五必须穿着泰国传统民族服饰。前往泰国任教的汉语教师或志愿者，建议入乡随俗，遵从当地的服饰文化，避免不必要的麻烦与冲突。当然在特定的节日或活动中也可以穿着中国传统服饰，如旗袍、汉服，宣扬中国的民族服饰文化。

本专题第一节作者：毛志萍；第二节作者：龙玫